POLARIS

W0051761

Gunda Windmüller

WEIBLICH, LEDIG, GLÜCKLICH – SUCHT NICHT

Eine Streitschrift

Rowohlt Polaris

Veröffentlicht im Rowohlt Taschenbuch Verlag,
Reinbek bei Hamburg, März 2019
Copyright © 2019 by Rowohlt Verlag GmbH,
Reinbek bei Hamburg
Umschlaggestaltung Hauptmann & Kompanie
Werbeagentur, Zürich
Satz aus der Dolly
bei Pinkuin Satz und Datentechnik, Berlin
Druck und Bindung CPI books GmbH, Leck, Germany
ISBN 978 3 499 63413 0

«Es kommt eine Zeit, da müssen wir entscheiden,
ob wir uns ändern, um in die Geschichte zu passen,
oder ob wir die Geschichte ändern.»

Laurie Penny, Unsagbare Dinge

Inhalt

Hin zur Freiheit

Einleitung

ch gebe es besser gleich zu. Ich bin Mitte dreißig. Ich bin nicht verheiratet. Ich habe keine Kinder. Ich bin weiblich, ledig, und ich bin glücklich.

Ich ahne, hier fangen viele an zu zweifeln. Das letzte Wort passt nicht ganz, meinen Sie? Weiblich, ledig *und* glücklich? Vor Ihrem Auge entsteht das Bild einer Frau, die trotzig etwas behauptet, das sie vielleicht gerade im Moment verspürt, aber doch nicht dauerhaft. Zumindest nicht in meinem Alter. Sie sind mit Ihrem Zweifel nicht alleine. Der Rest der Welt zweifelt auch. Einige an mir, einige an sich selbst und fast alle an uns. An uns Singlefrauen.

Mitte dreißig und Single. Mit diesen Merkmalen ist Selbstmitleid erlaubt, stand in einem einschlägigen Magazin.[1] Denn diese Eckdaten einer Existenz bedeuten auf den ersten Blick vor allem eines: In diesem Alter einen Partner auf Augenhöhe zu finden, wird schwer. Überhaupt einen Partner zu finden, wird schwer. In den Augen vieler Menschen bin ich daher ein ziemlich tragischer Fall.

Mitte dreißig, Single, keine Kinder. Das sind Eckdaten meiner Geschichte. Das sind aber nicht nur meine, es sind auch die Eckdaten vieler anderer Frauen und Männer. Die Zahl der Singles liegt in Deutschland bei circa 25 Prozent, sie ist in den letzten Jahrzehnten deutlich gestiegen. In Großstädten liegt sie noch höher.[2] Von den Frauen zwischen 40 und 44 sind gut 20 Prozent kinderlos, beinahe doppelt so viele wie noch im Jahr 1990.[3] Fast jede fünfte Familie hat eine alleinerziehende Mutter oder einen alleinerziehenden Vater. In neun von zehn Fällen ist es allerdings eine alleinerziehende Mutter.[4]

Diese statistischen Eckdaten sind wie Pflöcke im Boden einer Lebenserzählung. Sie helfen, eine Geschichte zu erzählen, sie aufzuspannen, sie zu ordnen, ihr einen Sinn zu geben, in dem man sich einrichten kann. Alter, Geschlecht, Beziehungsstatus. Zwischen diesen Pflöcken kann jedoch alles Mögliche stecken, die Zwischenräume können ganz unterschiedlich aussehen. Ganz unterschiedliche Frauen mit ganz unterschiedlichen Leben. Frauen, die alleine gut klarkommen, Frauen, die schon ganz gerne mal wieder einen Partner hätten, Frauen, die die Dinge auf sich zukommen lassen, Frauen, die vom klassischen Beziehungsbild die Nase voll haben, Frauen, die unbedingt einen Mann brauchen. Und so weiter. Viele Geschichten, viele davon ziemlich glücklich. Und trotzdem. Was eigentlich nur Eckdaten sind, wird betrachtet, als sei es die ganze Geschichte. Sie scheinen für sich zu sprechen. Und das, was sie sagen, ist immer latent tragisch. Aus diesen Daten werden schnell Geschichten von einsamen Nächten und enttäuschenden Dates. Von Mädelsabenden mit zu viel Prosecco. Von tickenden Uhren und besorgten Freundinnen. Von Frauen, die sich die Zähne ausbeißen an der Frage: Warum will mich keiner? Ganz viele Klischees. Aber die so nachhaltig, dass viele sie glauben. Auch wir selbst, irgendwann.

«Offenbar ist eine alleinstehende Frau für viele immer noch das Schlimmste, ein vollkommen inakzeptabler Zustand», befand die CSU-Politikerin Ilse Aigner in einem Interview: «Man kann geschieden sein, zum vierten Mal verheiratet, man kann schwul, lesbisch, irgendwas sein. Aber alleinstehend, das geht nicht.»[5] Unverheiratete Politikerinnen müssen sich ab spätestens Mitte dreißig gefallen lassen, dass man ihnen Kompetenzen abspricht. Wer keine Kinder hat, dem fehlt die Empathie, wer keinen Partner hat, der muss folgende Schlagzeile über sich ergehen lassen: «Ilse Aigner – Fehlt ihr der Mann zur Macht?»[6] Kann man sich nicht ausdenken. Doch das Singlesein wird nicht nur für Politikerinnen zum «inakzeptablen Zustand».

Die Geschichte der alleinstehenden Frau ist grundsätzlich eine Geschichte der Verfehlungen. Singlefrauen sind egoistisch und kapriziös, aber sie sind auch ein Stück weit selbst schuld an ihrem Unglück. Singlefrauen! Man weiß gar nicht, ob man sie bedauern soll oder vielleicht doch lieber zurechtweisen.

Zusammengefasst zeigen diese Erfahrungen: Singlefrauen dürfen ihre Geschichten nicht selbst erzählen. Eine Geschichte von «weiblich, ledig, glücklich» klingt zu unglaubwürdig. Dabei lassen sich diese Geschichten sehr wahrhaftig erzählen. Man muss sie nur anders erzählen. Da winken die meisten schnell ab. Aber was, wenn wir es trotzdem tun? Was, wenn man eine andere Geschichte erzählen würde?

Meine Geschichte ist zum Beispiel eine andere. Ich bin Mitte dreißig. Ich habe sehr gute, enge Freunde. Ich habe einen Job, den ich richtig mag. Ich bin wirtschaftlich unabhängig. Ich treffe mich mit Männern. Ich freue mich, wenn ich die Kinder meiner Freunde sehe. Ich trinke gerne Prosecco, und Schuhe habe ich vermutlich auch mehr als genug. Aber das habe ich noch nie als Ausweis meines Scheiterns betrachtet. Ich bin nämlich ziemlich glücklich. Das ist das Leben, das auf meinen Eckdaten ruht. Mir fehlt kein Partner. Das ist meine Geschichte. Sie ist anders. Sie zu erzählen scheint einfach, oder? Aber das ist es nicht. Denn sie hat einen erheblichen Mangel. Denn mir fehlt natürlich trotzdem etwas. Mir fehlt eine Gesellschaft, die mir diese Geschichte zutraut.

Es gibt unzählige Analysen, die Frauen wie mir deutlich machen sollen, dass Selbstmitleid durchaus angebracht ist. Denn statistisch gesehen haben Frauen in den Dreißigern, die auf Partnersuche sind, lediglich die Chance, ihre Ansprüche nach unten zu schrauben – oder sich deutlich ältere Männer zu suchen. Die,

die nicht noch auf dem Markt sind, sondern wieder. Secondhand sozusagen.

Und dann scheinen sich in den Eckdaten noch ein paar weitere kleine Teufel versteckt zu haben. Wer gut ausgebildet und ehrgeizig ist, möglicherweise sogar Karriere machen möchte, der kommt bei Männern nicht gut an. Das ist durch viele Studien belegt. Und wenn dann noch ein Kinderwunsch oder gar Kinder aus einer alten Beziehung dazukommen, wird das oft als bleischwerer Hemmschuh betrachtet. Zusammengerechnet sehen unsere Chancen auf dem Partnermarkt daher wirklich sehr düster aus. Fazit: Das Leben, das wir haben, nimmt uns das Leben, das wir haben sollten. Wenigstens in den Augen anderer.

Dabei könnten wir doch eigentlich ein anderes Urteil erwarten. Eine andere Geschichte, die man den Eckdaten unseres Lebens zutraut. Denn sind wir nicht eigentlich viel zu liberal für diese Rigorosität? Viel zu fortschrittlich? Die Gesellschaft, in der wir leben, akzeptiert schließlich mittlerweile Formen des Zusammenlebens, des Liebens und Begehrens, die noch vor wenigen Jahren undenkbar gewesen wären. Die Gesellschaft, in der wir leben, bietet auch Frauen so viele Chancen auf ökonomische Unabhängigkeit wie niemals zuvor. Frauen brauchen keine Versorger. Keine Beschützer. Keinen, der ihnen ein Konto eröffnet oder die Tür aufhält. Männer brauchen keine Frauen. Frauen brauchen keine Männer. Und trotzdem. Eine Frau ohne Mann ist immer weniger wert als ein Mann ohne Frau. Eine Frau ohne Mann ist eine einsame Frau. Sie muss es sein.

In *Vier Hochzeiten und ein Todesfall* wird Fiona gefragt, ob sie verheiratet sei: «Nein.» «Sind Sie denn lesbisch?» «Wie bitte? Wie kommen Sie denn darauf?» «Na ja, das machen doch einige unverheiratete Frauen heutzutage, und es ist eine Ecke interessanter, als einfach nur zu sagen, man hätte noch nicht den Richtigen gefunden, oder?»

Wenn schon nicht verheiratet, dann wenigstens interessant bitte. In den meisten Köpfen ist Mann-und-Frau die dominante Erzählung. Dass auch Frau-und-Frau ein ganzes Leben ist, wird als amüsanter Lückenfüller wahrgenommen. Mann-und-Frau gilt als die Norm. Ich werde mich daher in diesem Buch ausschließlich mit dieser Erzählung beschäftigen. Mit der Mann-und-Frau-Erzählung. Nicht, weil ich sie für richtiger halte, sondern weil sie die dominante Erzählung ist. Und dem kann man nur entgegentreten und widersprechen, indem man diese Erzählweise entlarvt und neue Geschichten erzählt. Andere Geschichten.

Warum ich immer wieder vom Erzählen, von Geschichten spreche? Und was das mit meinem Leben zu tun hat? Erzählt ist schließlich nicht gelebt. Nun. Doch. Denn durch Erzählungen bekommen wir überhaupt erst Zugang zu diesem Leben, zu dem, was wir für Welt halten. Ohne Erzählungen können wir uns die Welt gar nicht vorstellen. «Weiblich, ledig» ist ein Beispiel. Die meisten können sich kein Leben vorstellen, das sich mit diesen Eckdaten glücklich erzählen lässt. Erzählungen sind Leitplanken fürs Leben. Sie geben unseren Erlebnissen Sinn, sie organisieren unsere Erfahrungen. Sie spenden uns Trost, sie muntern uns auf, sie schrecken uns ab. Aber sie blenden auch aus. Denn es gibt immer Dinge, über die wir nicht sprechen. Die wir nicht erzählen. Die Fortschritte und Durchbrüche in der Geschichte von uns Frauen zeigen es: Wir haben schon viel erreicht, aber die Macht der Erzählung steckt uns Leitplanken ab, die uns auf ein begrenztes Repertoire an Geschichten einengt. Wir alle kennen diese Geschichten. Wir kennen sie von Vorabendserien, aus Hollywood, aus der Werbung, von Popsongs und aus Artikeln. Der rote Faden dieser Geschichten lautet: Ohne Mann ist eine Frau unvollständig, ist ihr Leben nicht komplett. Die Singlefrauen. Sie sind mindestens einsam. Denn niemand scheint sie gewollt zu haben. Aber was stimmt nicht mit ihnen?

Noch mal Statistik. Statistisch gesehen gibt es in der Altersspanne der Dreißigjährigen sogar mehr männliche als weibliche Singles. Aber Männer haben damit kein Problem. Ihnen wird damit kein Problem gemacht. Denn Männer haben eine andere Geschichte. Weil ihnen andere Geschichten zugetraut werden. Es sind Geschichten von reifer Schönheit im Alter, von beruflichem Erfolg, der mehr zählt als Glück im Privaten. Geschichten von nicht endender Zeugungsfähigkeit und dem Spaß, den nur sexuell aktive Bachelors haben können. Zwinker, zwinker. Männer haben jüngere Frauen und können sich deshalb jederzeit am Markt bedienen. Frauen haben ältere Männer, und ihr Markt wird immer kleiner, und Selbstbedienung gibt's hier auch nicht. Ob Männer als Singles glücklich sind, ist nicht die Frage. Sie dürfen es sein, das ist das Entscheidende.

Frauen hier, Männer da. Venus und Mars. Lebemann und Emanze. Junggeselle und Katzenlady. Immer wieder. Wir sollen uns auf Augenhöhe begegnen, sollen gleichberechtigt sein, wollen gleichberechtigt sein, doch das Ungleichgewicht ist fest verankert. Ein Grund dafür ist: Wir hören keine anderen Geschichten. Wir haben zwar alle *Sex and the City* geguckt und kennen sie also eigentlich, diese unabhängigen, witzigen, lustvollen Frauen. Wir haben uns dabei gefreut über Vorbilder, denen Freundschaft alles schien. Die den Vorstellungen des angeblichen Mangels [oder: Makels] den manikürten Mittelfinger hingehalten haben. Doch dann kam die Wendung. Der unerbittliche Plot-Twist all dieser Geschichten. Der Traummann. Mr. Big. Mr. Right. Mr. Dann-arrangieren-wir-uns-halt.

Alleine können wir wohl nicht gewinnen. Alleine können wir kein Happy End erzählen. Keines, das uns jemand abnimmt. Ohne Liebe kein Ende. Diese Vorstellung begegnet uns immer wieder. Wir haben Freundinnen, die in Beziehungen sind, und irgendwann kommt immer die besorgte Frage nach unserem eigenen

Liebesleben. Und immer wieder der gleiche Zuspruch in vielen Variationen: Das wird schon noch. Du wirst ihn finden. Du bist doch so toll. Und all die anderen haben dich halt nicht verdient.

Ich kann es nicht mehr hören!

Aber unser Umfeld lässt nicht locker. Denn unsere Geschichte kann, nein sie *darf* vorher nicht aufhören. Nicht bevor der Eine auf der Matte steht. Anders kann sie nicht rund werden. Sie kann auch nicht wirklich glücklich werden, denn zum Glück fehlt uns eben etwas Entscheidendes. Wir sollen uns einfach noch mehr anstrengen. Unsere Freunde sagen: Du musst andere Leute kennenlernen. Probier doch mal Tinder.

Also ja, Singlefrauen, wir haben ein Problem. Es ist ein persönliches und es ist ein gesellschaftliches Problem. Es ist persönlich ein Problem, weil man Menschen nur eine gewisse Zeitlang erzählen kann, wie ungenügsam sie sind, bevor sie es irgendwann glauben. Es ist aber auch gesellschaftlich ein Problem, da es zeigt, wie ungleich Frauen und Männer nach wie vor behandelt werden. Und die Wahrheit, die eigentlich keine war, sickert ein. «Ich bin Mitte dreißig. Ich bin Single.» Diese Aussage schreit förmlich nach Rechtfertigung, und zwar nur, weil ständig eine Rechtfertigung verlangt wird, so lange, bis wir uns freiwillig rechtfertigen – und nachts nach neuen Gründen suchen. Ein Zwiespalt entsteht. Das gute, selbstgewählte Leben steht auf der einen Seite, das Leben, das andere als unser Ideal ausgemacht haben, auf der anderen. Wir sind abgeschnitten von etwas. Das belastet auf Dauer. Und klar, dann wird man tatsächlich unglücklich.

Frauen können angeblich mittlerweile alles haben, aber wenn wir nicht alles haben *wollen* – Karriere, Mann und Kinder –, dann wird uns das Lebensglück missgönnt.

Zwischen diesem «Alles haben können» und dem Urteil «Nicht glücklich» liegt die Suche nach einem Partner. Wenn sie scheitert, zeigt der Daumen unerbittlich nach unten. Ein Ende ohne Liebe ist ein unvollkommenes Ende, lautet die Moral. Aber diese Moral ist nicht wahrhaftig. Und sie ist auch nicht die ganze Geschichte. Deswegen müssen wir neue Geschichten erzählen, und wir müssen sie vor allem laut erzählen. Denn als Frauen können wir uns nicht nur für bessere Bezahlung und politische Teilhabe einsetzen, wir müssen zugleich auch unser Privatleben von alten Rollenbildern befreien. Von alten Rollenbildern und phantasielosen Geschichten.

Leben kann glücken ohne dauerhaften Partner. Das ist die These dieses Buches. Wir brauchen dafür aber ein neues Rollenbild. Nennen wir es Selbstbestimmung. Nennen wir es unsere eigene Erzählung. Sie sollte unser Imperativ werden!

Aber um dahin zu kommen, müssen wir erst verstehen, warum es so unglaubwürdig klingt, wenn eine Frau sagt, sie sei alleine glücklich. Warum es klingt, als würde sich da jemand das eigene verkorkste Leben schönreden. Um das zu verstehen, muss man verstehen, was aus der Liebe in unserer Gegenwart geworden ist. Warum sie so eine zentrale Stellung einnimmt und warum die romantische Paarbeziehung als Gradmesser für glückendes Leben einsteht. Wir müssen verstehen, warum dieses Ideal der romantischen Zweierbeziehung so stabil ist. Was erwarten wir von der Liebe und was glauben wir, was uns fehlt, wenn wir nicht romantisch lieben?

Dazu müssen wir zunächst verstehen, wie dieses Ideal funktioniert. Wie es erzählt wird. Die Liebe zu zweit, die Liebe in der Zeit, in der wir leben. Und wir müssen verstehen, was wir der Liebe antun, wenn wir so viel von ihr erwarten. Diese Fragen werde ich im ersten Teil dieses Buches angehen. Dabei werde ich beschreiben, was Soziologen dazu zu sagen haben, welche Rolle die Industriegesellschaft und die Literatur dabei spielen und wie sich all das auf unsere Gefühle auswirkt.

Aber es gilt nicht nur, die Liebe zu verstehen. Wir müssen außerdem verstehen, wie der Markt der Liebe funktioniert, wie die Liebe zur Ware wurde und welche Rolle wir Frauen dabei spielen. Wie Single Shaming funktioniert und warum Single zu sein für Frauen immer noch etwas anderes ist als für Männer. Und das liegt auch an der Mutterrolle, die für Frauen etwas Besonderes sein soll. Ich werde daher auch über alleinerziehende Singlefrauen schreiben, über Singlefrauen mit Kinderwunsch und über Frauen, für die eigene Kinder aufgrund ihres Alters keine Rolle mehr spielen. Auch ältere Singlefrauen wollen glücklich sein. Sie haben ein Recht dazu.

Damit keine Missverständnisse aufkommen: Kein Leben funktioniert ohne Beziehungen und ohne Liebe. Ohne Mitgefühl und ohne Engagement. Aber als Single kann man all das auch erfahren. Das möchte ich zeigen. Man kann sich natürlich trotzdem eine Beziehung wünschen, das ist nicht der Punkt. Der Punkt ist, dass der Beziehungsstatus uns nicht bestimmt. Ich liefere Argumente gegen die Sicht, die Singlefrauen als Mängelwesen abstempelt. Dabei werde ich auch zeigen, wie wir uns selbst neu erzählen können.

Es wird um unglückliche Beziehungen gehen und die Befreiung davon. Es wird auch viel um uns selber gehen, um das, was wir wollen. Und wie wir es bekommen. Was wir brauchen, sind Freundschaften, Nähe, auch Sex. Auch darüber werde ich schreiben. Singlefrauen müssen zwar nichts, aber sie können alles. Darum wird es im dritten Teil gehen.

Worum es nicht gehen wird, ist, wie man einen Mann findet. In diesem Buch ist keine Betriebsanleitung dafür, wie Frau sich einen Mann angelt, versteckt, und wenn doch, dann sagen Sie mir Bescheid. Wir klären das.

Es geht um Geschichten. Meine, deine / Ihre, unsere Geschichte. Ich habe mit Frauen gesprochen, die mir ihre Geschichten erzählt haben. Frauen in ihren Dreißigern, Vierzigern, Fünfzigern und weit darüber hinaus. Geschichten ohne Männer, Geschichten mit Männern. Ich habe mit Psychologen gesprochen und Experten für Soziologie. Und ich habe mich in einer Industrie umgehört, die das beschriebene Rollenbild als Geschäftsmodell betreibt.

Bei all dem will ich die Liebe nicht begraben und Männer nicht für unnütz erklären. Auf keinen Fall! Ich möchte die Liebe eher befreien. Wer die Liebe befreit, weiß nicht, wohin die Geschichte führt. Ich weiß nicht, wie meine Geschichte weitergeht. Noch, wie andere Geschichten, von denen ich berichte, weitergehen. Ich weiß nicht, ob ich nicht in einem Jahr verheiratet bin. Und Mutter. Oder Mutter. Das ist allerdings auch völlig egal. Es ändert nichts daran, dass meine Geschichte keinen Prinzen braucht, um ein Happy End zu haben. Ich glaube nicht an die Moral solcher Märchen. Ich glaube an das Leben und die Kraft von Erzählungen. Und deswegen wird kein Prinz vorkommen aus einem ganz einfachen Grund: weil er nicht vorkommen muss.

Von der Liebe

«Aber was die Welt sagt und was in den Büchern steht,
das kann nicht länger maßgebend für mich sein. Ich
muß selbst nachdenken, um in den Dingen Klarheit zu
erlangen.»
Henrik Ibsen, Nora, ein Puppenheim

«Love is ain't dead.»
Graffito, Hauswand, Köln-Ehrenfeld

Die klassische Beziehung – Du und ich, wir beide. Eine kleine Geschichte

Markus war blond und trug hellblaue Shorts. Die Sonne schien kräftig, wir liefen auf einer Wiese um die Wette. Grashalme zwischen den nackten Zehen und irgendwann waren wir völlig außer Atem. Schließlich blieb er stehen, meine Chance war gekommen: «Willst du mich heiraten?», fragte ich.

Er und seine Freunde schauten mich kurz perplex an: «Waa-aaaahhh!», riefen sie im Chor und rannten weg. Ich blieb alleine stehen.

Markus und ich waren zusammen im Kindergarten. Er hatte einen ein Jahr älteren Bruder, und wir spielten Fangen und Verstecken, und durch ein Loch im Zaun seiner Nachbarn konnte man direkt auf den Spielplatz kriechen. Das sehe ich noch vor mir. Ich habe ihn damals auch mehr als einmal gefragt, ob er mich heiraten will. Wie Kinder das halt so machen. Er wollte nie. Irgendwann schämte ich mich für die Frage und war froh, dass wir nicht auf die gleiche Grundschule wechselten.

Ich erinnere mich an diese Geschichte, weil sie mir heute wie eine Art Initialerlebnis vorkommt. Sie ist die erste von vielen Erinnerungen an etwas, das ich für Liebe hielt. Der kindliche Traum von Zweisamkeit. Erwachsene nachmachen. Hochzeit spielen. Wie wir das damals so machten: Mit einer alten Gardine auf dem Kopf standen meine Freundin Nina und ich als Brautpaar im Wohnzimmer meiner Eltern. Und ich mochte Nina auch deswegen so, weil sie die Einzige war, der es egal war, wenn sie bei unserem Spiel der Mann sein musste. Mann war langweilig. Gardine auf dem Kopf war schön.

Wir spielten Hochzeit, wir spielten Babys umsorgen, wir

spielten aber auch Räuber und Gendarm und Indiana Jones. Ich wollte Rockstar werden oder Lehrerin. Ich bekam einen Physik-Spielkasten geschenkt, und vor jedem Brautmodengeschäft blieb ich lange stehen und schaute mir sehnsüchtig die Auslage an. Ich wollte ein Kleid mit Schleppe, und ich hatte Namen für meine zukünftigen Kinder.

Das mit der Hochzeit und den Kindern war damals noch ganz weit weg. Und es ist immer noch weit weg. Denn mehr als dreißig Jahre sind vergangen, und ich habe auch in echt noch nicht geheiratet. Kinder habe ich auch nicht. Aber ich weiß, jetzt ist das ein Problem.

Es ist ein Problem, weil ich mit dieser Geschichte an den Erwartungen vorbeischramme, die man an eine Frau in meinem Alter hat. Überhaupt an Frauen. Mann finden, Kinder kriegen. Ganz simpel, könnte man meinen, und vielleicht damit auch etwas, das wir einfach ignorieren könnten – weglächeln und weitermachen. Aber diese Erwartungen lassen sich leider nicht so einfach weglächeln. Dafür sind sie zu fordernd. Sie fordern ja auch ganz schön viel von uns: ein anderes Leben in letzter Konsequenz. Sie fordern eine klassische Beziehung, eine Beziehung zu einem Mann, mit viel Liebe, irgendwann Nachwuchs bestenfalls. Diese Erwartung kommt uns sogar ganz normal vor, ganz natürlich.

Aber das ist sie nicht. Wenn wir heute von Beziehungen reden, von Liebe, von Ehe und Partnerschaft, reden wir über ein Modell, das es erst seit ein paar hundert Jahren gibt. Dieses Modell hat sich historisch entwickelt. Und es ist dabei so wirkmächtig geworden, dass es uns heute wie selbstverständlich vorkommt. Die romantische Zweierbeziehung ist aber keine Selbstverständlichkeit. Sie ist ein Modell, kein Garant für Zufriedenheit oder Vervollkommnung. Und doch kommt es uns oft so vor. Das liegt allerdings nicht an der dahinterliegenden Wahrheit – denn die gibt es nicht –, sondern an der Macht ihrer Erzählung. Wer also verstehen will, wieso diese Erzählung so mächtig geworden ist, muss sich die Anfänge der Geschichte angucken. Muss sich anschauen, wie die Romantik erzählt wird, wie die Liebe erzählt wird und warum Singlefrauen in diesen Erzählungen so schlecht wegkommen. Dabei wird es nicht nur um Geschichten gehen, sondern auch um Gesetze, um Eheverträge und tote Philosophen.

Ich nehme mir in diesem Kapitel die Geschichte der romantischen Zweierbeziehung vor, im Kapitel darauf die Geschichte der Liebe. Denn ja, auch die Liebe ist nicht schon immer dieselbe gewesen. Aber erst mal zurück in den Alltag von heute. Zurück zu dem eigentlichen Problem: Ü30, nicht verheiratet, keine Kinder.

Es wird mir nämlich als Problem nahegelegt, immer wieder. Wie vor ein paar Jahren in meiner Stammkneipe. Es war zu einer Uhrzeit, bei der man beim Blick auf die Uhr erschrocken in die Runde fragt, ob es wirklich schon so spät ist. Wir saßen in der üblichen Runde zusammen, drei Männer, zwei Frauen, alle irgendwie zwischen Ende zwanzig und vierzig. Und Anton. Älterer Herr, gut gelaunt, aber in der Regel in sein Privatbier vertieft. Ich ging auf die Toilette, und als ich wiederkam, grinste mich Thomas an: «Weißt du was? Anton schenkt mir ein Auto!» «Is' ja nett. Einfach so?» «Ne, nur wenn ich dich heirate. Er meint, das würde bei dir langsam Zeit.» Wir mussten lachen. Thomas und ich waren nicht zusammen, auch nie gewesen. Er ist zehn Jahre älter als ich. Auch er ist nicht verheiratet. Aber ich war diejenige, die vom Markt musste. Die offensichtlich irgendwie ein Problem war, so als Single. Als Singlefrau.

Eine kleine Geschichte, ich weiß. Aber eine Geschichte von vielen. Ich könnte sie von Frauenarztbesuchen erzählen, von Familienfeiern und Hochzeiten, von Kollegen und der Bemerkung von Frau Wieland im vierten Stock. Von Geschichten aus Filmen und Serien. Auch von Freunden: «Bist du denn nicht allein?»,

«Ich verstehe nicht, warum du keinen Freund hast», «Und wie ist es dann mit Kindern? Sooo viel Zeit hast du ja nicht mehr!».

Als Single ist man als Frau ein Mängelwesen. Irgendwas fehlt, irgendwas fehlt immer. Auf jeden Fall fehlt schon mal ein Mann, eine romantische Beziehung, und dann gibt es irgendwann den Verdacht, dass es dafür schon einen Grund gibt.

Mit der stimmt doch was nicht.

Viele dieser Unterstellungen kommen auf Samtpfoten daher, man spürt sie kaum. Nur wenn sie zu viel werden – immer wieder das augenzwinkernde «Und?!» der Freundinnen –, fangen sie an, eine fiese Macht zu entfalten. Viele dieser Unterstellungen kommen aber auch gar nicht leise daher. Sondern sehr laut, Plakatgröße: *Bridget Jones – Schokolade zum Frühstück*, «Jennifer Aniston, schon wieder sitzengelassen», «Alleinstehende Frau lebte jahrelang mit der Leiche ihrer Mutter». Der Single soll wissen, «dass er etwas verpasst».[1] So was schreiben sogar Frauen über Frauen. Denn sie alle meinen zu wissen: Mit uns stimmt irgendetwas nicht.

Wer verstehen will, woher diese Unterstellungen, dieses ewige Mantra des «Du sollst einen finden» kommen, der muss ein wenig zeitreisen. Muss nachschauen, woher es rührt, dass wir von Hochzeiten in Weiß träumen und von Märchenprinzen. Woher es kommt, dass wir vom Blitz getroffen werden wollen, den «Richtigen» suchen, nicht finden und trotzdem nicht aufhören, von ihm zu träumen. Warum wir glauben, dass sich das komplette Glück nur in der Kombination «Mann, Frau, du und ich, wir beide» erringen ließe.

Und das heißt auch, dass man schauen muss, was es heißt, eine Frau zu sein. Welche Rolle uns dabei zugedacht wird. Und dabei Stück für Stück, Schicht für Schicht von dieser Rolle abzukratzen, sie freizulegen, um zu sehen, was dahintersteckt. Dabei werden wir merken, wie diese Rolle uns zuschüttet, lebendig begräbt. Wie das, was nach Freiheit riecht, manchmal doch nur ein Zwang zur Konformität ist. Ein Zwang zum Glück, der nachts, wenn wir allein im Bett liegen, in unser Bewusstsein schleicht. Und uns erst sacht, dann drängender so richtig Angst macht. Wir leiden. Aber wir leiden vielleicht nur, weil wir es so gelernt haben.

Wie wir Mädchen gelernt haben und was das mit der Liebe zu tun hat

Wir lernen, woran man ein Mädchen erkennt. Wir lernen, wie man als Mädchen erkannt wird. Wir lernen, wie man ein Mädchen ist.

Wir lernen: Lächeln macht schön, und schön sein ist wichtig. Wir lernen: Mathe ist schwierig, und richtig schlau sind vor allem Jungs. Jungs sind manchmal etwas gemein. Leise ist besser als laut. Und stumm ist im Zweifel am allerbesten.

Wir haben das alle gelernt. Nicht nur und nicht so explizit, natürlich nicht. Aber sehr eindrücklich. Wenn es so dasteht – «Mädchen lernen» – kommt es uns übertrieben vor. Zu einfach, längst überholt. Doch dann stehen wir in einem Spielzugladen und möchten ein Geschenk für ein kleines Kind kaufen. Und wir sehen blaue Schlafanzüge mit Astronauten und rosa Bademäntel mit Krönchen. Und wir merken, wie Mädchen gelernt wird. Wir können es uns gar nicht aussuchen.

Blau und rosa. Wir lernen die harten Klischees. Und wir lernen noch mehr. So vieles auch, was wir gar nicht merken. Wir hören es von unseren Eltern, von Lehrern und Verwandten. Wir sehen es bei ihnen. Wir sehen es, wenn wir die Straße betreten, Bilder, Menschen und noch mehr Bilder. Wir sehen es auch im Fernsehen, lesen es in Büchern. Wir sehen es in unseren Vorstellungen, wenn wir lesen. Und dann ist es das kaum Sichtbare; es sind die kleinen Gesten, Augenaufschläge. Es ist die Eilfertigkeit, mit der wir etwas tun. Oder uns gar nicht zuständig fühlen. Wie Menschen auf uns reagieren, was sie uns zutrauen, was sie vor uns verheimlichen und was sie glauben, was sie mit uns machen dürfen. Und wenn es sichtbar wird, wenn es spürbar wird und weh tut, können wir uns oft nicht richtig wehren. Mädchen machen so was nicht, sich wehren. Das haben sie nämlich nicht gelernt, und eigentlich gehört es sich auch nicht.

Wir mögen diese Aussagen übertrieben finden, mögen glauben, dass wir das selbst noch nie so schlimm erlebt haben, weil wir anders aufgewachsen sind. Und ja, wir sind auch nicht nur Mädchen. Nicht nur Frauen.[2] Wir sind auch andere Dinge, unsere Identität ist nicht nur Geschlecht, nicht nur Gender.

Wir sind ja womöglich auch alles andere als ein typisches Mädchen geworden, haben uns ganz entgegen dieser gerade aufgezählten Stereotype entwickelt – und doch reden wir immer wieder mit Freundinnen darüber, warum wir so schlecht ein besseres Gehalt aushandeln können. Warum wir immer im Büro die Spülmaschine ausräumen. Warum wir so zugenommen haben. Warum er so wenig im Haushalt macht. Warum wir uns nicht trauen, mal «nein» zu sagen. Warum es wichtiger ist, dass er beim Sex kommt. Warum unsere Uhr so laut tickt. Warum wir uns so oft bevormundet vorkommen. Warum wir manchmal eine Wut spüren, die nicht weiß, wohin.[3]

Und, wenn wir Single sind: Warum es uns so fertigmacht.

Mädchen zu lernen, gelernt zu haben, ist nicht banal, es ist nicht unwichtig. Es reicht ganz weit in unser Leben hinein. Es hört nicht auf bei Kindergeschichten und der Frage, wer schon immer gerne auf Bäume geklettert ist. Es geht genau da sogar richtig los. Und es bleibt an uns oft genug hängen, als hätte es Widerhaken, dieses Mädchen.

Dafür gibt es auch handfeste Beweise. Ein paar Beispiele: In einer Untersuchung des Deutschen Instituts für Wirtschaftsforschung (DIW) zeigte sich, dass sich Jungen in Mathematik deutlich begabter als Mädchen einschätzen.[4] Und zwar schon ab dem fünften Schuljahr. Diese Selbsteinschätzung blieb bis zur einschließlich zwölften Klasse bestehen – obwohl die entsprechenden Schulnoten die Einschätzung nicht rechtfertigten.

Eine Studie dreier amerikanischer Universitäten betrachtet, wie kleine Kinder Intelligenz in Bezug auf ihr eigenes Geschlecht einschätzen.[5] Dabei stellte sich heraus, dass Mädchen sich bereits mit sechs Jahren für weniger schlau als Jungs halten. Entsprechend trauten sie sich auch anspruchsvollere Aufgaben weniger zu. Und das hat Auswirkungen auf das weitere Leben. Weniger Frauen in MINT-Studienfächern und weniger Frauen in Berufen, die populärem Verständnis nach intellektuelle Brillanz erfordern, wie den Naturwissenschaften. Diese Verbindung zeigten Psychologen aus den USA.[6] «Obwohl das Stereotyp, das Brillanz mit Männern gleichsetzt, nichts mit der Realität zu tun hat, kann es die Wünsche und Karrierepläne von Mädchen negativ beeinflussen», erklärt Andrei Cimpian, einer der Autoren der Studie.[7]

Jungs sind schlauer, Mädchen sind schöner. Eine weitere Erhebung in den USA hat herausgefunden, dass amerikanische Eltern im Internet zweimal so häufig nach der Frage «Ist mein Sohn ein Genie?» suchen wie nach «Ist meine Tochter ein Genie?».[8] Die Frage «Ist meine Tochter übergewichtig?» hingegen wurde 70 Prozent häufiger gesucht als ihr Pendant. Dabei sind Jungen in den USA durchschnittlich eher von Übergewicht betroffen als Mädchen. Das sind nur ein paar Beispiele. Ich könnte, wirklich, noch sehr lange weitermachen.

Jungs sind schlauer, Mädchen sind schöner. Das muss also gar nicht stimmen, damit wir es glauben. Es ist eine Erzählung. Aber solange wir ihr glauben, handeln wir auch danach.

Wir lernen, Mädchen zu sein. Und das heißt auch, dass wir lernen, was von uns erwartet wird, wenn wir Frauen sind. Und hier kommt wieder die Liebe ins Spiel.

«Wenn du mal groß bist …» – wie oft haben wir diesen Satz als Kinder gehört. Der Satz hat genervt und wütend gemacht, aber er war auch vielversprechend. Denn in diesem Zukunftsland am Horizont gab es nicht nur unendlich Süßigkeiten und die eigene Entscheidung, wann es Zeit fürs Bett ist, es gab auch Prinzen. Schlösser, in die wir einziehen. Kinder, die wir im Arm halten. Es gab diese märchenhaften Versprechen für unsere Zukunft als Frau. Als Kinder haben wir sie vielleicht nicht ganz so ernst genommen, aber sie sind bei uns geblieben, sie waren einfach so verführerisch. Mit ihren goldenen Schuhen, den Kutschen und der Liebe, die bis ans Ende aller Tage hält.

Das sind Märchen, klar. Kindheitserinnerungen und Träume.

Doch Märchen sind nicht die einzigen Geschichten, die unsere Wahrnehmung und damit unser Leben prägen. Es sind auch nicht nur Geschichten, die unser Leben prägen. Aber diese Geschichten sind kraftvoll. Das merken wir, wenn sich das Brennglas der Zeit auf uns richtet und wir realisieren, dass wir schon so alt sind wie die böse Hexe und immer noch kein Prinz vorbeigekommen ist. Wenn er käme, müssten wir ihn sehr wahrscheinlich wie Hänsel in einen Käfig sperren, damit er bleibt. Uns passt einfach kein Schuh. Und wir passen nicht in unsere Geschichte. Kein Happy End, kein Ende ohne Liebe.

Das, zumindest, ist unsere Angst. Es ist die Angst, die man uns anerzogen hat.

Märchen hören nicht auf, zu uns zu sprechen, nur weil wir älter werden. Älter und erwachsen. Rollenbilder sind hartnäckig. Sie verändern sich, verdichten sich. Wir sind unabhängige Frauen, wir verdienen unser eigenes Geld. Wir ziehen mit Freundinnen um die Häuser und schauen uns Männer an, als wären wir im

Supermarkt: «Der da?! Nicht dein Ernst!» Aber wir melden uns nicht als Erste.

Geschlechterrollen sind schon immer vor uns da. Sie setzen sich mit uns auf den Barhocker, sie scannen mit uns den Raum nach einem Typen, der irgendwie so aussieht, als könnte da was gehen. Wir können diese Geschlechterrollen nicht austricksen, selbst wenn wir mal jemanden nach seiner Nummer fragen. Frausein ist auf uns eingeprägt. Frausein ist nichts, was wir uns in der Gegenwart von anderen erst überstreifen. Es ist nichts, was wir mir nichts, dir nichts loswerden können, wie einen BH, den wir verbrennen, oder ein Kleid, das wir in die Tonne kloppen. Wir können es nicht einfach loswerden.[9] Denn Frausein ist keine Kaufentscheidung.[10] Es ist eher ein Habitus. Es ist da.

Zum Frausein gehört auch, dass wir einen Mann brauchen. Eine Beziehung wollen. Eine Beziehung zu einem Mann. Als Kinder schon haben wir gelernt, wen wir begehren sollen. Wie wir begehren sollen. Mädchen und Junge, das gehört zusammen. Und irgendwann werden wir ein Paar. Wir glauben, das soll so sein. «Anders kann man ja auch keine Kinder kriegen!» Solche Sätze machen aus ein paar biologischen Gegebenheiten eine gesellschaftliche Wahrheit. Diese gesellschaftlichen Wahrheiten werden dann allerdings nicht als gesellschaftlich, sondern selbst als biologisch empfunden. Als sei Vielfalt nicht natürlich, obwohl die Natur uns doch so vielfältig angelegt hat. So stark ist die Macht dieser Wahrheiten.

Wir lernen: Wir brauchen einen Mann. Das gehört zum Frausein dazu. Durch einen Mann erst können wir ganz zu uns selbst finden. Alles ausschöpfen, was dieses Frausein hergibt: Geliebte sein und Mutter. Es scheint uns, als müssten wir das alles. Weil es in der unsichtbaren Gebrauchsanweisung zum Frausein so drinsteht.

Schon im Märchen blieben nur die Bösen Single. Und landeten

irgendwann im Ofen, weil sie Kinder kochen wollten, aber dann auch noch von ihnen ausgetrickst wurden. Denn Hexen sind eigentlich auch dämlich. Es mag überzogen sein, einen Zusammenhang zu ihrem Singledasein zu sehen. Aber vielleicht auch nicht ganz.

Wir haben diese Geschichten huckepack mitgenommen in unser Leben, unbedarft wie Hans im Glück, mit dem festen Vertrauen darauf, dass wir uns auf ein Happy End zubewegen. Als Kinder konnten wir uns zum Glück auch nicht vorstellen, dass das Leben nicht für jeden einer Autobahn gleicht. Da dachten wir noch, einen Mann zu finden gehöre so sicher zum Erwachsensein wie Führerschein, Schulabschluss und der Auszug aus dem Elternhaus. Es würde schon irgendwann passieren. Es müsste ja irgendwann passieren. Aber dann passierte nichts. Oder immer nur genau so, wie wir uns das eigentlich nicht gedacht hatten.

Aber weil wir ja unabhängige Frauen sind, haben wir irgendwann angefangen, uns ein wenig von diesem ganzen Beziehungs-Buhei freizumachen. Wir haben eine unglückliche Beziehung beendet und uns vorgenommen, uns jetzt mal wieder um uns selber zu kümmern. Wir haben uns ein neues Top gekauft und sind mit gestrecktem Kinn raus in die Welt, haben der Enttäuschung von gestern noch kurz mit den High Heels einen Tritt verpasst und uns frei gefühlt. So frei! Ab jetzt wird die Liebe nüchtern angeschaut, haben wir uns vorgenommen. Traumprinzen gibt es eh nicht. Wir dachten also, wir hätten den Traum davon im Kinderzimmer begraben. Wir dachten, wir wären jetzt frei. Aber klammheimlich haben wir auch gedacht: «Für den Richtigen!»

Und dann stehen wir wieder ganz frei in einer Bar und scannen den Raum nach jemandem ab, der «es» sein könnte. Was «es» ist? Im Zweifel einfach irgendein Mann. Nur nicht wieder allein nach Hause. Nur nicht wieder umsonst so lang im Bad gestanden. Nur nicht wieder die Freundinnen, die behaupten, der eine hätte doch die ganze Zeit herübergeguckt, man hätte halt mal auf den zugehen müssen. Nur nicht wieder Nummerntausch, und dann meldet sich keiner. Wir schrauben unsere Ansprüche ja schon runter. Schloss und Krone braucht kein Mensch, aber wenigstens einen, der mal zurückruft. Wenigstens einer, der mal was fragt. Wenigstens einer. So sieht es also aus, wenn man über Märchen siegt.

Singlefrauen und ihr Schicksal

Aus den Geschichten unserer Kindheit sind wir zwar ausgezogen, aber im Erwachsenenalter lauern die Upgrades. Wir suchen es uns nicht aus, wie wir fühlen, aber wir können fast überall nachschauen, wie wir uns dabei zu verhalten haben. Bridget Jones, die Single-Heroine des jungen Jahrtausends, hat dafür so etwas wie die Blaupause abgegeben. Sie sitzt im Kinderschlafanzug mit Popcorn und einem Zahnputzbecher voller Chardonnay auf dem Wohnzimmerteppich und jault «All by myseehelf» in die einsame Wohnung.

Da ist sie. Die Singlefrau in ihrem natürlichen Habitat. Es fehlt nur noch Jacques-Yves Cousteau, der ihr Leben aus dem Off erklärt: «Was Sie hier sehen, ist ein Singleweibchen. Wenn sich ihm ein Männchen nähert, wird es ganz zutraulich. Es gibt bereitwillig alle seine Vorräte ab und putzt sich jedes Mal, wenn das Männchen wegschaut.»

Die Singlefrau ist eigentlich noch Kind. Das sieht man an ihrem Pinguin-Schlafanzug. Aber sie ist auch voller erwachsener Sehnsüchte nach der Liebe. Die kann man in ihrem Tagebuch nachlesen; dem Tagebuch, dem sie anvertraut, wie groß die Liebeslücke ist, die sie spürt. Diese Lücke stopft sie mit Alkohol und Zigaretten und schreibt jeden Tag auf, wie gut das geklappt hat:

«Alkohol: 5 Einheiten (nicht so gut), Zigaretten 48 (ging nicht anders), negative Gedanken 942 (schätzungsweise, pro Minute), Minuten, in denen ich die negativen Gedanken gezählt habe 127 (ungefähr).»[11]

«Ich werde alleine bleiben. Irgendwann wird man meine von Hunden zerfressene Leiche in der Wohnung finden.» Bridget Jones hat Humor. Aber sie hat auch Angst.

Zu Recht.

Am 21. März 2018 titelte die britische *Daily Mail*:[12] «Ältere alleinstehende Tochter lebte mit dem zersetzenden Körper ihrer Messie-Mutter, 87.» Als Single bleibt man Tochter, man wird nicht Frau, es ist, als würde einem das Erwachsensein abgesprochen. Und wenn wir nicht aufpassen, ergeht es uns wie der Frau aus dem Artikel: Sie hatte so viel Müll angesammelt, dass er schließlich über ihr zusammenbrach. Die Polizei musste sie befreien.

Schicksal. Wenn wir Singles bleiben.

Singles haben keinen guten Ruf, immer noch nicht. Die Zeiten ändern sich, aber sie ändern sich langsam, sehr langsam. Die Psychologin Astrid Schütz hat gemeinsam mit Kolleginnen eine Studie zur Einstellung gegenüber Singles durchgeführt. Singles entsprechen nicht der Norm, sie weichen ab und werden so nicht durch das gesehen, was sie haben, sondern durch das, was sie nicht haben. Was ihnen angeblich fehlt. Bei der Studie stellte sich heraus, dass Singles deutlich anders als Paare wahrgenommen werden: «Singles werden als trauriger und einsamer als verheiratete Menschen wahrgenommen sowie als weniger warm und mitfühlend.»[13] Sogar Singles selbst nehmen andere Singles als negativer wahr.

Wer glaubt, dass es Zufall ist, dass sich Singles schlechter fühlen und einen schlechteren Ruf haben, bemitleidet und bedauert werden, der bekommt nicht nur in Märchen oder Filmen,

34

sondern auch in solchen Studien Auskunft über die Welt, in der wir leben. Über eine Welt, in der die Initiative hauptsächlich vom Mann ausgehen soll. Über eine Welt, in der Frauen dankbar sind, wenn ein Mann sie erwählt. Eine Welt, in der eine Paarbeziehung per se als erfüllender betrachtet wird, als keine zu haben.

Warum die klassische Zweierbeziehung nichts mit Romantik zu tun hat

Dankbar sein, wenn ein Mann einen erwählt? Lily würde dem heftig widersprechen. Lily ist Anfang dreißig, hat dicke schwarze Haare, die sie ständig über die Stirn streicht, und ein Lachen, für das man sie sofort richtig gernhat. Lily glaubt an die Liebe. Wenn sie leidet, wenn sie nachts auf Anrufe wartet, wenn sie tagelang nichts essen kann, dann tut sie es nicht für den Mann, sondern für die Liebe. Das ist ihre Erzählung. Die Liebe packt Lily, und dann kann sie nicht anders. Sie erzählt: Da war dieser Mann, jetzt ihr Freund, und der war so wie noch keiner vor ihm. Der war so perfekt – «Ist er nicht schön?!» –, und gegen dieses Verliebtsein, da kann man einfach nichts machen. Das ist wie ein Tsunami. Vielleicht noch krasser. Das erzählt sie ziemlich genau so, mit strahlenden Augen.

Lily glaubt an dieses Liebesmodell, sie glaubt daran, mit all ihrer Kraft. Als Frau muss man doch eine Beziehung wollen. Und wenn es nicht klappt, ist Lily für einen da. Nächtelang und mit all ihrer Zuversicht. Das wissen Lilys Freundinnen. «Du findest ihn schon noch!» Und Vera, Lilys Singlefreundin, hört sich ihre Liebesgeschichten an und freut sich auch für sie, aber nach dem Gespräch fühlt sie sich nur ganz kurz besser. Denn diese Liebe, von der Lily immer redet und von der sie annimmt, dass wir sie alle wollen, ist vielleicht gar nicht so verführerisch. Gleichzeitig beweisen die genannten Zahlen und meine Lily-Unterhaltung: Wir kommen von den Märchen nicht los. Schauen wir sie uns also vielleicht doch einmal genauer an. Eine Sache, die diese Märchen nämlich so hartnäckig macht, ist die Tatsache, dass wir glauben, es seien keine. Vermutlich glaubt Lily, dass es immer schon so war. Aber das war es nicht. Die Liebe ist nicht ewig und auch nicht natürlich. Sie ist ein historisch gewordenes Ding. Diese Liebe, von der Lily redet und an der wir leiden, ist ein Ideal, eine tradierte Übereinkunft. Dieses Ideal ist uns nicht in die Wiege gelegt, es *wird* uns in die Wiege gelegt.

Nehmen wir uns erst einmal einen Mythos vor: den von der Ehe und der Liebe. Sozialwissenschaftler, die sich mit der Entwicklung der modernen Gesellschaft beschäftigen, sind sich einig: Das Beziehungsmodell, wie wir es kennen, ist neu. All das, was wir heute mit der Ehe verbinden, wie wir sie verstehen und wozu sie gut sein soll, das ist noch nicht mal 300 Jahre alt. Zwei Menschen treffen aufeinander, verlieben sich, heiraten und bekommen Kinder. Was als natürliche biographische Abfolge, als selbstverständlicher Ablauf, auch als Wunschvorstellung daherkommt, lässt sich mit soziologischen Begriffen und Analyse ganz prosaisch entzaubern. Die mit Romantik geklebte Ehe zwischen Mann und Frau hängt nämlich weniger mit Liebe, diesem Bombast unter den Gefühlen, sondern vielmehr mit der Entwicklung zur Industriegesellschaft zusammen.

Liebe und Ehe hatten vorher schlichtweg nichts miteinander zu tun. Ehen dienten der Sicherung von Eigentum, politischen Allianzen, sozialen Beziehungen. Guter Nachbarschaft. Mein Acker + dein Acker = größerer Acker. Liebe kam da allenfalls zufällig vor. Die Historikerin Stephanie Coontz schreibt in ihrem Buch über die Geschichte der Ehe: «Sicher, Menschen verlieben sich seit Tausenden von Jahren, manchmal sogar in den eigenen Partner. Aber bei der Ehe ging es nie hauptsächlich um Liebe.»[14]

Was uns heute als Blaupause der Liebe vorkommt, war sogar ganz explizit eher außerhalb der Ehe, also der festen Partnerschaft, überhaupt der Partnerschaft, zu Hause. Francesco Petrarca, der italienische Dichter, der durch seine Verehrung einer «Laura» eine ganze Liebesliteraturrichtung prägte, hat diese Laura nie gesprochen. Er hat sie nie angefasst. Und doch sprach er von Liebe.

Dante ging es mit seiner «Beatrice» ganz ähnlich: rasende Liebe, unerfüllt. Und Abaelard und Heloise, das berühmte Liebespaar des Hochmittelalters? «Heloise stellte mir außerdem noch vor [...] wie viel lieber sie meine Geliebte als meine Gattin heißen wolle», heißt es in der *Historia Calamitatum.*[15] Das Ende vom Lied: Abaelard schwängert Heloise, ihre Familie rächt sich, indem sie ihn kastrieren lässt, und Heloise geht in ein Kloster. Das war Liebe, früher.[16]

Erst gegen Ende des 18. Jahrhunderts nähern sich Ehe und Liebe langsam an. Das galt zumindest für die sehr dünne Schicht des Bürgertums. Für Bauern, Arbeiter oder den Adel waren diese Entwicklungen nicht relevant. Doch das Bürgertum war «laut». Es hat sich sehr eindringlich und nachhaltig geäußert, durch Literatur, einen Lebensstil, und es so geschafft, dass die Entwicklung des Bürgertums uns heute noch manchmal erscheinen mag wie die Entwicklung der Menschheitsgeschichte. Diese Verbindung zwischen Liebe und Ehe, die dabei entstand, hat – ich denke mir das wirklich nicht aus – nicht sonderlich viel mit Romantik zu tun.

Im 19. Jahrhundert setzt sich die Industriegesellschaft durch. Arbeit und Familie trennen sich. So etwas wie eine Privatsphäre entsteht. Und dabei werden der Frau ganz bestimmte Eigenschaften zugeschrieben. Denn die Frauen sind nun ausschließlich für Heim und Familie zuständig, während der Mann sich außerhalb des Heims betätigt und Geld verdient. Typisch weiblich, typisch männlich – was wir ja auch heute noch kennen –, diese Eigenschaften entstehen damals aus einer ideologischen Notwendigkeit heraus.[17] «Alle die körperlichen und geistigen Eigentümlichkeiten, durch die das Weib sich vom Manne unterscheidet, stehen im innigsten Zusammenhange mit der Bestimmung derselben, Mutter zu werden.» So steht es im *Brockhaus* von 1892.[18]

Was Frau sein bedeutet, wird gefühlig, wird zart und beschränkt. Mann sein wird gestärkt, Mann sein heißt, in der Welt sein. Ja, das 19. Jahrhundert war schlimm, aber wenn man sich diese Geschichte anguckt, muss man leider sagen: Es war noch viel schlimmer. Denn mit diesen Eigenschaften, die festgelegt werden, wird auch das, was ganz real die Geschlechter trennt, immer stärker. Oder, auf Soziologisch: Die soziale Differenz wird gefestigt. Frauen zu Hause im Heim, Männer draußen in der Welt. So beschrieb es der Kulturhistoriker und Begründer der Volkskunde Heinrich Riehl Mitte des 19. Jahrhunderts: «Das Weib wirkt in der Familie, für die Familie; es bringt ihr sein Bestes ganz zum Opfer dar; es erzieht die Kinder; es lebt das Leben des Mannes mit.»[19]

Klingt grausam, ich weiß. Für die Beziehung zwischen Männern und Frauen bedeutete das auch, dass festgeschrieben wird, dass Mann und Frau zusammengehören. Denn der Mann kann vorgeblich bestimmte Dinge besser und die Frau wiederum andere Dinge. Der Mann ist in der Regel Alleinverdiener, die Frau kümmert sich um Haushalt und Kinder. Sich um Kinder zu kümmern, war übrigens auch eine relativ neue Entwicklung, und auch diese hat dafür gesorgt, dass «Kinder kriegen» für Frauen eine ganz andere Relevanz bekommen hat.[20] Davon wird später noch zu reden sein. Hier ist zunächst wichtig: Die eigenen Kinder zu betreuen, war für beide Eltern nicht üblich. Der Adel hatte sich schon traditionell nicht um seine Kinder gekümmert, sondern sie mehr oder weniger umgehend postnatal

38

in die Obhut von Ammen und Privatlehrern gegeben. Der französische Staatsmann Talleyrand, durchaus stellvertretend für die europäische Adelsschicht, sah seine Eltern im Alter von vier Jahren zum ersten Mal. In bäuerlichen Kontexten waren Kinder Arbeitskräfte, ihr Aufwachsen fand größtenteils ohne elterliche Pädagogik, wie wir sie heute kennen, statt. Kindheit als eigenständige Lebensphase wird überhaupt erst im 19. Jahrhundert anerkannt. Sich um Kinder zu kümmern, fällt dann der Frau zu. Die Frau ist zuständig für die Keimzelle der Familie, die Ehe. Und Kinder werden zum Zweck der Ehe.

Die Industriegesellschaft ist auf diese Rollenverteilung zwischen den Geschlechtern angewiesen: «Ohne Trennung von Frauen- und Männerrolle keine traditionale Kleinfamilie. Ohne Kleinfamilie keine Industriegesellschaft in ihrer Schematik von Arbeit und Leben», schreibt der Soziologe Ulrich Beck dazu.[21] Die Kleinfamilie ist konsequenterweise auch nicht einfach so passiert, sie wurde aktiv gefördert. Kann man sich etwas Unromantischeres vorstellen als irgendetwas, das in einer preußischen Gesetzesstube entstanden ist? Nun, die Gesetzgebung des 18. Jahrhunderts hat es festgelegt:

«Der Hauptzweck der Ehe ist die Erzeugung und Erziehung der Kinder.»[22] Der Mann ist das «Haupt der ehelichen Gemeinschaft; und sein Entschluß giebt [sic!] in gemeinschaftlichen Angelegenheiten den Ausschlag.»[23] So steht es im Preußischen Allgemeinen Landrecht von 1794. Hinzu kommen staatliche wie betriebliche Pensionssysteme, die ausgleichen sollten, was durch die Gemeinschaft der Großfamilie weggefallen ist, Altersvorsorge zum Beispiel. In anderen Worten: Dinge, die sind, sind so, weil sie so angesteuert wurden. Vater-Mutter-Kinder wurde gewollt. Es war wirtschaftlich sinnvoll.

Doch nicht nur das Konzept der Ehe an sich wurde in dieser Zeit generalüberholt. Zugleich wurde auch die romantische Liebe abgestaubt, umgetopft und neu aufgestellt. Gesellschaftlich wird die Zeit im 18. und 19. Jahrhundert als Zeit bezeichnet, die von Individualisierungsprozessen gekennzeichnet ist. Klasse, Stand, Religion, alles, was traditionell klarmachte, wer man ist, geriet in der Zeit ins Wanken. Was sich herauskristallisiert, sind Menschen, die sich als individuell, als einzigartig sehen – traditionelle Aspekte der Identität verlieren an Bedeutung. Die Liebe tritt an ihre Stelle. Wie das ablief und welche Rolle Identität dabei spielt, zeige ich im nächsten Kapitel. Jetzt ist erst mal wichtig zu sehen, dass die Industriegesellschaft auf die partnerschaftliche Zweisamkeit zwischen Mann und Frau angewiesen war. Denn die Kleinfamilie sicherte ein Wirtschaftsmodell ab, so hat sie sich entwickelt. Dass die Kleinfamilie dann im weiteren Verlauf als innig-freundschaftliche, als romantische und von Liebe getragene Verbindung gesehen wurde, war nicht ihre Voraussetzung. Wer sich heute also über die Ehe als unnötigen bürokratischen Akt beschwert, darf sich sagen lassen, dass es eigentlich genau umgekehrt ist: erst die Bürokratie, dann die Romantik.

Die Liebe an sich ist nicht die Basis dieses Konstrukts. Die Liebe war nicht zuerst da. Sie wurde vielmehr wie eine Dessertsoße erst hinterher über dieses Partnerschaftsmodell gegossen. Die Liebe macht vieles schmackhafter. Sie deckt aber auch Dinge ab, die wir lieber nicht sehen wollen und die wir auch gar nicht sehen sollten, wie die Ungleichheit, die dadurch zwischen den Geschlechtern etabliert wird.

Wir träumen vom falschen Glück

Diese anstrengende Geschichte von Ehe und Liebe betone ich so, weil alles mit allem zusammenhängt. Weil «weiblich, ledig, glücklich» so quer zu dieser Entwicklung steht, wie es nur sein kann. Wer quer steht, als quer wahrgenommen wird, muss verstehen, woher das alles kommt. Woher es kommt, dass sich Singlefrauen so unvollständig fühlen. Wenn man das versteht, kann man nämlich auch anfangen, sich zu behaupten. Zu behaupten gegen all jene, die einem einreden wollen, als Single verpasse man da gerade nichts Geringeres als den Sinn des Lebens.

Denn klipp und klar: Die romantische, feste, exklusive, heterosexuelle Partnerschaft ist nicht von der Natur vorgegeben. Sie hat sich historisch entwickelt, und sie ist kulturell überformt. In eine Form gebracht in den letzten knapp 200 Jahren. In eine Form, die wir sofort erkennen, aber nicht sofort sehen, dass daran geschraubt und gedrechselt wurde. Mit Feinschliff und Polierstaub. Sie wurde erst zu etwas gemacht, das wir alle haben wollen und bei dem wir uns unwohl fühlen, wenn wir es nicht bekommen. «Paarbildung ist nicht natürlich, sondern ein soziokultureller Tatbestand»,[24] schreibt Karl Lenz, wir Menschen sind nämlich ziemlich weltoffen im Vergleich zu Tieren. Paarbildung ist soziale Kultur. Wir leben in einem «Möglichkeitsraum». Einem Raum, den wir selber ausgestalten, aber der nicht schon ausgestaltet ist. Wir sollten öfter auf Soziologen hören.

«Die Ehe bietet sich dem Mann und der Frau stets grundverschieden dar» – das hat Simone de Beauvoir bereits in ihrem Manifest *Das andere Geschlecht* beschrieben.[25] Die romantische Mann-Frau-Beziehung hat ein ziemliches Ungleichgewicht institutionalisiert. Das haben auch andere Feministinnen in den siebziger Jahren erkannt. Shulamith Firestone, de Beauvoir und Susan Sontag wollten diesem Konzept daher schon damals an den Kragen. «Frauen und Liebe untermauern sich gegenseitig. Schau dir das genauer an und du gefährdest die ganze Kultur», schrieb Firestone.[26] Sie hat immer noch recht, denn Frauen ziehen auch wirtschaftlich den Kürzeren in diesen institutionalisierten Liebesbeziehungen. Wie genau, das zeige ich im zweiten Teil.

Man muss nicht die radikalen Ideen von Sontag und Co. gut finden, um zu erkennen, dass dieses historische Ideal der klassischen Zweierbeziehung Hierarchien zementiert und Frauen sozioökonomisch dabei mehr Abstriche machen als Männer. Und zwar trotz aller aufgeschlossenen, liberalen Männer. Schlimm genug. Schlimmer ist nur, dass uns dieses Ungleichgewicht, das die Liebe da zurechtgezimmert hat, auch noch so reizvoll erscheint. Richtiggehend sexy. Und zwar vor allem uns Frauen.

Ich möchte über die Liebe schreiben. Über das Glück als Single. Und jetzt habe ich erst mal ein ganzes Kapitel schweren Tobak herangekarrt: Soziologie, Gender, Statistiken. Wenn man doch eigentlich nur hören will, wie das geht – weiblich, ledig, glücklich. Aber es ist wichtig. Denn wenn man sich all das erst mal klargemacht hat, dann merkt man schon mal Folgendes: Die Beziehung, die Singles angeblich fehlt, ist ein gesellschaftliches Konstrukt. Die Ehe, so wie wir sie kennen, ist ein gesellschaftliches Konstrukt. Die Verbindung von Liebe und Ehe (oder dauerhafter romantischer Partnerschaft) ist es ganz genauso.

Sie wird gelernt, antrainiert, angespielt. Unsere Gesellschaft, unsere Kultur macht Promo für die heterosexuelle Zweierbeziehung – damit wird nicht nur die Hochzeitsindustrie am Laufen gehalten. Damit wird auch dafür gesorgt, dass in unseren Köpfen und Herzen ganz spezielle Träume von Glück genährt werden.[27] Träume, die sich als weiblich und ledig nicht erfüllen lassen. Frauen werden zu Bittstellerinnen der Liebe, obwohl sie dabei schlechter wegkommen.

Wir müssen also endlich wissen: Warum, zur Hölle, wollen wir das trotzdem so unbedingt?

Wie die Liebe wurde, was sie ist

Liebööööh! Aber die Lieböööh!», brüllte Helena, stampfte auf, schüttelte ihre schwarzen Haare und lief Demetrius hinterher. Der lief weg. Ich musste lachen, immer das Gleiche. Jungs, die weglaufen. Aber jetzt nicht mehr Kindergarten, sondern Theater. Shakespeare, *Ein Sommernachtstraum*. Viele Jahre später.

Das Stück: vier junge Menschen im Wald. Zwei Männer, zwei Frauen und eine Elfe mit Zauberkräften. Hermia liebt Lysander, Lysander will Helena. Helena will Demetrius, und Hermia ist sauer. Ich kürze ab: Am Ende gibt es trotzdem zwei Hochzeitspaare. Vorhang.

Ich bin Regieassistentin am Schauspielhaus Köln und sitze neben der Souffleuse in der ersten Reihe – die Szene wird noch mal geprobt. Die Schauspielerin, die Helena spielt, stampft wieder auf, ich sehe ihr rotes Gesicht, ihre Verzweiflung, Spucketröpfchen, die der «Liebööööh»[28] hinterherfliegen. Manchmal rotzt sie das Wort heraus, kreischt es in den Bühnenhimmel, spöttelt es sich vor die Füße oder wirft es dem weglaufenden Demetrius hinterher. Sie probiert alles.

Ich liebe diese Szene. Die Liebe selbst interessiert mich zu dem Zeitpunkt, als sie geprobt wird, allerdings weniger. Ich komme frisch aus einer elenden On-off-Beziehung, in der die Zauberformel «Ich liebe dich» zwar einmal fällt, aber nur, um ein paar Tage später wieder einkassiert zu werden: «Wir sollten uns nicht mehr sehen.» «Aber du hast doch letzte Woche noch gesagt, dass du mich liebst.» «Letzte Woche habe ich das auch so gemeint.» Aha. Was mich also zu dem Zeitpunkt interessiert: Männer, die mich nicht wie einen Fußabtreter behandeln. Und der Schauspieler, der Lysander spielt.

Jetzt, mehr als zehn Jahre später, muss ich Bilder aus der Zeit zu Hilfe nehmen, um mich besser zu erinnern. Der Fußabwischer fühlt sich wie dunstige Geschichte an, und von Lysander blieb nur ein Sukkulenten-Trieb, der irgendwann zu einem mittelgroßen Bäumchen wurde und in meiner Küche auf dem Fensterbrett steht. Was halt so bleibt.

Aber woran ich mich immer wieder deutlich erinnere, wenn ich an damals denke, ist Helena, wie sie die «Lieböh» mit ihrer dunklen Stimme herausröhrt.

Die Liebe. Ich habe sie im Ohr, weil ich ihr in der Zwischenzeit auch wieder oft genug wie wahnsinnig hinterhergerannt bin. Weil ich glaubte, sie zu erkennen, und hinterher nicht mehr wusste, wo oben und unten ist. Weil ich schluchzende Freundinnen in den Armen gehalten habe, die zwischen Tränen erklärten, wie sehr sie die Liebe hassen. Wie Lana Del Rey singt: «While she starts to cry, mascara runnin' down her little Bambi eyes / Lana, how I hate those guys.»[29] Weil ich außerdem Freundinnen erlebt habe, die vor lauter «Lieböh» zu keinem Gespräch mehr fähig waren. Wir alle kennen diese herzergreifenden Szenen, diese verwirrenden Gefühle, und auf Partys grölen wir alle gemeinsam Liebeslieder. Aber wenn einem dann die Liebe so laut im Ohr schallt und man einen Schritt zurück macht, kann man merken: Eins eint uns.

Wir sind alle Helena.

Wir sind Helena. Wir wollen die Liebe suchen, wir wollen sie finden, und im Zweifel gehen wir sie jagen. Mitten im Wald, mitten in der Nacht, egal. Die Liebe ist alles, und ohne die Liebe ist alles nichts. Die Liebe. Nicht irgendeine. Was wir meinen, wenn wir die «Lieböh» meinen, ist die Paarliebe. Die romantische Liebe. Die Liebe, die einem Blitzeinschlag gleicht und immer größer wird, bis wir glauben, vor Glück zu platzen. Diese Liebe ist unfassbar wichtig für uns, und wir sind sicher, mit dem Richtigen werden wir sie erfahren. Ohne sie, ohne ihn ist das Leben zwar lebbar, aber irgendwie leer.

Wenn es um die Liebe geht, haben wir starke Bilder im Kopf. Liebesbilder. Bilder von Hochzeiten, bei denen sich Paare lange und tief in die Augen schauen, weil sie meinen, sich bis auf den Seelengrund blicken zu können. Bilder von Menschen, die sich im strömenden Regen in die Arme laufen, weil sie gemerkt haben, dass er es ist. Er es immer war. Wir sehen Richard Gere, wie er an einer Feuerleiter hängt, weil er erkannt hat, wie sehr er seine «Pretty Woman» liebt. Romeo und Julia, wie sie ihre Leben wegwerfen, weil es ohne den anderen nichts zu halten gibt. Orpheus, der sogar ins Totenreich absteigt, für die Liebe. Wir kennen die Bilder dieser Liebe, wir kennen die Sprache dieser Liebe, und wir träumen fortwährend von ihr. Auch wir wollen von diesem Blitz getroffen werden. Wir wollen genau dieses Gefühl. Singles sind sich sicher: Liebe muss etwas Großartiges sein.

Deshalb geben wir auf der Jagd nach der Liebe auch zum Teil unsere Selbstachtung auf, wie Helena: «Ich bin euer Hündchen, und, wenn ihr mich schlagt, ich muss euch dennoch schmeicheln. Begegnet mir wie eurem Hündchen nur, stoßt, schlagt mich, achtet mich gering, verscherzt mich!», bettelt sie Demetrius an.[30] Alles besser, als alleine zu sein. Wir wollen zwar nicht an der Liebe verzweifeln, aber im Zweifel ist auch Verzweiflung besser, als diese Liebe nicht zu haben. Ohne Liebe kein Leben. Warum eigentlich nicht?

Was das Leben festhält

Warum wir glauben, ohne die Liebe nicht zu können? Weil wir glauben, dass erst die Liebe aus uns ganze Menschen macht. Sie ist nicht einfach nur ein Erlebnis, das kommt und geht. Sie betrifft uns, und das heißt: uns in unserer Vollständigkeit, uns in unserem Ich.

Um das zu erklären, muss es wieder soziologisch werden, zeitreisen müssen wir dafür auch noch mal. Denn anders lässt sich nicht verstehen, wie die Liebe zu etwas geworden ist, mit dem man heute sowohl Margarine verkaufen als auch Singlefrauen ein schlechtes Gefühl bereiten kann. Die Liebe ist überall, sie hat sich totalisiert. Wer sich von ihr ausgeschlossen fühlt, fühlt sich also so richtig ausgeschlossen. Woher das kommt, ist nicht ganz einfach zu verstehen, denn die Liebe hat ihre Geschichte geschickt hinter rosa Herzchen versteckt. Um an diese Geschichte ranzukommen, müssen wir also leider ein paar dieser rosa Herzchen abkratzen. Sie werden dabei vermutlich kaputtgehen, aber das tut mir, ganz ehrlich, nicht wirklich leid. Denn es ist ja für einen guten Zweck: damit wir besser verstehen, was uns schmerzt, wenn wir die Liebe vermissen. Und dabei werden wir sehen, dass es sich mit der Liebe manchmal verhält wie mit einem Exfreund. Wir vermissen sie wahnsinnig, würden alles geben, um sie wiederzuhaben, halten sie für das Beste, was uns jemals passiert ist, bis wir eines Tages merken: Na ja, sooo doll war der auch nicht. Und dieses Gefühl kann, wir kennen es alle, ziemlich guttun. Denn es befreit uns, es löst eine Blockade im Kopf, über die wir vorher nicht mehr wegzudenken gewagt haben. Das befriedigende Gefühl des Pflasterabziehens. Wir lernen, uns neu wertzuschätzen. Uns und unsere Freiheit.

Also, los geht's.

Gott ist tot, Amor lebt: Zeitreise zur Geschichte
der romantischen Liebe

D iese Zeitreise geht nach früher, eine ganze Ecke früher. In die Zeit vor Smartphones, auch noch vor dem Telefon und der Eisenbahn. Vor der Arbeitsteilung und vor dem Entstehen der bürgerlichen Kleinfamilie. In eine Zeit, die noch weit entfernt von Ich-Exzessen ist. Dazu waren die Pflöcke des sozialen Lebens zu stabil. Religion, Stand, Geschlecht, Tradition. Wer man war, ob man wer war oder sein konnte, war keine Frage des Liebesprofils, sondern eine Frage genau dieser Kategorien. Wer katholisch war und Bauer, war katholisch und war Bauer. Und das war er, weil er so geboren wurde. Und alle seine Kinder und Kindeskinder würden deswegen genau dasselbe sein. Menschen, denen das Wort «Individualisierung» in etwa so viel gesagt hätte wie «flächendeckendes WLAN».

Doch diese Pflöcke, wie ich sie nennen möchte, wurden von Entdeckungen, aufkeimenden Wissenschaften, Rebellionen, Revolutionen und schließlich der Industrialisierung aus dem Boden gerissen. Es ist dieses Reißen, das wir heute Moderne nennen. Diese Pflöcke rissen nicht sofort raus, auch nicht alle auf einmal. Aber was früher unser Leben ordnete – Herkunft, Stand, Religion –, wurde nach und nach immer unwichtiger, immer poröser.[31] So weit, dass wir heutzutage nicht mehr einfach so mit einem «Ich» geboren werden. Sondern mit der Herausforderung, etwas aus uns zu machen – Stichwort Bildung, Arbeitsmarkt und Mobilität. Wir haben nicht alle dieselben Chancen, bei weitem nicht. Aber der Druck, sie dennoch zu nutzen, kann für alle derselbe sein. Flexibilität, Engagement, Teamfähigkeit. Ulrich Beck spricht in dem Zusammenhang vom «Selbstgestaltungspotenzial» der Menschen.[32] Wir erleben eine Eigenverantwortung für unser Leben – es wird offener, flexibler. Wir können es selbst kuratieren, vom Besten nur das Beste. Und selbst wer bestreitet, dass all dies schon zu mehr Individualisierung führt, der wird eines sicher nicht bestreiten: Wir reden mehr darüber. Wir sind uns selbst Thema. Und dieses Thema lässt nichts aus.

Doch wo solche Chancen winken, stehen auch die Risiken schon parat. Denn wir werden dadurch nicht unbedingt zu «ich-igeren» Menschen. Wir sind nicht mehr «Ich», als es der katholische Bauer im 17. Jahrhundert war. Wir haben nur ein anderes Bewusstsein dafür, andere Erfordernisse. Durch die Anstrengung zum Ich werden wir authentischer. So glauben wir. Mehr zu etwas, das wir als «Selbst» wahrnehmen. Und während wir an diesem Ich arbeiten, probieren und experimentieren, um unverkennbar zu werden, passiert schließlich noch etwas anderes: Wir inszenieren etwas, das sich letztlich doch nicht zu sehr von anderen unterscheidet. Es scheint, dass die Möglichkeiten des Ichs doch nicht unzählbar sind. Oder zumindest wollen wir die bekannten Pfade doch nicht zu weit verlassen. Schließlich bedienen wir uns fast alle aus demselben Sortiment. Wer wissen will, was damit gemeint ist, wird bei Instagram fündig. Oder natürlich bei jeder x-beliebigen Modekette, wo es Jeans mit maschinell produzierten Löchern gibt. Man kann sich über diesen Konformismus sehr leicht lustig machen. Aber wir sollten auch ernst bleiben, denn es geht hier um Hoffnungen. Um die Hoffnung, als etwas anerkannt zu werden. Aber weil diese Hoffnung zugleich Teil der Anstrengung ist, wird sie zum Zwang.[33] Für alle.

Dieser Auftrag zur Ich-Werdung, gepaart mit all den Möglichkeiten, die wir haben, macht uns rastlos.[34] Überall Chancen und der Wunsch, sie zu ergreifen. Das Problem an all diesen Chancen ist: Wir können mit dem Ich-Projekt gar nicht fertig werden. Es ist wie eine permanente Hausarbeit, deren Abgabetermin schon hinter uns liegt. Wir sind die Eigentlich-Menschen. «Eigentlich bin ich ganz anders, aber ich komme so selten dazu.» Ein Spruch des Dramatikers Ödön von Horváth. Der stand damals übrigens auch an einer Wand im Schauspielhaus Köln. Direkt neben dem E-Raum, wo wir abends, wenn alle Besucher weg waren, auf der Treppe saßen, Bier tranken und von dem sprachen, der wir mal werden wollten.

An meinem ersten Tag am Theater war ich noch sicher gewesen, wer ich zumindest mal werden könnte. So richtig werden könnte. Ich hatte am Vortag mein Magister-Zeugnis bekommen und dachte, der Selbstwerdung stünde jetzt Tür und Tor offen. Ich wollte immer ans Theater, und jetzt war ich am Theater. Es könnte also einfach so weitergehen. Das dachte ich und saß mutterseelenallein auf der Probebühne auf dem Fußboden und hielt eine Kaffeekanne am Henkel fest, da sie sonst überzulaufen drohte. Kaffee kochen; und noch fragte mich niemand, wie ich denn das Stück fand. Wie ich überhaupt etwas fand. Wer ich sein wollte, konnte ich schön für mich behalten. Individualität live und in Farbe. Die Schwierigkeiten der Selbst-Behauptung waren die erste Lektion am Theater. Und ich konnte mir sozusagen nichts davon kaufen, dass ich in der vergangenen Woche noch eine Eins in der Abschluss-Prüfung bekommen hatte. Kaffee kochen. Wer würde denn so sehen, wer ich war?

Überhaupt und immer wieder diese Fragen: Wer bin ich? Und wie kann ich bestmöglich meinen Platz in dieser Welt finden? Die Freiheit, diese Fragen beantworten zu können, kann schwer wiegen. Denn sie ist zugleich Auftrag. Scheinbar unzählige Wahlmöglichkeiten begleiten unser Leben. Eine Wahl zu treffen, heißt, andere nicht zu treffen, heißt, es womöglich zu bereuen. Wir müssen auch nicht nur eine Wahl treffen. Es reicht nicht, eine Arbeit zu haben, einen Job, einen Wohnort. «Wer bin ich» beantwortet sich auch über Aussehen, über Nahrung, über Bewegung, über Bilder, immer mehr Bilder und immer wieder die Vermutung, diese Frage doch auch wieder ganz anders beant-

49

worten zu können. Je länger man diese Fragen nach dem Ich also mit sich herumschleppt, desto stärker wird klar, wie schwer die Freiheit dabei wiegt. Sie macht unsicher. Und wir denken: Ein Ich zu werden, wie anstrengend, was für eine Zumutung! Und dann kommt die Liebe ins Spiel.

Ulrich Beck prägte die sogenannte Individualisierungsthese in der Soziologie. Je schwächer traditionelle Identitäten werden – also Dinge wie Religion, Gemeinde oder Stand –, desto größer der Druck, die eigene Identität durch andere Aspekte zu behaupten. Und desto mehr verlassen wir uns auch auf das, was wir glauben, in puncto Selbstbehauptung sicher leisten zu können: lieben.[35]

«Viele reden von Liebe und Familie wie frühere Jahrhunderte von Gott», schreibt Beck.[36] Die Sucht nach Liebe habe etwas Fundamentalistisches, sie setze alles auf eine Karte: Zweisamkeit. In dem Versuch, möglichst individuell zu werden, zu uns zu kommen, krallen wir uns an der Liebe fest. Denn diese romantische Liebe verspricht uns genau das: einen Menschen, der nur uns meint. Uns selbst, unser Individuum, das, was uns von allen unterscheidet, das uns rechtfertigt in allem, was wir sind. Der uns liebt, mit unseren Macken, aber eben auch mit unseren so liebenswerten Vorteilen. In der Liebe können wir uns wahnsinnig persönlich vorkommen, denn in der Liebe gibt es ja Dinge wie «den Richtigen», einen Menschen, der uns die ideale Passform für unsere Einzigartigkeit bietet. Mit ihm zusammen sind wir ganz. Und wir können davon schwärmen, und wir können schwelgen: «Er ist der Erste, der mich wirklich versteht.» Und bestenfalls ohne Worte versteht, der Ritterschlag der Liebe: «Wir haben uns nur angeschaut, und dann war alles klar.» Wie wundervoll! Kein überqualifiziertes Kaffeekochen, keine Nichtmehr-sicher-sein-Gefühle, keine stundenlangen, zaghaften Gespräche, sondern nur ein Blick in ein Paar andere Augen, und die

Ich-Weihe ist vollzogen. Als wäre die mystische Liebe das einzig wahre Ideal. Der Endsieg des Ichs.

Wir überhöhen diese Liebe, und das gibt einen Hinweis darauf, wie sehr wir sie brauchen. Allerdings nicht nur als Liebe, als zweckloses Glück, sondern als Zertifizierung des «Ichs». Mit der Liebe können wir sozusagen Möglichkeiten des Selbst erlieben. Beck sagte es so: «Wir leben im Zeitalter des real existierenden Schlagertextes. Die Romantik hat gesiegt, die Therapeuten kassieren.»[37] Denn unser Glaube an die befreiende Kraft der Liebe wird zuweilen fast hysterisch, gerade auch dann, wenn wir merken, dass hinter jedem Ideal die Täuschung lauert.

Dennoch überfrachten wir die Liebe weiter. Wir beladen die Liebe mit allem, was wir uns so vorstellen können. Größtes Glück, Erfüllung, oft genug nichts weniger als den Sinn des Lebens. Die Journalistin Nina Pauer hat in einem Artikel in *Die Zeit* Kinder mal als «Sinncontainer der Moderne» bezeichnet.[38] Die Liebe ist es genauso. Ein Container voller Erwartungen, berstend voll mit heimlichen und ganz offensiven Wünschen: Sag, dass du mich liebst, sag es täglich und meine dabei mich, nur mich. Und um uns herum? Überall Schlagertext, fast auf jeder Keksdose ein Liebesversprechen. Liebesfilme mit unwahrscheinlichen Handlungen,[39] Paare, die bis zu drei Hochzeiten feiern. Und überall Liebeslieder: «When it comes to loving you / You're my only reason / You're my only truth».[40] Da kann man schon mal die Augen verdrehen.

Oder aber das Herz fängt an zu ziepen.

Weil die Sehnsucht quält, weil wir uns endlich auch fallenlassen wollen. Denn die Jagd nach Liebe ist anstrengend. Helena irrt nachts allein durch den Wald, und bei *Sex and the City* schlägt Charlotte beim Brunch mit den Freundinnen mit der Stirn auf den Tisch: «Ich date, seit ich 15 bin. Wo ist er?! Ich kann nicht mehr!» Und als Carrie sie fragt, ob sie schon einmal darüber nachgedacht hat, ob nicht wir Frauen selbst die weißen Ritter sind, diejenigen, die uns selber retten müssen, schaut Charlotte auf: «Das ist so deprimierend.»[41]

Der unausgesprochene Imperativ lautet also: Ein jeder Topf finde seinen Deckel. Das soll so sein. Und das wird nicht nur in Serien und auf Hochzeitsmessen vermittelt, es ist auch bestimmend dafür, wie Beziehungen sein sollen. Wie sie zu führen sind, was wir von ihnen erwarten können. Aber auch warum so viele Beziehungen scheitern, zu viel Imperativ tut der Liebe nicht gut. Ein Blick in die Scheidungsstatistik spricht Bände von geplatzten Träumen.

Die romantische Liebe gehört aber nicht nur zur Ich-Werdung dazu, sie ist nicht nur Jagd. Die romantische Liebe entlastet auch vom Ich-Entwurf. Wer geliebt wird, muss gar nicht mehr wissen, wer er oder sie ist, weil es der andere quasi für einen übernimmt. Sie nimmt den Druck, ein Ich behaupten zu müssen – zumindest voreinander. Romantische Liebe bestätigt, sie stellt nicht in Frage. Und auch wenn wir theoretisch wissen, dass wir uns erst mal selbst mögen müssen, bevor wir uns auf jemand anderen einlassen können, würden wir gerne abkürzen. Vielleicht haben wir bislang ja auch einfach nur die falschen Partner gehabt?! Vielleicht haben wir die Liebe deswegen nicht gefunden?! Wir müssen mehr auf unsere Gefühle hören. Wir müssen sie optimieren.

Wie es die Soziologin Eva Illouz in ihrem Buch *Warum Liebe weh tut* beschrieben hat: Die Liebe heute wird von zwei der wichtigsten kulturellen Revolutionen des 20. Jahrhunderts geprägt. Auf der einen Seite Individualisierung und Betonung des Emotionalen. Auf der anderen Seite die Kapitalisierung von so gut wie allem: unseren sozialen Beziehungen, unserem Selbst, unseren Gefühlen.[42] Ein Beispiel dafür, so Illouz, ist eines der zentralen Themen des Romans als Genre, aber auch von Hollywood-Filmen: soziale Mobilität. Romantische Liebe werde in vielen Romanen und Filmen an die Frage der sozialen Mobilität geknüpft, also ob eine sozioökonomische Gleichwertigkeit eine Voraussetzung für die Liebe sei. Kann ein Millionär mit einer Reinigungskraft? Kann eine Frau niederen Standes mit einem Adligen? «Die Bedeutung von Liebe für die Ehe koinzidierte mit der abnehmenden Bedeutung von Familienallianzen für die Ehe und markiert die neue Rolle von Liebe für die soziale Mobilität. [...] Liebe beinhaltet und begrenzt nun strategische Interessen und vereinigt die wirtschaftlichen und emotionalen Interessen der Akteure in einer kulturellen Matrix.»[43] In anderen Worten: Der Kapitalismus liebt mit.

Die Liebe entlastet. Das merkt man an der Angst, die sie hervorruft. An der Bettdecke aus nächtlicher Panik, die sich manchmal auf uns legt. Wie ich es neulich erlebt habe: Ich liege im Bett, draußen regnet es. Der Regen schlägt auf die Fensterbank, als prasselten trockene Erbsen auf ein Brett. Es fühlt sich an, als würde es direkt neben mir regnen. Es ist spät, aber so genau weiß ich das nicht. Ich bin sehr müde. Ich kann nicht schlafen. Draußen ist es zu laut, in mir drinnen ist es noch lauter. Ich bin alleine. Ich fühle mich alleine. Ich gehe gedanklich die Sedimente meines Lebens durch. Studium. Arbeit. Beziehungen. Eltern. Freunde. Ich schichte sie alle aufeinander, und doch bringen sie nur einen dünnen Firnis zustande. Einen Firnis, der nichts trägt. So kommt es mir vor. Hätte nicht alles anders laufen sollen? Anders laufen müssen? In mir drin schnürt sich etwas zusammen; ich spüre körperlich, wie die Zeit verrinnt. Meine Zeit verrinnt. Was, wenn ich nicht mehr aufwache, wer wird mich finden? Und wann?

Ich erzähle einer Freundin von der schweren Nacht. Sie sagt: Ach, kenn ich. Das sei die blaue Stunde. Die Stunde, in der nachts die Glückshormone am niedrigsten seien. Die Stunde, in der plötzlich alles stimmt, was man über Singles sagt. In der man glaubt, nichts zu haben. In der man sicher ist, nur ein Partner würde alles tragfähig machen. In der wir erschöpft sind, von irgendetwas, von allem, und die Anstrengung auf uns prasselt wie ein Gewitter. Wenn das Ich wackelt, fällt es aufs Du.

In anderen Worten: Wenn wir der Liebe hinterherrennen, ist es gar nicht immer nur Jagd. Nicht immer nur die Jagd nach dem Ich. Es kann auch der Wunsch nach Ruhe sein, nach Entlastung. Denn Ich-Werdung kann auch belasten. Wenn wir der Liebe hinterherrennen, ist es nicht immer Jagd, sondern auch Flucht.[44]

Wir erwarten zu viel von ihr. Denn, Spoiler: So viel kann die Liebe gar nicht

Wir erwarten von einer Person, was früher ein ganzes Dorf geleistet hat. Gib mir Zugehörigkeit, gib mir Identität, gib mir Dauer, aber gib mir auch Transzendenz und Geheimnis, alles auf einmal. Gib mir Komfort, gib mir Spannung. Gib mir Neues, gib mir Altbekanntes. Gib mir Erwartbarkeit, überrasche mich.» So hat die Psychotherapeutin Esther Perel die Erwartungen an die Liebe mal in einem Interview beschrieben.[45] Kurzum: Wir erwarten Unmögliches. Die Liebe steht auf einem sehr hohen Podest. Partnerliebe soll uns mit all dem versorgen, soll unser Ich mit all dem versorgen. Und soll sicherstellen, dass unser Ich auch gesehen wird.

Für den Soziologen Niklas Luhmann ist diese Erkenntnis eh klar. Individualität braucht immer Anerkennung durch andere, daher suchten wir in der Liebe auch vor allem eins: «Validierung der Selbstdarstellung».[46] Anders ausgedrückt: Die Liebesbeziehung ist ein TÜV-Siegel fürs Selbst. Und je höher das Podest ist, auf dem die Liebe steht, desto mehr scheint zu fehlen, wenn die Liebe fehlt. Singles sind ergo die tragischen Gutsverwalter der eigenen Leere. Einer Leere, die sie selbst verursacht haben.

Wenn wir also nachts allein im Bett liegen, sind wir, so scheint es, selbst schuld.

«Jaaa! Jaa! Daniel Cleaver will meine Telefonnummer. Bin wundervoll. Bin unwiderstehliche Sexgöttin. Hurrah!»[47]

Bridget Jones ist lustig. Sie ist lustig, und sie ist latent Borderline. Wir sind Bridget Jones. Wenn uns kein Mann toll findet, überlegen wir, ob wir nicht den Job wechseln sollten oder die Frisur oder was denn ganz grundsätzlich nicht mit uns stimmt. Wenn ein Mann uns toll findet, flippen wir aus. Wir besprechen erst noch mit Freundinnen, ob sie meinen, dass wir sicher sein können, dass er uns toll findet, und dann flippen wir aus. Wenn ein Mann uns toll findet, heißt das, dass wir toll *sind*. Sexgöttinnen. Wir sind verdammt schön und verdammt jugendlich! Wenn die Liebe vorbeikommt, und wenn sie einen dabei auch nur am Ärmel streift, glauben wir das von uns. Das tut so gut. So verdammt gut. Denn das ist, was wir sind. Wer wir sein möchten:[48] «Before the day I met you, life was so unkind / But you're the key to my piece of mind.»[49]

Wer verliebt ist, der erzählt sich deshalb auch gegenseitig Geschichten. Luhmann-Pingpong: erst du, dann ich. Gemeinsame Selbstvalidierung. Damit es auch stimmt, dass wir einzigartig sind. Und dass wir als Paar zusammenpassen. Wir lernen jemanden kennen, und wir erzählen Kennenlerngeschichten. Uns selber und anderen. Mit K. hatte ich eine besonders schöne Kennenlerngeschichte, fand er. Ich habe ihn zu einer Feier mit Freunden mitgenommen, es war alles noch ganz frisch, mit Verliebtheitstau versehen, und da meine Freunde immer scharf auf Geschichten sind, hat K. diese Geschichte erzählt. Wie wir uns zufällig auf einer Veranstaltung begegneten, wie wir dann rumgealbert haben und er mich geküsst hat und wie er danach kurz dachte, ich wäre einfach weggegangen, ohne tschüs zu sagen, bevor er mich an der Garderobe noch abpasste.

Ich war tatsächlich einfach weggegangen, ohne tschüs zu sagen, aber das hatte ich ihm nicht erzählt.

Kennenlerngeschichten müssen nicht wahr sein, um zu stimmen. Er passte mich also ab, und die Geschichte ging weiter. Meine Freunde mussten alle darüber lachen, auch weil K. wienert und zwischendurch von sich selbst als «Bauer» und mir als «Prinzessin» sprach. Ich musste auch sehr lachen und hatte viele zärtliche Gefühle. Auch nachdem wir uns getrennt hatten, hat er mir die Geschichte noch mal so erzählt. Wir wollten beide sichergehen, ob es nicht doch diese Liebe war.

«Erzähl doch mal. Erzähl mir die Liebe.»

Lily, die Liebesgläubige, erzählt. Sie ist frisch verliebt. Sie sieht aus, als hätte sie gerade mehrere Wochen Wellness hinter sich. Dabei hat sie sehr wahrscheinlich nicht besonders viel Schlaf abbekommen in letzter Zeit. Sie setzt sich mit viel Schwung auf ihren Stuhl und fängt sofort an zu erzählen. «Ich bin so verliebt, ich weiß gar nicht, was ich sagen soll. Ist das nicht toll? Noch mal so verliebt sein?» Ich höre Lily also zu, wie sie von ihrem neuen Freund erzählt. Von der Liebe, die einfach alle Bedenken weggewischt hätte. Von der Liebe, die einfach so noch nie da gewesen ist, Lily ist ganz sicher. «Ich bin so verliebt, ist das nicht schön?» Lily glüht.

Ich freue mich für sie, und doch kommen mir ihre Beteuerungen so vor, als säße ich gerade wieder bei einer Theaterprobe. Das Stück: Lily und ihr Verliebtsein. Alle klatschen, Lily verbeugt sich tief.

Der französische Schriftsteller La Rochefoucauld hat einst festgestellt: «Es gibt Leute, die hätten sich nie verliebt, wenn sie nichts von der Liebe gehört hätten.»[50] Liebe befällt einen nämlich nicht einfach so. Wir lieben so, wie wir lieben, weil wir die Liebe wieder-erkennen. Wir kommen schließlich nicht mit einer Romantische-Liebe-Ausstattung zur Welt. Das wird erst sorgsam antrainiert, wie Sprache und Tischmanieren. Romantische Liebe ist keine ewige Wahrheit, kein tief in unser Wesen eingeprägtes Gefühl. Romantische Liebe ist ein Kulturmuster, eine Kommunikationsform. Und als solche liefert sie Lily Bühne und Stück zugleich, und, wie praktisch, auch noch das Publikum. Denn wir müssen zuhören, der Liebe schneidet man nicht das Wort ab.

Semantiker nennen solche Muster Codierung, Kulturwissenschaftler kulturelle Narration. Man kann auch sagen: Liebe wird erst sichtbar durch ihre Programmierung. Dadurch, wie sie erzählt und bebildert wird. Stichwort rosa Herzchen: Sie gehören nicht an sich zur Liebe, aber sie werden genutzt, um die Liebe zu bebildern. Und damit werden sie der Liebe einverleibt. Wer als Single rosa Herzchen am Valentinstag sieht, weiß daher, dass er nicht gemeint ist: Ätsch! Auch unsere Gefühle werden von diesem Vorrat an Liebesbildern beeinflusst, wie La Rouchefoucauld schon merkte. Anders könnten wir uns gar nicht verlieben, unsere Gefühle schöpfen geradezu aus dem Bilder- und Geschichtenreservoir der Liebe. Nur ist dieses Reservoir eben nicht so wahnsinnig individuell und persönlich, wie Lily glaubt. Im Gegenteil. Wer es harsch haben will: «Alles vollzieht sich also nach dem Schauspiel des Einmaligen in den Kostümen des Persönlichen und Individuellen – allerdings in genau dieser Form in einer endlosen Dauerpremiere geradezu vorgestanzt unabhängig voneinander in den verschiedensten Sprachen und Großstädten der Welt.»[51] Einmalige romantische Candlelight-Dinner am Valentinstag, total individuelle Herzen, die bei Hochzeiten aus Bettlaken geschnitten werden. Persönlich gravierte Liebesschlösser. In Köln hängen davon 22 Tonnen an einer Rheinbrücke. 22 Tonnen ganz persönliche, individuelle Liebe. Die Frage: Warum machen Paare so was? Die Antwort: Weil sie ihre Liebe nicht nur mitteilen möchten, sondern auch, weil sie durch Symbole und Erzählungen erst entsteht: «Liebe wird simultan dar- und hergestellt.»[52]

Lily ist eine Meisterin in der Herstellung von Liebe, sollte man meinen. Lily ist verliebt, aber Lily ist eben auch eine dieser Frauen, die nicht alleine sein können. Jeder kennt diese Menschen. Sie schaffen Beziehungen nur in Überlappung. Sie sind höchstens mal zwei Monate single und dann schon wieder fest verpartnert. Während sich so manch eine nach monatelangem Nicht-Beziehungs-Geeiere fragt, ob man dem anderen wohl etwas zum Geburtstag schenken dürfe, ohne als zu anhänglich wahrgenommen zu werden, sind die Beziehungsmenschen schon zusammengezogen. Lily versteht auch nicht, wie man glücklich sein kann, wenn man nicht in einer Beziehung ist. Wenn man es ihr sagt, dann nickt sie zwar. Aber sie glaubt einem nicht und fängt sofort das Kuppeln an: «Ich hab da 'nen ganz tollen neuen Kollegen ...»

Die Liebe ist in Lilys Augen nicht einfach nur Partnerschaft, sie ist das Wichtigste in ihrem Leben. Sie braucht die Liebe. Dabei wirkt sie gar nicht so. Sie ist beliebt, erfolgreich, witzig. Wirklich witzig. Lily ist die Sorte Charmebolzen, als die man geboren wird und die auf jede gute Party gehört. Lily wirkt auf den ersten Blick wie ein Testimonial für autonomes Frausein. Dabei war Lily, seit sie 16 ist, noch nie länger als drei Tage single. Und als ihr jemand sagt, so ganz umwerfend sei der Neue nun auch nicht, bricht sie in Tränen aus.

Was ist denn da los? Helga Odendahl ist Paartherapeutin und kennt das Phänomen des Nicht-allein-sein-Könnens gut. Für sie sind Menschen, die von einer Beziehung in die andere hüpfen, sehr bedürftige Menschen. Bedürftig nach emotionaler Versorgung, wie sie es nennt. «Für diese Menschen steht meistens die Qualität der Beziehung nicht im Vordergrund. Denn die ist austauschbar. Der Partner wird gebraucht und benutzt für die eigenen Bedürfnisse.» Beziehungs-Hopper können sich selber schlecht versorgen: «Wer immer denkt, er brauche jemanden, der ist noch im kindlichen Zustand.» Wer von einer Beziehung in die nächste wechselt, nimmt sich also die Erfahrung, wie es ist, auch alleine klarzukommen. Stattdessen die Sucht nach permanentem Verliebtsein. Diesem Zustand, der so rasend schön ist, aber den wir, wie jeden guten Rausch, eben nicht permanent haben können. Wer von einer Beziehung in die nächste wechselt, so Odendahl, verliebe sich konsequenterweise auch nicht in einen Menschen, sondern in das Bild eines Menschen. Das Bild, wie dieser Mensch sein soll. «Und wenn dieses Bild bröckelt, ist die Enttäuschung riesengroß.»

Und doch wird es Liebe genannt. Die Liebe muss für so viel herhalten. Auch wenn nach dem Beziehungsende das Gefühl stark werden kann, dass das eher ein Griff ins Klo war. Dann ist halt der Nächste die große Liebe. Die richtige Liebe. Wer sich als Single mit Frauen wie Lily unterhält, der redet ab einem gewissen Punkt mit einer Wand. Denn Frauen wie Lily wissen, was einem fehlt. Sie sind ganz sicher, dass es diese Liebe ist. Sie sind zu rücksichtsvoll, um es uns unumwunden zu sagen, aber sie sagen es dann doch ständig. Nur anders: «Ich war neulich mal eine Nacht allein, das war fürchterlich.» «Gib nicht auf, ich hätte ja auch nie gedacht, dass ich mich noch mal so verlieben würde.» «Ach, das ist doch so abenteuerlich, diese Phase, in der du grad bist!»

Sie vermitteln uns: Mit Singlefrauen stimmt etwas nicht. Und wenn es nur Spiegelung ist. Wie sich diese Paarfrauen um uns sorgen, das ist rührend, aber auch ätzend: «Geht es dir denn *gut*?» Und das «gut» dabei mit einem Nachdruck betonen, der bedeutet: «Keine Sorge, mir kannst du es ja sagen. Sei ehrlich.» Sie wollen hören, dass wir einsam sind. Nicht, weil sie uns das wünschen, sondern weil es in ihre eigene Geschichte passt. Und sie wirken dabei so, als hätten sie mit all ihrer Sorge recht, weil sie ja immer jemanden haben, der ihren Lebensentwurf abgleicht. Der neben ihnen einschläft. Auch wenn es schon der Vierte ist. Nummer 1 und 2 und 3 waren übrigens auch ganz große Lieben, damals.

Als Single braucht man Zynismus-Reserven.

Aber ich weiß schon, es hilft ja alles nichts. Auch Zynismus hilft nicht. Denn die Geschichte lautet eben auch, dass, wer über die Liebe spottet, sie halt einfach nicht hat. Wir sagen, die Liebe sei überbewertet, und unsere verpartnerten Freundinnen vermuten ein anderes Problem: «Wie lange bist du jetzt eigentlich schon Single?» Selbst wenn wir versuchen, die Liebe etwas nüchterner zu betrachten, müssen wir uns sagen lassen, dass die Liebe trotzdem außer Konkurrenz steht. Wie mir der Soziologe Günter Burkart erklärt hat: «Es gibt einen Rationalisierungsdruck auf die Liebe, aber die Liebe ist konkurrenzlos in einer säkularisierten Gesellschaft. In der westlichen, individualisierten Gesellschaft ist die Liebe eine der wenigen Verzauberungsmöglichkeiten, die wir noch haben.»

Verzauberungsmöglichkeit ist ein wunderschönes Wort. Verzaubert werden ist ein wunderschönes Erlebnis. Aber wer an die Liebe als eine «der wenigen Verzauberungsmöglichkeiten, die wir noch haben», glaubt, der sieht vielleicht nur den Wald, nicht die Bäume. Darauf komme ich später noch einmal zurück, im dritten Teil. Zunächst möchte ich festhalten: Die Liebe nüchterner zu sehen, anders als eine große Verzauberungsmöglichkeit, ist auch schwer, denn sie ist aufgeblasen, vollgetrötet, überglitzert und bepuderzuckert. Die Liebe ist bombastisch. Als Single muss man daher entweder zugeben, dass man sie auch unbedingt will, oder sich im Stillen ekeln. Aber bitte wirklich im Stillen, denn Liebeskritiker werden als verbittert wahrgenommen.

Liebe ist schließlich demokratisch. Sie ist nicht frei von Macht-gefällen, aber sie ist zumindest für jeden da. Liebe überwindet alle Schranken. Jeder kann sie haben. Wer sie kritisiert, ist nicht selbständig, sondern Spielverderber. Keiner will Spielverderber sein. Wir haben der Liebe zu huldigen, alle.

Dieser heutigen Sorte Liebe huldigen wir. Der romantischen Liebe. Der Liebe mit den großen Versprechen, mit der Ewigkeit. Liebe, die uns aufwertet, fester macht, selbstbewusster, die uns überrascht und in den Schlaf wiegt, alles auf einmal. Das Liebes-ideal, das hinter all diesen Hoffnungen steckt, ist dabei so starr wie flexibel. Starr, weil es eine gewisse Art der Partnerschaft fa-vorisiert, nämlich die feste, bestenfalls ewig andauernde Mann-Frau-Beziehung; und flexibel, weil es sich trotzdem anpassen kann, auch an die Zweitehe, an homosexuelle Partnerschaften. Bei all dem verspricht es aber auch jedem das Gleiche, nämlich uns ganz zu machen. Wenn wir lieben, geliebt werden, fühlen wir uns gemeint, herausgehoben und erkannt. Jemand, der unsere langen Finger oder braunen Augen lobt, kommt uns vor wie jemand, der in unsere Seele geblickt hat. Als wären wir von einem Zauberstab berührt worden, der aus einem leblosen Etwas ein bewegliches Wesen macht.

Um endlich ganzes Ich zu sein, so denken wir, müssen wir uns auch eine Geschichte der Liebe erzählen können. Es ist die Ge-schichte vom Aschenputtel, von Schneewittchen. Frauen, wach-geküsst.

Von diesem wachküssenden Kuss träumen unzählige Single-frauen. Wenn sie es nicht zugeben, träumen sie es heimlich. Wir träumen heimlich von dem einen, der es dann endlich ist. Auch das ist eine Geschichte, die uns gefällt: immer nur Pech in der Liebe, aber dieses Pech nur als Vorbereitung auf das große Glück. Dann nehmen wir die ganzen vergeblich geküssten Frösche doch gerne in Kauf. Wir sehen uns heimlich wie eine Art Dornröschen.

Wie Dornröschen, aus dessen langem Schlaf unzählige Prinzen vergeblich versuchten sie zu wecken, bis er endlich kam. Kuss, Vereinigung, Liebe bis ans Ende. Singletraum.

Diese Träume von der Liebe sind modern, aber sie bedienen sich uralter Bilder. Wie diesem hier: Athen im Februar 416 v. Chr., bei Agathon zu Hause. Dort spielt die Rahmenhandlung von Platons berühmter Schrift *Das Gastmahl*. Eine Handvoll verkaterter Männer redet über die Liebe. Einer von ihnen, Aristophanes, versucht den Ursprung der Liebe wie folgt zu erklären: Die Menschen hätten einstmals Kugelgestalt gehabt. Vier Arme vier Beine, zwei Gesichter und zwei Geschlechtsteile. Entweder männlich/männlich, weiblich/weiblich oder männlich/weiblich. Mit diesen Kugelkörpern seien sie den Göttern gegenüber allerdings etwas übermütig geworden, sodass Göttervater Zeus kurzen Prozess mit ihnen machte und sie allesamt in der Mitte spaltete. Die Menschen seien daraufhin vor Wehmut und Sehnsucht nach ihrer anderen Hälfte fast verzweifelt. Und zwar auch, weil ihre Geschlechtsteile nun hinten statt vorne lagen. Sie suchten ihre alte Hälfte und konnten sich nicht mehr mit ihr vereinigen. Zeus hatte ein Einsehen und ließ die Geschlechtsteile neu anordnen. Nun lagen sie vorne, und die Menschen konnten sich eine Hälfte suchen und sexuell Kugelgestalt nachspielen. Doch die Suche nach der richtigen Hälfte hielt an, und Aristophanes ist sich sicher, würde man den Menschen die Möglichkeit geben, sich mit der richtigen Hälfte wieder zusammenschmelzen zu lassen, die Menschen würden es wünschen: «Der Grund hiervon nämlich liegt darin, daß dies unsere ursprüngliche Naturbeschaffenheit ist, und daß wir einst ungeteilte Ganze waren. Und so führt die Begierde und das Streben nach dem Ganzen den Namen Liebe.»[53]

Die Liebe als Streben nach der ursprünglichen Kugelgestalt.[54] Ein sehr anschauliches Bild. Und dieses Bild hat sich, anders als andere Aspekte des Gastmahls, ziemlich gut eingeprägt und als Liebesbild dabei nachhaltig großen Erfolg. Es passt auch zu anderen Bildern: Topf und Deckel, Hand und Handschuh, die «bessere Hälfte». Dornröschen und ihr Prinz. Da hat es auch nicht geholfen, dass Feministinnen in den Siebzigern meinten, Frau und Mann gehörten gar nicht notwendigerweise so eng und dauerhaft zusammen. Eine Frau ohne Mann sei keine herrenlose Kugelhälfte, sondern eher so etwas wie ein «Fisch ohne Fahrrad». Aber unser Liebesideal kann diesen Emanzipationsversuch nur müde weglächeln. Frauen ohne Männer sind keine «Fische ohne Fahrrad», sondern eher wie Fische ohne Flossen. Bewegungsunfähig. Ohne Partner sind wir Mängelwesen. Rastlos, auf der Suche.[55] Warum das so ist? Ich fürchte, da müssen wir erneut eine Runde zeitreisen.

Warum Frauen die Liebe brauchen

Frauen in Beziehungen waren historisch keine gleich großen Kugelhälften, sondern kleine Murmeln, die einverleibt wurden. Für Frauen ist das Gefühl, in der Liebe frei zu sein, sie selbst zu sein, genau genommen irgendetwas zu sein, ziemlich neu. Wir durften traditionell schließlich sehr wenig. Ein paar Beispiele: Ämter bekleiden, wählen, Geld verdienen, erben – zum großen Teil haben sich diese Dinge erst in den letzten hundert Jahren geändert. Was sich hingegen erst in den letzten fünfzig Jahren geändert hat: dass Frauen ihren Namen nach der Eheschließung behalten dürfen, dass Frauen ein eigenes Konto führen dürfen, dass Frauen ohne Erlaubnis des Ehemannes arbeiten dürfen, dass Vergewaltigung in der Ehe ein Straftatbestand ist. Und selbst, wenn die Beziehung auf Augenhöhe stattfand: Ein Recht darauf hatten Frauen nicht. Frauen hatten auch kein Recht auf eine eigene

Wahl, auf Verliebtheit. Frauen wurden verheiratet, und am Altar wurde nicht nur symbolisch die Verfügungsgewalt über sie vom Vater auf den Ehemann übertragen, sondern juristisch. Noch heute wird so geheiratet, nur halt ohne die Übergabe der Verfügungsgewalt. Doch der Ritus bleibt: Der Vater legt die Hand der Tochter in die des Mannes. Wenn ein frisch verheiratetes Paar mit Blechdosen und alten Schuhen am Auto in die Flitterwochen abdüst, sind das Symbole für die Prügelgewalt, die nun dem Ehemann obliegt. Diese Geschichte der Unfreiheit schleppt jede Frau in ihrem Brautschleier sichtbar mit sich herum. In einem Brautschleier, den sich viele Frauen innigst ersehnen.

Begriffe wie Erfüllung, Selbstentfaltung oder gar -bestimmung sind historisch gesehen gerade mal einen Augenaufschlag lang überhaupt mit Frauen in Zusammenhang zu bringen. Das Gleiche gilt in der Konsequenz auch für Frauen und die Liebe. Frauen waren Objekte der Begierde, Gegenstand der Liebesdichtung und Bewunderung. Frauen wurden geliebt. Aber Frauen hatten keine Chance zurückzulieben. Falsch, die Chance hatten sie, aber nicht das Anrecht. Und selbst für ihr Unglück in der Liebe hat sich kaum einer interessiert. Bis vor ungefähr 200 Jahren.

Die Wende vom 18. zum 19. Jahrhundert gilt als eine Art Wendepunkt in der Sprache der Liebe.[56] Es wird zu der Zeit viel über die Liebe geschrieben. In Romanen, Gedichten und in Dramen. Die Romantik erfindet die Liebe geradezu, wenn auch mit klaren mittelalterlichen Vorläufern. Frauen fangen an, in der Liebe eine Rolle zu spielen. Eine tragische, aber immerhin. In der Literatur sind es Effi Briest, Anna Karenina, Madame Bovary, Nora Helmer und Clarissa. Frauen, die verführt werden. Frauen, die sich verlieben, aber an der Liebe scheitern. Am falschen Mann, an falschen Erwartungen. Ehebrecherinnen, Mütter, die ihre Kinder verlassen, Frauen, die an schweren Krankheiten dahinsiechen. Auch wenn wir ihre Geschichten nicht mehr genau kennen, weil sie es nicht bis in die Schullektüre geschafft haben und wir lange nicht mehr im Theater waren, hallen diese Frauenschicksale bis heute nach. Denn sie markieren einen Wendepunkt: Frauen fangen an, sich über die Liebe zu definieren. Und das ist bis heute so. Damals durchaus nachvollziehbar, worüber hätten sie sich sonst definieren sollen? Aquarelle, Inneneinrichtung und Klavierspiel? Scherz beiseite. Aber im Ernst: Effi Briest hatte schließlich keinen Job, Anna Karenina kein eigenes Geld, und auf Ibsens Nora hat bis zu ihrem Auszug auch niemand gehört. Für Frauen war die Liebe, die Ehe, die romantische Partnerschaft ein Ort, an dem sie sich entfalten konnten. Zumindest bis zu einem gewissen Grad.[57] In der Privatsphäre dürfen Frauen sein, dort hat ihre Empfindsamkeit, ihre Sentimentalität, ihre Moral, ihre Schönheit ihren Platz. Hier kann Frau Erfüllung finden. Zumindest in dem Rahmen und der Rolle, die ihr vorgegeben wird. Nicht als Mensch, sondern «als Dienerin des Mannes», als Mutter, als Geliebte; wir erinnern uns.[58] Ja, so war es für uns vorgesehen.

Im 19. Jahrhundert wird dieses Rollenbild zur Perfektion gebracht, aber auch im 21. Jahrhundert ist es noch nicht abgeschafft. Heute spielt Esther Schweins im ZDF-Film *Die Wüstenärztin* eine Ärztin – doch die schweren Fälle behandelt ihr zufällig angereister Freund, Schweins drückt nur auf den Beatmungsballon und geht, Happy End, mit ihm zurück in sein Leben, vor dem sie 90 Filmminuten zuvor noch geflohen war. Das ist nur ein Beispiel. Ich könnte weitermachen.

Es ist leider so: Frauen und Liebe und Männer und Liebe sind immer noch getrennte Welten. Und das auch ganz unabhängig davon, was Männer und Frauen selber so ersehnen. Auch heute noch können sich Männer viel stärker über Macht und Ansehen, über Status und Geld, über Job und Erfolg definieren. Sie brauchen die Liebe weniger zur Stütze ihres Ichs. Männer, so die Soziologin Eva Illouz, haben nach wie vor sowohl emotional als auch sexuell größere Spielräume:[59] «Außerdem, weil die Moderne durch die Entstehung einer Privatsphäre gekennzeichnet ist, die sowohl die Identität von Frauen gestaltet hat und sie zugleich von der äußeren Welt abgeschirmt hat, ist Liebe zentral für das Gefühl des Selbstwertes von Frauen.»[60] Und ich zitiere noch mal einen Song von Aretha Franklin: «'Cause you make me feel / You make me feel / You make me feel like a natural woman.»

Im Lieben, und nur im Lieben, sind wir als Frauen endlich ganz bei uns. Männer können sich die Liebe anders leisten. Was so viel heißt wie: Sie können sich die Liebe leisten. Für Frauen sieht das anders aus. Wir können sie uns nicht leisten, wie man sich ein Hobby leistet oder eine Lebensphase – denn die Liebe gehört zu unserem Frausein an sich. Sie ist kein Luxus, die Partnerschaft, die Familie kein Add-on, das unsere erfolgreiche Karriere oder unser zufriedenes Berufsleben bereichern könnte. Für uns ist die Liebe essenziell. Als Singles sind wir nur so halbgar. Denn die romantische Liebe berührt etwas, das uns Frauen ganz besonders zugesprochen wird: Gefühle. Muttergefühle; die Sehnsucht, beschützt werden zu wollen; das Bedürfnis, sich zu kümmern. Das ist das, was wir gut können. Rollenbild, remember? Und so sind wir Frauen auch die Hauptzielgruppe der Liebe. Wie finde ich die Liebe, wo finde ich die Liebe, und wie halte ich die Liebe? Antworten auf diese Fragen sind in den allermeisten Fällen auf Frauen gemünzt. Und sie beinhalten meistens die Wörter «Nicht aufgeben», «bei uns in der App» und «kein Gammellook». Dranbleiben, konsumieren, schön machen. «Wie finde ich die Frau fürs Leben?» resultiert in nur gut einer Million Google-Suchergebnissen, die Frage «Wie finde ich den Mann fürs Leben?» in gut drei Millionen. Als Singles entsprechen Frauen nicht dem Rollenbild, denn sie erfüllen dabei nicht das, was sie angeblich besser können: lieben. Wie stark uns die Liebe dabei auf diese Rollenbilder festschreibt, werde ich im zweiten Teil noch ausführlicher zeigen. Jetzt erst mal gilt festzuhalten, dass die Liebe zwar für alle da ist. Aber eben nicht zu gleichen Teilen.

Lasst uns die Liebe vom Sockel nehmen

Zugegeben: Ich habe hier gerade ziemlich über die Liebe hergezogen, habe sie mit spitzen Fingern auseinandergenommen und dabei viel soziologische Schützenhilfe angefordert. Ein paar rosa Herzchen sind dabei auch kaputtgegangen. Das hoffe ich zumindest, und ich meine das nicht böse, im Gegenteil. Ich möchte mich auch nicht über die Liebe lustig machen, ich will sie nicht kaputt reden. Auch ganz im Gegenteil. Aber damit etwas heil bleibt, holt man es besser vom Sockel. Denn Denkmäler sind nicht sicher, nie.

Die Liebe wurde zum Denkmal gemacht, wie wir gesehen haben. Sie wurde dazu erzählt, und sie wird so erzählt und immer weitererzählt. Dabei ist die romantische Liebe nicht ewig, sie ist auch nicht natürlich. Sie muss nicht so sein. Man könnte sie anders erzählen.

Deswegen habe ich so weit ausgeholt, um zu zeigen, wozu die Liebe geworden ist. Aber vor allem, wie sie dazu geworden ist. Und dass sie für Frauen eine besondere Bedeutung hat. Denn dann können wir vielleicht endlich sehen, warum sie gerade uns Frauen manchmal so übermäßig in die Verzweiflung treibt. Warum wir manchmal eine Sehnsucht nach ihr verspüren, die uns die Luft zum Atmen nimmt. Warum wir Pärchen nicht beim gemeinsamen Eisessen anschauen mögen. Warum unsere Freunde uns dringend verkuppeln wollen. Und warum wir kaum einen Mann neu kennenlernen können, ohne kurz zu überlegen: Ist er's?

Die Liebe gilt als unantastbar. Wer will schon etwas gegen die Liebe sagen? Wer würde schon die Liebe von der Bettkante stoßen? Wir stellen uns der Liebe vielleicht manchmal in den Weg, jedoch nur, damit sie uns platt fährt. Ich mag die Liebe. Was ich nicht mag und was dringend wegmuss: die Liebe als Heiliger Gral. Die Liebe als Lebensaufgabe. Denn die fehlende Liebe ist nicht in erster Linie unser Privatproblem, sie ist ein gesellschaftliches Problem, wie Eva Illouz ausgeführt hat. Und je mehr wir uns dieser Liebe verschreiben, desto weniger werden wir davon haben. Das zeige ich jetzt.

Über die Frauen

«Es gibt kein richtiges Leben im Falschen.»
Theodor W. Adorno, Minima Moralia

«Pink is the truth you can't hide.»
Janelle Monáe, «Pynk»

Kauf mich! Was der Liebesmarkt mit uns macht (und wie wir nicht bekommen, was wir wollen)

W arte ein paar Stunden, bevor du antwortest.»
«Wenn du vorher antwortest, heißt das nur, dass du es nötig hast und abhängig bist und noch nicht mal einen einfachen One-Night-Stand hinkriegst.»

«Wenn du antwortest, dann schreibe nicht in ganzen Sätzen.»

«Und wenn du ein Emoji benutzt, knall ich dir eine.»

Diese Anweisungen stammen aus dem Film *How to Be Single* (2016). Eine Freundin gibt sie der anderen, nachdem diese eine Nachricht von einem Typen bekommen hat. Frauen kennen diese Anweisungen gut, deswegen können wir auch darüber lachen. Wir wissen schließlich, wie man mit Männern umgeht. Wir wissen, was wir zu tun und – vor allem – zu lassen haben. Wir kennen das Dating-Game. Und wir spielen auf Sieg. Die Zeiten, in denen Frauen sich der Ohnmacht nahe ans Mieder fassten, wenn ein Mann sie ansprach, sind vorbei. Die Zeiten, in denen Frauen beim Tanztee darauf warteten, dass ein Mann sie auffordert, sind auch vorbei. Heute sind Frauen Mitspieler der Liebe. Es gelten neue Regeln. Allerdings nicht minder harte Regeln. Es sind Regeln fürs Lieben. Was man absurd finden könnte, denn die Liebe, sie war doch regellos gedacht, oder? Nicht mehr.

Der Soziologe Max Weber hat Anfang des 20. Jahrhunderts über die moderne Wirtschaftsordnung geschrieben. Die Regeln und Merkmale, die dabei die Disziplin des Einzelnen antreiben und als Triebwerk des Kapitalismus fungieren, hat er als «stahlhartes Gehäuse» bezeichnet.[1] Ein Gehäuse, das einengt und unbeweglich macht. Keine Wahl lässt, außer mitmachen oder darin eingehen. Wir gehorchen der Liebe, aber die Liebe ist zum Markt geworden. Einem Markt, der einem stahlharten Gehäuse aus Regeln folgt. Und der Markt diszipliniert die Gefühle. Wir suchen nach der Liebe, wie wir an der Börse zocken würden. Bloß nicht zu viel preisgeben, nicht zu früh festlegen, zu interessiert erscheinen oder investieren, bevor die Rendite nicht klar ist.[2]

Wenn uns eine Freundin die Nachricht eines Typen unter die Nase hält, wissen wir daher, was wir ihr raten: Nicht zu schnell antworten, nicht zu eifrig erscheinen. «Wenn er sich meldet, ist er interessiert. Wenn ich antworte, bin ich es. Manchmal denke ich, ich sollte nach einem Date einfach eine Visitenkarte ausgeben», meint Sarah. Sarah ist Mitte dreißig, sehr selbstbewusst und seit «schon immer», wie sie es nennt, single. Aber sie ist auch eine der erfahrensten Daterinnen, die ich kenne. Sie hat schon alles erlebt, «wirklich alles», wie sie betont, aber langsam wird sie müde. Dating-müde. Sie hat keine Lust mehr auf Spielchen. Spielchen, wie sie auch meine Freundin Bine kennt. Wie sie sie kennt, aber auch selber spielt. Bine ist eine sehr selbständige Frau und eine der zuverlässigsten Bullshit-Detektoren, die ich kenne. Im Alltag ist sie verantwortlich für mehrere Mitarbeiter, und doch erklärt sie mir am Telefon, sie würde gerade nicht mehr Facebook checken, damit ihr Date nicht sehe, wann sie online ist. Und ich halte das zunächst für völlig normal. Wir hinterfragen diese Regeln schon gar nicht mehr! Wir glauben, den Unterschied zwischen zwei und drei Punkten am Ende eines Satzes zu kennen. Wir wissen, nachlässige Orthographie ist kein gutes Zeichen. Von Emojis mal ganz zu schweigen. Und wenn ein Mann wiederum zu schnell antwortet, hat er es vermutlich nötig. Auf eine ungute Weise.

Was wir uns von diesen Regeln versprechen: Liebe, eine Beziehung. Was wir nicht wollen: Single bleiben. Aber den Erstbesten wollen wir auch nicht. Bloß nicht verzocken. Wir sind sicher, diese Regeln werden uns schon weiterbringen auf der Suche. Und selbst wenn wir sie nirgendwo gelesen haben, wir haben sie verinnerlicht. Es sind Regeln für den Austausch von Nachrichten, für die Deutung von Nachrichten, für die Signale, die wir aussenden. Regeln für den Grad der Annäherung, für die Angemessenheit einer Date-Location, für die Dauer eines Kusses.

Für die Liebe, letzten Endes.

Sonst machen wir uns gerne über die Amerikaner lustig, mit ihrer überkandidelten Dating-Kultur: Erst beim zweiten Date knutschen, nicht vor dem dritten Date Sex haben, und der Mann bezahlt die Cocktails. Aber eigentlich sind wir nur neidisch: Wir wollen es am liebsten auch ganz genau regeln. Die Liebestaktik. Das Verlangen, das Verhalten des anderen so weit zu kontrollieren, wie es möglich ist, ohne bei dem Versuch der Kontrolle erwischt zu werden. Der Liebesmarkt verlangt uns einen Spagat zwischen dem Wunsch nach Kontrolle und dem Wunsch nach souveränem, entspanntem Verhalten ab. Die Liebe wird dabei allerdings nicht einfacher, sie wird immer komplizierter.

Sicher, es gab schon immer Regeln für das romantische Miteinander, aber neu ist: Wir regeln nicht nur unser Verhalten, wir regeln auch unsere Gefühle. Wann wir welche haben dürfen, wann nicht und wann wir sie besser runterdimmen, wie eine Energiesparlampe. Das Regeln der eigenen Gefühle eskaliert dabei auf dem Liebesmarkt. Und wird zum paradoxen Imperativ: Wir sollen etwas kontrollieren, was per definitionem unkontrollierbar ist.

Dabei leben wir heutzutage eigentlich liebestechnisch im real existierenden Schlaraffenland. Waren unsere Großeltern noch darauf angewiesen, Partner in der Schule, in der Nachbarschaft oder während der Arbeit kennenzulernen, müssen wir uns weder die Haare ondulieren noch unsere Eltern fragen noch darauf achten, was «die Leute denken», wenn wir neue Partner kennenlernen. Denn die sind alle online verfügbar und, besser noch, vorsortierbar, wegsortierbar, matchbar. Eine Fülle an Singles, an einsamen Herzen. Er sucht sie, und sie sucht ihn. Jetzt gilt es nur noch, zum richtigen Zeitpunkt zuzugreifen.

Die Liebe hat gesiegt, könnte man sagen, sie ist für alle da. Sie ist auf dem Markt.

Nur, wir selbst sind es auch.

Der Liebesmarkt

Singles sind als defizitäre Wesen unglaublich wertvoll für diesen Markt. Und der Markt ist riesig. Gibt man allein die Stichworte «Singles Beratung» bei Google ein, erscheinen mehr als 26 Millionen Ergebnisse. Es gibt Single-Berater, Single-Coachings und therapeutische Angebote, direkt auf Singles zugeschnitten. Es gibt nicht nur klassische Single-Partys, es gibt einfach alles: Speed-Dating, Single-Cafés, Single-Schnitzeljagd, Single-Dinners, Single-Wanderungen, Single-Karibikkreuzfahrten, Single-Cocktailabende, Single-Kuschelpartys und Single-Spieleabende. Kostenpflichtig ist das meiste davon. Tanzkurse, Kochkurse, Seidenmalerei. Die Zahl der Ratgeber auf dem Büchermarkt für Singles ist unübersichtlich groß. Zahlen, wie viele jährlich davon erscheinen, sind schwer zu ermitteln, aber wer sich mal in einer Buchhandlung oder bei einem großen Internet-Anbieter umschaut, bekommt einen Eindruck davon.

Liebe ist zum Markt geworden, Dating ist zum Markt geworden. Deswegen fühlen sich Singles auch wie die Ware in der Grabbelkiste: Mindesthaltbarkeitsdatum kurz vor dem Ablauf, mit einem peinlichen roten Etikett auf der Stirn: «–50 %». Die Neuware wird parallel ausgeladen, sich die Situation schönzureden ist müßig. Es geht also nicht nur um die Liebe, es geht auch um den Selbstwert, wie wir gesehen haben. Die Suche nach «dem Richtigen» wird zur Lebensachse. Wir gehen auf die Suche, wir berichten von der Suche, wir leiden an der Suche. Sie wird zum Lebensmotiv. Die Soziologin Eva Illouz spricht von einem neuen kulturellen Motiv.[3] Und wir sehen sie wieder, immer wieder, überall, sie ist um uns herum, wir mittendrin. Bei *Sex and the City*, *Der Bachelor*, Filmen wie *How to Be Single*, *Singles – gemeinsam einsam* und *27 Dresses*, sogar bei *Er steht einfach nicht auf dich* soll die Partnerschaft das Happy End sein, ganz so, als würde das irgendeinen Sinn ergeben. Und in so gut wie jedem Popsong. Die Suche hat sich dabei allerdings schon von der Liebe abgekoppelt. Liebe ist nicht planbar, aber der Markt lebt nun mal von planbaren Mechanismen. Wir haben die Regeln des Marktes so verinnerlicht, dass wir die Welt schon nicht mehr anders sehen können. Überall potenzielle Matches. Wir sind konditioniert. So konditioniert, dass wir jedem Mann, der uns eine heruntergefallene Münze an der Supermarktkasse reicht, als Erstes auf den Ringfinger starren.

Die Partnersuche wird zum Teil des Lebens wie die Jobsuche.[4] Und ähnlich gewissenhaft gehen wir sie auch an. Denn natürlich denken wir nicht, dass die Liebe käuflich ist. Dann wäre sie ja nichts wert. Die wirklich wichtigen Dinge gibt es umsonst, damit auch jeder etwas davon haben kann. Wie Luft und Liebe eben. Deswegen begeistern uns auch Geschichten so, die zeigen, wie ein reicher Mann sich in eine arme Frau verliebt. Die Liebe ist für alle da. Liebe kann man nicht kaufen, aber man kann sie sich verdienen, mit einer tollen Persönlichkeit zum Beispiel. Das wissen wir. Und wenn wir sie nicht bekommen, dann investieren wir. In uns selbst.

Denn wir ahnen, unser Singlestatus liegt zwar auch an all den seltsamen Männern, die sich auf nichts einlassen wollen, aber womöglich sind wir selbst auch ein wenig daran schuld. Wir haben schließlich die Wahl, der Markt ist offen. Und wenn wir da nicht erfolgreich sind, dann spielen wir vielleicht einfach nicht gewissenhaft genug mit. Die moderne Liebe verspricht, für uns alle da zu sein. Wir können alle lieben, wir dürfen alle lieben – wir müssen uns nur anstrengen.

«Warum probierst du nicht mal Tinder?», fragen unsere Freunde, «oder irgendwie so was», und sie lachen, ist ja auch nur nett gemeint.

«Du darfst halt nicht so schnell aufgeben, die XY hat ihren Freund auch über Parship kennengelernt.»

«Geh halt mal was offener auf die Leute zu.»

«Warum hast du den denn jetzt nach links gewischt? Der sah doch voll nett aus!»

«Du hast einfach zu hohe Ansprüche.»

«So kann das ja nicht klappen.»

Vielleicht haben sie recht.

Und wir erstellen ein neues Dating-Profil. Online-Dating hat seinen anrüchigen Ruf komplett verloren, knapp jeder dritte Internetnutzer in Deutschland nutzt irgendeine Form des Online-Datings.[5] Die Mitgliedschaften von Online-Dating-Portalen sind in den letzten 15 Jahren von knapp zehn auf rund 136 Millionen gestiegen,[6] knapp neun Millionen aktive Nutzer sind darunter.[7] Haben Dating-Börsen im Jahr 2003 noch magere 21,5 Millionen Euro umgesetzt, ist der Markt nachgerade explodiert – im Jahr 2017 betrug der jährliche Umsatz 210,9 Millionen Euro.[8] Das ist eine Steigerung um fast 900 Prozent. Insgesamt gibt es rund 2000 verschiedene Mitgliederdatenbanken. Davon haben 35 Betreiber mehr als eine Million Mitglieder.[9] Dabei gibt es die unterschiedlichsten Ausrichtungen: Kontaktanzeigen, Partnervermittlung und «Adult Dating», was man weniger euphemistisch auch als «Casual Sex»-Dating bezeichnen könnte. Jede erdenkliche Nische wird bedient – ältere Singles, religiöse oder spirituelle Ausrichtungen, internationales Dating, sexuelle Präferenz.

Ein Markt, der vermitteln will. Der aber auch will, dass die Kunden dranbleiben. Selbst wenn er sie enttäuscht.

Liebe, online

H allo liebe Unbekannte.»
«Hallo!»
«Na, schöne Frau.»
...
Und so weiter.

Ich finde Online-Dating schrecklich. Richtig schrecklich. Und solche Austausche sind der Hauptgrund dafür. Sarah findet es auch irgendwie schrecklich, aber sie macht trotzdem weiter. Allerdings ernüchtert: «Manchmal denke ich, ich bin in einer ewigen Zeitschleife aus den immer gleichen, dämlichen Anmachen gefangen. Fragen stellen tut ja auch keiner mehr. Und wenn es dann heißt: ‹Soll ich dir mal ein Foto schicken?›, schreibe ich immer: ‹Bloß nicht!›» «Warum?», frage ich nach. «Na ja, das sind immer Dick-Pics», erklärt Sarah, «darauf kann ich verzichten. Meine Grundschwelle ist mittlerweile daher nur noch: Normal muss er sein. Nett und anständig. Mehr erwarte ich schon gar nicht mehr.» Aber dann würde man doch wieder irgendeinen Soziopathen treffen, meint sie. Oder jemand Nettes, und der melde sich dann einfach nicht mehr. Sarah seufzt und pfeift dabei abschätzig durch die Vorderzähne.

Sarahs Geschichten sind nichts Außergewöhnliches. Vom Online-Dating habe ich, denke ich manchmal, wirklich schon alle Geschichten gehört, die man sich vorstellen kann. Es gilt, wie überall: Es gibt nichts, was es nicht gibt. Aber der Hauptgrund, warum ich es persönlich so schrecklich finde, sind die «Na, wie geht's?»-Nachrichten. Das Etwas-über-sich-Schreiben, bei dem man selber anfängt, sich bescheuert zu finden. Das mühsame Decodieren des eigentlich Gemeinten.

Das alles finde ich persönlich furchtbar, aber ich finde das Prinzip verständlich. Denn Online-Dating ist durchaus sinnvoll. Wer viel beschäftigt ist oder einfach ein bisschen schüchtern oder wer sonst keine neuen Leute kennenlernt, der kann durch Online-Dating ganz einfach Männer treffen. Den Umkreis erweitern. Ob der Anbieter dabei lediglich Bilder zur Verfügung stellt, einen Psycho-Test vorschaltet oder ein ausgetüfteltes Matching-System anpreist – für jeden ist etwas dabei. So die Hoffnung. Deswegen bleiben genug Leute auch dran. Als Kunden, zahlende im Idealfall.

«Weißt du, was ich denke, was wirklich effizient wäre?» «Was denn?», frage ich Sarah. «Liebe auf den ersten Blick. Dann könnte man sich den ganzen Quatsch sparen.»

Apropos Effizienz. Für Leonie ist Online-Dating nicht nur Hoffnung, für sie ist Online-Dating zu Ende gedachte Wirtschaftslehre. Leonie ist Unternehmensberaterin, eine der wenigen Frauen auf ihrer Karrierestufe und, wie man es sich eben so vorstellt, ziemlich tough. Leonie sieht Online-Dating, insbesondere Tinder, ganz nüchtern und pragmatisch. Die Kritik daran kann sie nicht verstehen: «Das ist doch nicht oberflächlich! In einer Bar sieht man auch zuallererst das Gesicht einer Person. Tinder komprimiert halt viele Barbesuche, das ist doch effizient.» Und so geht sie auch ihr Dating-Leben an. Effizient. Auf Liebe auf den ersten Blick kann sie nicht warten. Singlesein ist für sie zwar keine Schande, aber auch keine Option. Zumindest nicht länger als ein paar Monate. Was sie genau sucht, weiß sie selber nicht. Aber sie tindert, und dank ihres Jobs sogar in zwei Städten. Ist sie zwischendurch woanders und hat keine Zeit für

Dates, schreibt sie sich mit Exfreunden, um mal zu schauen, ob die Trennungsgründe für sie immer noch sinnvoll sind. Leonie wischt nicht nur online, sie wischt auch im wirklichen Leben. Smart solutions. Next! Leonies Beispiel zeigt, wie die Suche nach der Liebe, nach der Zweisamkeit, zum Markt werden konnte.

Anders als Leonie hält die Mehrheit der Singles das Internet nicht für den besten Weg, einen Partner zu finden.[10] Das Internet mag zwar nicht der beste Weg sein, einen Partner zu finden, aber im Gegensatz zum eher zufälligen Begegnen im Bekanntenkreis oder in einer Bar bietet Online-Dating eine Methode. Zufall ist eben keine Strategie, Profil erstellen schon.

Wer also Frauen wie Leonie zuhört, fängt schnell an, ihre Strategie für clever zu halten. Irgendwie klingt diese Strategie ja auch so bewundernswert emanzipiert. So rational, so wissenschaftlich, kühl kalkuliert![11] Und das ist Balsam auf unsere Seelen, denn es wirkt so vernünftig. So wenig gefühlig. So zupackend. So modern. Wir sitzen nicht mehr an der Bushaltestelle des Lebens, wir nehmen das Steuer selbst in die Hand! Wir wollen doch endlich auch ein bisschen so sein wie Männer. «Sex wie ein Mann!», so sagte es Carrie in *Sex and the City*. Darum geht es bei der Emanzipation doch! Ha! Bücher wie der Bestseller *Männerbeschaffungsmarketing: Mit der Harvard-Methode den Richtigen finden* belegen schließlich: Niemand muss alleine sein. Selbst ist die Frau!

Und das ist auch ein Grund, warum so viele trotz der nicht ganz so rosigen Erfolgsaussichten dranbleiben. Denn es soll sie ja geben. Die Paare, die sich beim Online-Dating gefunden haben. Die Leute, die dadurch interessante Abende verbracht, spannende Menschen kennengelernt haben. Jeder kennt zumindest ein solches Pärchen. Aber empirisch gesehen sind die Erfolgszahlen nun mal ernüchternd. Nach einer Umfrage liegt die Erfolgsquote, beim Online-Dating eine Beziehung zu finden, bei knapp 25 Prozent.[12] Aber diese Zahlen sind wissenschaftlich fragwürdig. Seriöse Zahlen zu finden ist schwierig, es gibt keine stabilen Langzeitstudien zu dem Thema. Und die Zahlen, die von unabhängigen Instituten bislang erhoben wurden, sind deutlich niedriger: Sie liegen bei 4 bis 6 Prozent.[13] Und doch ist es ein Massenphänomen, genährt von der als empirisch verkleideten Hoffnung, dass es schon genug Erfolgsfälle gibt, die das Mitmischen auf dem Markt sinnvoll machen. So denkt die Mehrheit, es könne ihr vielleicht auch gelingen, den ultimativen Match herbeizuführen. Aber diese Menge muss, marktlogisch effizient gedacht, möglichst klein bleiben. Wenn Singlebörsen zu gut funktionieren würden, wäre das Geschäftsmodell schließlich hinfällig. Aber 25 Prozent Erfolgsquote ist genau die Zahl, die Menschen die Hoffnung macht, doch noch dazugehören zu können. Auch, wenn es eine Minderheit ist.

Aber Dating heute ist eben nicht nur Markt, sondern konsequenterweise auch Arbeit. Leonie weiß das, aber sie nimmt es in Kauf. Profil erstellen und updaten, anschreiben und antworten.[14] Da gehen immer mal wieder ein paar Stunden drauf, von den Nerven mal ganz zu schweigen. Online-Dating-Portale bieten in zig Blogbeiträgen, in kostenpflichtigen Hotlines mit Psychologen und Foren Hinweise für die Erstellung eines Profils. Es gibt sogar Dienstleister, die das direkt ganz für einen übernehmen. Dienstleister, die für ihre Kunden Datingprofile erstellen, sie zum Fotografen schicken und die ersten Antworten auf Anfragen übernehmen.

Dating ist Arbeit, das ist Marktkonsequenz. Dazu gehört natürlich auch die Arbeit am Aussehen. Aber es ist ja eine Investition. Wer weiß, vielleicht ist es die beste Investition unseres Lebens! Vielleicht wird es aber auch einfach nur völlig krampfig. Wer weiß. Die Komparatistin Moira Weigel hat ein Buch über die Geschichte des Datings geschrieben. Für sie ist modernes Dating das Äquivalent des unbezahlten Praktikums: «Man kann sich nicht sicher sein, wo es hingeht, aber man kann versuchen Erfahrungen zu sammeln. Wenn du gut aussiehst, gibt es vielleicht ein Mittagessen umsonst.»[15]

Wie gesagt: In dieser Welt braucht man Zynismus-Reserven.

Vom Hoffen aufs «Zoom»

Zynismus ist das Gegenteil von «zoom». Vera möchte, dass es «zoom» macht. Selbst Leonie würde ein bisschen zustimmen. Wir alle möchten, dass es «zoom» macht. Dass uns ein «Zoom» einmal quer durch den Leib und durch die Glieder fährt und es überhaupt keine Frage, überhaupt keine Unsicherheit mehr gibt, ob der's denn nun ist. «Er ist es einfach», unseren Freundinnen erzählen, statt «Ja, wir schauen jetzt erst mal». Der beste Deal auf dem Markt ist nun mal «der Richtige».

Vera ist Anfang dreißig, hat eine tiefe, angenehm kratzige Stimme und viele Sommersprossen auf der Nase. Sie leidet darunter, dass es immer nur noch um «den Richtigen», aber vor allem «den Besten» geht. Diese «Optimierungssucht», wie sie es nennt: «Liebe ist wie ein Statussymbol, da nimmt man nicht den Erstbesten! Das finde ich furchtbar traurig. Allerdings muss ich mir da auch an die eigene Nase packen. Denn ich trau dem Braten auch oft nicht: Dass der Erste auch der Beste sein könnte. Das macht es schwierig.» Und Vera wird unsicher. «Zoom» hin oder her. Vera sagt, dass sie unweigerlich die ganze Zeit vergleichen würde. Wenn sie sich mit ein paar Männern gleichzeitig schreibt, erstellt sie gedanklich Listen, wer denn der bessere wäre. Sie hat die Männer alle noch nicht kennengelernt, aber sie sieht sie schon vor sich, von «gut» nach «okay» sortiert. Bei den Dates geht es ihr ähnlich. Auch bei dem Kollegen, mit dem sie neulich mal geknutscht hat. Sie weiß einfach nicht so recht, und außerdem will sich ja auch keiner mehr einlassen. «Mal zusammen ins Kino zu gehen, wäre ja schon zu viel des Guten! Das traut sich ja keiner mehr, das würde ja was ‹bedeuten›.» Vera spricht das Wort angeekelt aus. Ironisch. Weil Bedeutsamkeit sich so wahnsinnig bedrohlich anfühlt. Bestenfalls für beide oder wenigstens nur für ihn, schlimmstenfalls nur für sie. Wenn einer nicht will, hat der andere das Spiel verloren.

Lena geht es ähnlich. Nur ist sie nicht so sauer wie Vera. Sie ist eher traurig. Auch sie träumt vom «Zoom». Aber Lena hat auch noch viel genauere Vorstellungen von einem passenden Partner. Wir sitzen bei ihr im Wohnzimmer, und sie erzählt von ihrem ersten Parship-Date. Es war ganz nett, meint sie, also es war sogar sehr nett. Er ist Anwalt, sie reisen beide gerne, er hat sie nach Hause gebracht, und jetzt mal schauen; er hat sich allerdings noch nicht wieder gemeldet.

Sie zeigt mir ihr Dating-Profil. Ich staune. Lena hat eine beeindruckende Vita. Sie spricht mehrere Sprachen, arbeitet in leitender Funktion in einem großen Konzern. Freundlich und zugewandt ist sie auch noch. Wer Lenas Profil durchliest, muss doch eigentlich zumindest interessiert sein, oder? Lena rollt mit den Augen. Das solle ich doch mal den Männern sagen! Lena hat kein Gespür für sich als «gute Partie», aber sie spürt eine Sehnsucht. Die Sehnsucht nach einem Partner. In der Welt, in der sie sich bewegt – großer Konzern, ziemlich konservative Branche –, gebe es schon so eine Grunderwartung an Partnerschaft. Daran, ab einem gewissen Alter einen festen Partner zu haben. Und der weitere Ablauf sei auch festgelegt. Verlobung, Hochzeit, Hauskauf, Kinder. So ungefähr zumindest. Lena erzählt mir von der Hochzeit einer Kollegin, vom Sektempfang, vom Brunch am nächsten Morgen und davon, dass sie es leid sei, immer nur der Gast zu sein.

Neulich wäre sie auf die Hochzeit einer alten Schulfreundin

eingeladen gewesen, da hätte ihr die Braut zu verstehen gegeben, dass sie leider nur eine Einladung für eine einzelne Person bekommen habe. Ein «plus 1» sei für Lena leider nicht vorgesehen. Die Braut führte aus: «Du hast ja jetzt gerade keinen Freund. Und die Hochzeit ist ja schon in sechs Monaten. Selbst wenn du in der Zwischenzeit jemanden kennenlernst, kann ich ja nicht davon ausgehen, dass eure Beziehung bis zur Hochzeit schon ernst genug ist, damit sich das lohnt. Das verstehst du, oder?» Lena meint, sie sei einfach nur sprachlos gewesen.

Lena reicht es auf jeden Fall. Sie probiert das jetzt mit Parship. Wenn man schon Geld bezahlt, sei das doch zumindest ein Zeichen, dass es nicht nur um Sex gehe, hofft sie. Dass man sich Mühe gebe. Sie zeigt mir ihre Such-Einstellungen. Alter, Ausbildung, Beruf, Interessen. Alles ziemlich anspruchsvoll, was sie sich da erwartet. Ich überrede sie, doch ein paar Einstellungen zu erweitern. Alter und vielleicht die Anzahl der Fremdsprachen, die «er» sprechen soll. Lena lacht, in Ordnung. Und wir klicken uns durch einen Haufen Männer. Vier davon schreibt sie an. Es kommt zu zwei Dates. Eins davon ganz nett, bei dem anderen beschließen beide nach einem Anstands-Drink, das Weite zu suchen. Ein paar Wochen später kündigt Lena die Mitgliedschaft.

Du bist die Ware

Singlebörsen schaffen es, die Prinzipien des Marktes auf die Teilnehmer selbst zu übertragen. Es ist die eigentliche und, auch, perverse Logik ihres wirtschaftlichen Erfolgs. Es gibt wenig andere Produkte, die ihre Konsumenten so nachhaltig dazu zwingen, selbst als Ganzes zum Produkt zu werden.

Aber warum bleiben, anders als Lena, so viele Menschen dran? Es ist der Optionalismus, der zum Selbstläufer wird. Die Sicherheit, dass wir durch nichts gebunden sind, solange wir nichts unterschrieben haben. Der Glaube, dass es immer und immer wieder einen noch Besseren geben könnte. Das macht allerdings wiederum auch den Erfolg unmöglich, und so bleiben die Konsumenten am Ball.

Zunächst macht es auch Spaß. Wie eine Mischung aus Online-Shopping und Quizduell. Wir denken, wir gewinnen. So viele Männer! So viele Liebessuchende! «Congratulations! You've got a new match.» Gut, vielleicht suchen sie auch nur nach Sex, aber auch das haben wir schließlich gelernt: Wenn es sein soll, dann soll es sein. Dabei lassen wir uns auch zuweilen auf Sex mit jemandem ein, nicht weil wir unbedingt Sex wollen, sondern weil wir hoffen, dass es im Zuge des Sexes doch noch zu einem Verlieben kommt. So romantisch sind Frauen dann doch.

Und wer will schon ohnmächtig warten, dass sich das Liebesleben per Zufall ergibt? Online-Dating ist für viele eben auch die alternativlose Option, dem eigenen Glück etwas auf die Sprünge zu helfen. Auch einfach Spaß zu haben.

Aber meistens wird es irgendwann schal. Auch irgendwie sinnlos. Ja, waren ein paar interessante Begegnungen dabei, aber auch das waren letzten Endes nur irgendwelche Menschen. Menschen, die mal in Thailand waren oder gern bouldern gehen. Der eine hat sich nicht mehr gemeldet, dabei war es doch eigentlich ziemlich nett mit dem. Und der andere hat sich zwar gemeldet, aber wir sind uns nicht sicher. Der andere wäre schließlich mehr unser Typ gewesen. Und bei dem wiederum anderen warten wir noch auf eine Rückmeldung. Wir schicken einer Freundin daher noch mal einen Screenshot vom letzten Chat: «Geht gar nicht», meint sie. Na ja, sie hat bestimmt recht. Wir werden ihn also los, und wir selber werden auch fallengelassen. So ist das nun mal, auf dem Markt.

Mittlerweile gibt es dafür auch mehr als zehn unterschiedliche Schlussmach-Strategien. Von «Ghosting» über «Benching» bis «Orbitting». Vielleicht sind es auch mehr als einhundert Schlussmach-Strategien, aber die anderen 90 haben noch keine coolen Namen bekommen. Diese Strategien sind Werkzeuge des Optionalismus. Frei nach dem Motto: «Wunderbar, den/die habe ich klargemacht, kann ich kriegen, jetzt schaue ich, was es noch gibt, ob noch mehr geht. Dazu muss ich den Alten/die Alte aber noch loswerden – Schlussmach – weiter.» Das ist verletzend für alle Beteiligten und nötigt zugleich Abgebrühtheit auf. Aber diese Abgebrühtheit ist wichtig, damit man sich der Konsumlogik des Marktes anpassen kann. Die einzig verbleibende Angst ist nur noch, dass wir dann doch dabei leiden. Denn wenn wir leiden, sind wir unmoderne Mimosen. So viel ist klar. Wer leidet, hat das Spiel verloren.

Unser Marktwert

Der andere Grund, warum so viele Menschen weiter auf diesem Markt mitmischen, hat eigentlich gar nichts mehr mit Partnersuche zu tun. Es geht nur noch darum, den eigenen Marktwert zu bestätigen. Anerkennung zu finden. Es scheint zwar wie eine Zweckentfremdung der Singlebörsen, aber das scheint eben nur so. Denn diese Singlebörsen fungieren wie der ultimative Spiegel der Selbstbestätigung: «95 Matching-Punkte», «Ein Kompliment für Sie», «Partneranfrage – mit Foto».

Die Algorithmen, die hier am Werke sind, versprechen all denen, die nicht das Gefühl haben, über ihr Liebesleben selber bestimmen zu können, dass sie es doch selber in die Hand nehmen können. Wir müssen nicht mehr an der Bushaltestelle des Lebens warten, sondern können uns einfach ein Taxi rufen. Die Algorithmen des Datings versprechen nicht nur Orientierung im Single-See, sondern auch die erhöhte Chance auf «den Richtigen». Wir werden dabei selber zur Ware. Die Kundinnen fangen an, sich selbst nach den Parametern der Singlebörsen wahrzunehmen, zu bewerten und zu gestalten. Ihre Selbstdarstellung ist kein Selbstläufer mehr, sondern dient einzig dem Zweck, der Plattform zu gefallen. Matchable zu sein. Look at me! Fast schade, wenn sie dann doch einen Partner finden, denn dann versiegt zumeist diese Ressource der Anerkennung. Wenn man nicht doch heimlich einfach weiterwischt. Was als ultimativ romantische Geste dabei herauskommt: Gemeinsam seine Dating-Profile löschen.

«Wir sind einfach nicht dafür gemacht», sagt Anna Machin über Online-Dating. Sie ist Anthropologin an der University of Oxford und forscht zur Psychologie und Neurobiologie der Liebe. Sie glaubt, dass es ein grundsätzliches Problem auf dem Markt der Liebe, beim Online-Dating, gibt: «Wir sind nicht adaptiert, um mit Online-Dating nach Partnern zu suchen. Denn wir sind auf eine massive Ausschüttung an Botenstoffen angewiesen, um uns zu verlieben.» Diese Botenstoffe werden aber weder online beim Chatten noch am Telefon ausgeschüttet. «Online-Dating kann helfen, unsere Optionen zu erweitern, aber darüber hinaus hat es keinen Vorteil, weil man mit einer Person im selben Raum sein muss, seine Sinne benutzen, um festzustellen, ob es die richtige Person für einen ist.»[16]

Die letzten Männer, in die ich mich verliebt habe, hätte ich niemals online kennengelernt. Ich hätte sie sogar ausnahmslos in Sekundenbruchteilen weggewischt: zu jung, zu dick, zu alt. Der Liebesmarkt kennt nicht alle meine Wünsche, zumindest noch nicht. Vielleicht sieht das in zehn Jahren anders aus. Ich glaube es zwar nicht, aber wer weiß! Noch kennt er jedenfalls nicht alle meine Wünsche, und das liegt auch an seinen Algorithmen. Es liegt aber in erster Linie an mir. Ich kenne sie ja selber nicht.

Ich kenne sie nicht, weil ich eben nicht vorab weiß, wie meine Botenstoffe auf neue Menschen reagieren. Ich kenne sie nicht, weil es beim Verlieben eben genau darum nicht geht: es schon vorher zu wissen. Und ich kenne sie aber auch nicht, weil ich gar nicht so richtig gelernt habe, welchen Bedürfnissen ich denn nun vertrauen soll. Denn der Markt ist so gut darin, mir zu erklären, dass ich unbedingt einen Partner brauche, ich weiß irgendwann nicht mehr, ob es das nun wirklich ist, ob ich Profilen tatsächlich mehr vertrauen soll als Menschen, und was ich überhaupt eigentlich mal wollte.

Die Liebe ist zur Ware geworden. Diese Erkenntnis findet sich nicht nur in den rosa Herzchen am Valentinstag, einer Hochzeitsindustrie, die in Deutschland jährlich 2,6 Milliarden umsetzt,[17] und den Millionen, die die Dating-Industrie mit Singles (und sonstig Suchenden) verdient. Die Erkenntnis findet sich auch – sogar vor allem – in der Art und Weise, wie wir die Liebe überhaupt verstehen. Wie wir Begegnungen mit Männern bewerten, wie wir uns selber dabei aufführen und welche Regeln wir dabei befolgen. Wie wir leiden, wenn die Regeln uns nicht zum erhofften Erfolg führen, und wie wir dabei trotzdem selber anfangen uns wie eine Ware zu fühlen. Als Singles irgendwann nicht mehr frisch und begehrenswert, sondern schlaff und nur mehr gut als Kaninchenfutter.

Die Hoffnung auf Liebe und Partnerschaft lässt also einen Markt entstehen, der davon lebt, dass er diese Hoffnung nährt. Doch diese Hoffnung erfüllt sich für die allermeisten nicht. Und das ist auch wichtig für den Markt, sonst würde er aufhören zu existieren.

Der Liebesmarkt verspricht großes Glück. Alle elf Minuten und dabei auch noch einen Akademiker. Die Dating-Industrie ist aber auch nicht besser als die Diät-Industrie. Soll heißen: Hier wird etwas verkauft, das es nicht zu kaufen gibt. Schlimmer noch, denn je länger wir auf diesem Markt mitmischen, desto rapider sinkt auch unser eigener Wert.

Dabei wollten wir uns doch eigentlich aufwerten, indem wir die Liebessuche selber in die Hand genommen haben. Tja. «Selbst ist die Frau», dieses Versprechen hat leider eine Halbwertszeit. Dabei wäre es so schön: Selbst genug zu sein. Doch uns wird eine andere Geschichte erzählt. Es ist der Hinweis, dass «selbst ist die Frau» eigentlich «allein ist die Frau» bedeutet. «Selbst» ist die Frau nämlich nur mit Partner.

Von Ratgebern und Schaumbädern: Die
Geburt des Selbstzweifels

Singles sind ein Thema. Wir machen uns Gedanken um sie – ich tu es, meine Freundinnen tun es, alle tun es. Ich sitze mit Jutta an ihrem Küchentisch. Sie piddelt an dem Verschluss einer Colaflasche und geht ihre Singlefreundinnen durch: «Also, um Kerstin mache ich mir zum Beispiel keine Gedanken. Die findet ja immer wieder irgendwen. Aber Johanna, um die mache ich mir schon Sorgen.»

«Warum, was ist mit ihr?»

«Na ja, wenn ich ehrlich bin, ist Johanna halt einfach etwas langweilig.»

Ich stutze kurz, Jutta führt weiter aus: «Also die ist super-intelligent, das meine ich nicht, aber ich glaube, wenn man Typen kennenlernen will, ist das einfach was schwierig, wenn man so, na ja, halt schon etwas langweilig ist, weißt du?»

Tja. Auch Freundinnen von Singlefrauen haben ihre ganz eigenen Diagnosen für das Singlesein parat. Jutta glaubt, ihre Freundin sei zu langweilig. Ich musste fast lachen, als ich das hörte. Nur weil Jutta Johanna langweilig findet, muss das noch lange nicht jeder so sehen. Zumal es für eine Freundschaft offensichtlich reicht. Und im Umkehrschluss bedeutet das ja auch, dass Typen entweder grundsätzlich nicht langweilig wären oder aber selbst als Langweiler Anrecht auf eine spannende Frau hätten. Eine amüsante Vorstellung. So viele Schnarchnasen sind in Beziehungen. So viele öde Langweiler und Nie-den-Mund-auf-Krieger, die fest verpartnert sind. Außerdem fiese Menschen, dumme Menschen, stinkende Menschen und brutale Menschen, die in Beziehungen leben. Männer wie Frauen.

Wer in einer Beziehung ist, ist nicht schöner, schlauer, klüger, witziger oder charmanter als der Rest. Das gibt die Empirie einfach nicht her. Und trotzdem muss man es betonen. Es ist nervig.

Es ist nervig, aber die Saat des Zweifels ist schnell gesät: Bin ich vielleicht doch zu langweilig? Oder zu schüchtern? Wir kommen über kurz oder lang ins Grübeln. Je nachdem, wie lange das Singledasein schon andauert, werden wir einfach das Gefühl nicht los, dass es irgendetwas in uns drin gibt, das wie ein Antimagnet auf Männer wirkt. Kaum ist einer ein bisschen angezogen, polen wir um, und weg ist er.

Vielleicht, und auch das ist ein Reflex, den viele kennen, hat es auch etwas mit unserem Frausein an sich zu tun. Einem psychologischen Defekt, den unser Geschlecht exklusiv für sich behaupten kann. *Wenn Frauen zu sehr lieben* ist in den achtziger Jahren ein weltweiter Bestseller gewesen. In dem Buch wird die These vertreten, dass «selbstzerstörerische Liebessucht» von Frauen eine Krankheit sei und als solche behandelt werden müsse. Wie Alkoholismus beispielsweise. Das Buch löste damals eine regelrechte Selbsthilfegruppen-Welle aus. Nachdem es in Deutschland publiziert worden war, gründeten sich in allen größeren Städten hierzulande solche Gruppen. Das Versprechen der «Selbsthilfe» hatte viele Frauen genau da abgeholt, wo sie ihre Probleme vermuteten: bei sich selbst, tief drinnen. Es ist ja auch verführerisch zu hoffen, ein 12-Punkte-Programm, wie es die Autorin Robin Norwood am Ende des Buches vorschlägt, könne der Weg zum ungetrübten Liebesglück sein. Es ist verführerisch, aber ist es auch zufriedenstellend?

Dass wir auf dem Markt sind, habe ich schon mehrmals betont. Dass Frauen dabei die Hauptzielgruppe sind, auch. Welche Rolle der Selbstzweifel dabei spielt, möchte ich jetzt ausführen.

Wir glauben schnell, es liege an uns, wenn wir nicht erfolgreich auf diesem Markt sind. Wenn wir niemanden «abkriegen». Allein das Wort klingt ja schon so, als müsste man sich verdammt dumm anstellen, wenn einem dies nicht gelingt. Ab kriegt man, was abgefallen ist, was übrig ist, was sonst niemand wollte. Ab kriegt man, wofür sich keiner Mühe gegeben hat. Naheliegend also, den Blick auf uns selbst zu richten und zu schauen, was genau denn mit uns nicht stimmt.

Vielleicht sind wir ja irgendwie gestört, vielleicht müssen wir uns anders öffnen, vielleicht haben wir ein ungutes Männer-Muster. Oder wir sind zu langweilig. Vielleicht stimmt das sogar. Aber das lässt sich ja auch ändern, so die Hoffnung. «Muss Jude mal nach einem geeigneten Ratgeberbuch befragen, möglicherweise was mit östlicher Religion», schreibt Bridget Jones in ihr Tagebuch.[18] Charlotte aus *Sex and the City* hat sich diese Bücher alle schon gekauft. In ihnen stehen unterstützende Sprüche, die sie sich mit Lippenstift an den Badezimmerspiegel schreibt, damit sie morgens nach dem Aufwachen auch erkennt, dass ihr da eine liebenswerte Person entgegenblickt. Auch ohne Partner liebenswert. Noch ohne Partner! Denn dass unsere Partnerlosigkeit behebbar ist, will der Markt uns schließlich glauben machen. Er lebt ja davon.

Wenn Frauen keinen Mann abkriegen, haben sie ein pathologisches Problem. Ein Problem mit dem Selbst. Auch das ist Marktlogik. Und diese Logik wird auch im Privaten angewandt. Wenn in Freundeskreisen über Singlefrauen geredet wird, kann man zuverlässig folgende Analysen hören: «Die ist einfach zu anspruchsvoll», «Sie hat XY noch nicht verwunden», «Dass das mit Z nicht geklappt hat, hat ihr wirklich zugesetzt», «Die verkrampft zu schnell», «Die kann sich nicht richtig einlassen».

Ganz klar: Diese Frauen brauchen Hilfe.

Denn die Vorstellung, dass fehlendes Liebesglück selbstverschuldet ist, ist so alt wie die Vorstellung, dass uns dabei geholfen werden kann. Was Eva Illouz gezeigt hat: «Im 20. Jahrhundert ist die Idee, dass romantische Misere selbstverschuldet ist, fast schon unheimlich erfolgreich. Vielleicht weil die Psychologie zeitgleich versprochen hat, dass die Misere behoben werden kann.»[19] Eine der häufigsten Diagnosen dabei lautet: Wir sind zu verkrampft, wir müssen uns mal locker machen. Frei nach dem Motto «Wenn du aufhörst zu suchen, wirst du ihn finden.» Bridget Jones weiß das natürlich auch: «Schmolle, weil ich keinen Freund habe, aber behaupte innere Haltung, Autorität und Selbstbewusstsein als eine Frau von Format, die auch ohne Freund komplett ist, als besten Weg einen Freund zu bekommen.»[20] Sich so locker machen, dass es scheint, als würden wir keinen Partner brauchen, damit wir einen bekommen! Wow. Das ist psychologische Akrobatik und funktioniert genauso wie die Regel, Kontrolle nicht nach Kontrolle aussehen zu lassen: irgendwie schon, aber selten richtig gut.

Die Vorstellung von der liebestechnischen Selbstschuld rührt aber auch an etwas, das ich im ersten Teil schon beschrieben habe: Für Frauen ist die Liebe ein zentraleres Kriterium des Selbstwerts. Fehlt die Liebe, leidet das Selbst; der Selbstwert bröckelt, die Identität schwankt.

Wer single ist, muss also sein Selbst zurechtstriegeln, es aufpäppeln, es wieder fit machen. Aber nicht, weil unser Selbst es verdient hätte. Nein! Sondern weil wir dadurch liebenswerter werden: *Erst lieb ich mich, dann find ich dich, Wie wir lernen, die Rich-*

tigen zu werden, um die Richtigen zu finden, Finde dich gut, sonst findet dich keiner. Solche Bücher kann man auch kaufen. Verbunden mit der Hoffnung, dass wir uns erst in einem Kokon der «self-care» einhüllen müssen, um dann irgendwann als strahlender, unwiderstehlicher Schmetterling die Showtreppe des Singledaseins ein allerletztes Mal hinabzusteigen. Und endlich bekommen, was wir wollen. Den Richtigen.

Die Vorstellung, dass wir nur eine Art introspektives Bootcamp durchlaufen müssen, um einen Partner zu finden, hält sich sehr hartnäckig. Und sie wird genährt und genährt. Von Ratgeberbüchern, Magazinen und emphatischen Instagram-Posts. Wir sollen uns mal so richtig pampern, mal was gönnen, liebesbereit machen: «Sorge für dich, nimm ein Schaumbad und stärke dich mit positiven Slogans wie ‹Ich bin eine schöne Frau. Ich bin genug›», heißt es in einem sehr populären Single-Ratgeber.[21]

Stellen wir uns einmal vor, ein Typ säße im Schaumbad und sagt zu sich selber: «Ich bin ein schöner Mann. Ich bin genug.» Und, müssen Sie auch gerade grinsen? Dieses unwillkürliche Grinsen sagt viel über die Geschlechterrollen aus, die wir gelernt haben. Das unwillkürliche Grinsen ist sogar das Entscheidende. Denn einer Frau nehmen wir solche Selbstaffirmierung zwischen Duftkerzen und Schaumbergen sofort ab. Einem Mann nicht. Ein Mann wirkt dabei lächerlich.

Es sind nicht immer die kleinen, feinen Unterschiede, die die Geschlechter trennen. In einem Fall wie diesem werden die Unterschiede ziemlich aufdringlich. Man bemerkt sie, wenn wir bei der gleichen Situation einmal lachen müssen und ein andermal sie sofort ernst nehmen können. Das Schaumbad und die Selbstaffirmation. Bei einem Mann stellen wir uns möglicherweise vor, dass er mit einem ähnlichen Bedürfnis irgendwo gegen eine Wand schlägt und dabei laut brüllt. In den Schaumbergen hingegen kommt der Mann nicht vor.

Aber ein Mann hat, und das steckt hinter dieser fehlenden Phantasie, ein solches Schaumbad eben auch nicht nötig. Das zeigt sich ja schon daran, dass Männern viel öfter eine gewisse Beziehungsunfähigkeit nachgesagt wird. Männer, so die Unterstellung, bräuchten eine Beziehung nicht so sehr. Anders als Frauen seien Männer halt gerne solo, dann könnten sie machen, was sie wollten, und das heißt eben: vor allem keine Verantwortung übernehmen. Diese Analyse wird gerne und oft wiederholt,[22] man findet sie in Büchern, Kolumnen und als Ratgeber im Freundeskreis. Nur: Sie stimmt nicht. Denn de facto sind es sogar eher Männer, die sich eine Beziehung wünschen. Die Soziologin Stephanie Bethmann hat diesen Vorwurf wissenschaftlich untersucht und dabei festgestellt: «Vergeschlechtlichung lässt sich [erneut] eher in Bezug auf eine weibliche Beziehungsdistanz feststellen.»[23] Es sind also sogar eher die Frauen, die sich nicht so dringend eine Beziehung wünschen. Und doch kreist unser Denken immer wieder um diese eine Aufgabe, nämlich einen Partner zu bekommen. Wir haben es nicht anders gelernt: Einen Mann zu binden, ist das, was wir wollen. Gegenteilige Bedürfnisse bekommen keinen Platz. Und weibliche Bindungsunwilligkeit keine PR. Im Gegensatz zur männlichen Bindungsunwilligkeit, die, auch wenn sie weniger Datengrundlage hat, medial trotzdem viel stärker präsent ist. Der Grund hierfür liegt in der Rollenerwartung an Männer. Männliche Sehnsüchte nach Beziehung und Partnerschaft passen nicht gut zum Bild der lässigen Souveränität, das normativ mit Männlichkeit verknüpft wird. Wie gesagt: Rollenbilder müssen nicht stimmen, damit wir an sie glauben.

Die angebliche männliche Beziehungsverweigerung ist ein gutes Beispiel dafür. Denn sie fügt sich in die Gesamterzählung: Frauen haben es eher nötig, einer Beziehung hinterherzurennen, weil sie die Liebe mehr brauchen. Singlefrauen fehlt etwas. Möglicherweise haben sie einfach nicht lange genug im inneren

Schaumbad des «Ich bin selbst genug» herumgeplanscht. Möglicherweise hätte das aber auch nichts gebracht. Denn Frauen sind eben nicht selbst genug, so die gängige Erzählung. Zumindest nicht ohne eine romantische Beziehung. Etwas anderes vermitteln auch die ganzen Ratgeber aus der Kategorie Schaumbad letzten Endes nicht.

Der Untertitel des zitierten Ratgebers lautet übrigens: «Die Kunst, den Mann fürs Leben zu finden».

Wie man Selbstwert in Schaumbädern ertränkt

Dass Frauen eine Beziehung brauchen und, wenn sie keine haben, alles dransetzen müssen, eine zu bekommen, ist sozusagen die Ausgangslage. Und der Selbstzweifel der Kraftstoff, der die Suche immer weiter antreibt. Bloß keinen Stillstand. Dass Frauen Ratgeber brauchen, ist daher gesetzt. «Ich dachte, ich müsste das Thema ‹Männer› mal therapeutisch betrachten.» Das sagt Lena zu mir, zwei Jahre, nachdem sie ihr Parship-Abo gekündigt hat, ein Jahr, nachdem eine Beziehung in die Brüche gegangen ist. Und Lena bezahlt privat ein paar Stunden bei einer Therapeutin.

Es ist das Phänomen, von dem im vorigen Kapitel schon einmal die Rede war: die ständige Selbstreflexivität. Das ständige An-sich-Zweifeln, die eigenen Entscheidungen in Frage stellen. Es ist der Preis, so der Soziologe Jean-Claude Kaufmann, «der zu zahlen ist, wenn man sich jenseits des normativen Rahmens bewegt, der einem, sobald man sich ihm unterwirft, die Bequemlichkeit einer gesicherten Identität bietet».[24] Der normative Rahmen ist in diesem Fall die Zweierbeziehung. Die Zweierbeziehung, die einem das bequeme Gefühl vermittelt, man sei schon gut genug. Das sichert die Identität ab. Und den Selbstwert.

Singlefrauen fehlt diese eingebaute Absicherung, diese «gesicherte Identität», aber sie sind dank der permanenten Selbstreflexivität zumindest nicht einsam. Denn die zweifelnd wispernden Ich-Fragen sitzen einem als Single permanent auf der Schulter: Ist mein Leben seltsam? Bin ich seltsam? Was kann ich tun, damit es «gelingt»? Wer einen Partner vermisst, der stellt auch oft das große Ganze in Frage. Schnell ist dabei der Verdacht genährt, dass wir uns einfach neu erfinden müssen, unser Leben anders aufstellen, damit der Funke überspringt. Ein Ratgeber könnte bestimmt helfen.

Viele dieser Ratgeber – und damit meine ich nicht nur Bücher, sondern auch Magazine, Podcasts und Artikel – sind mittlerweile ein Stück weit subtiler geworden. Sie kommen weniger stumpf daher und versprechen nicht mehr unumwunden einen Traumprinzen. Nein, vordergründig geht es oftmals zunächst um uns selber, ums Ich. Darum, sich selbst besser zu fühlen. Um Selbstermächtigung. Oder «Empowerment», wie es oft heißt. Darum, als Frau alleine stark und unabhängig zu sein. Von sich aus. Doch was beworben wird als Turboboost für das Single-Selbst ist auf den zweiten Blick oft nichts anderes als Etikettenschwindel. Etwas, das uns kleinmacht und kraftlos statt selbstbewusst und uns selbst genug.

Denn indem wir mit Büchern, Ratgebern und Schaumbädern versuchen, uns stärker zu machen, geben wir uns doch nur selber die Schuld an unserer lieblosen Misere. Und Schuldbewusstsein wiegt auf Dauer zu schwer, um damit kraftvoll «selbst genug» zu sein. Eva Illouz hat auf die Relevanz der Geschlechterrollen in diesem Zusammenhang hingewiesen. Frauen, so Illouz, tendierten eher dazu, die Schuld bei sich selber zu suchen. Dahinter stecke eine «Spannung zwischen Anerkennung und Autonomie».[25] Frauen, ließe sich auch sagen, erfahren gesellschaftlich weniger Anerkennung als Männer. Kein Wunder also, dass sie schneller auf das Ich zurückfallen, wenn sie unter fehlender Anerkennung leiden. Doch fehlende Anerkennung, das ist das Problem, ist nun mal keine Sache des Ichs. Sie liegt gar nicht in seinem Aufgabenbereich, wenn man so will. An-Erkennung, das beschreibt schon der Wortlaut, kann nur von außen kommen. Die ganzen an Frauen adressierten Liebe-dich-selbst-und-du-wirst-die-Liebe-finden-Versprechen verschleiern diese Tatsache. Und so wird, wer sich nach Anerkennung sehnt, also nicht auf die Idee kommen, dass fehlende Anerkennung ein gesellschaftliches Problem ist. Natürlich nicht. Denn es ist viel naheliegender, die fehlende Anerkennung, den angeschabten Selbstwert stattdessen mit der Liebessuche aufzupolstern und mit 12-Punkte-Programmen, Badezusätzen und Affirmationen das Ich ruhigzustellen. Der Glaube, man könne sich zu einem Mann hin-pflegen, lebt! Und er wird genährt von einem Markt, der aus der vermeintlich weiblichen Unzulänglichkeit Profit schlägt.

Von den fünf auflagenstärksten Frauenzeitschriften, Gesamtauflage gut 1,1 Millionen,[26] haben für den Juli 2018 drei Beziehungsthemen auf dem Cover. Bei den drei auflagenstärksten «Männerzeitschriften», die allerdings nur auf eine Gesamtauflage von knapp 325 000 kommen: keine einzige.[27] Bei einer Googlesuche von «Männer Beziehungsratgeber» werden gut 19 000 Ergebnisse angezeigt, bei der Suche von «Frauen Beziehungsratgeber» knapp das Doppelte, 38 000.

Wir Frauen brauchen Rat. Wir Frauen kriegen es einfach nicht alleine hin.

Look at you!

Wir kriegen es nicht alleine hin, aber es liegt zumindest in unserer Hand. Wer das paradox findet, der beginnt langsam zu verstehen, in welcher Zwickmühle sich Singlefrauen befinden. Mit dem Damoklesschwert über dem Kopf und dem Wasser bis zum Hals top performen! Nicht viel anderes wird von uns erwartet. Wer nachlässt, dem geben die Selbstzweifel einen Tritt in den Allerwertesten. Zur Performance gehört aber nicht nur die Pflege des Ichs. Als Frau weiß man, dass die Pflege des Äußeren mindestens genauso zählt.

Wie wichtig ist Attraktivität eigentlich für Männer und Frauen? Diese Frage habe ich Ulrich Rosar gestellt, Soziologie-Professor. Er seufzt. Ulrich Rosar forscht über Attraktivität: Wie wirkt physische Attraktivität auf soziale Ungleichheit, wie lässt sich das verändern? Solche Fragen beschäftigen ihn. Für Frauen sei Attraktivität leider nach wie vor sehr wichtig. Also ein Aussehen, das sich an gängigen Schönheitsstandards orientiert. Denn für Frauen wäre, anders als für Männer, auf dem Beziehungsmarkt nun mal das Aussehen das wichtigste Kapital. Männer könnten mit anderen Aspekten punkten. Intelligenz, Macht, Geld, Status. Auch Männer werden zunehmend nach Attraktivität beurteilt, ja, aber das mache es ja nicht besser. Bei Frauen, so Rosar, sei es eben nach wie vor hauptsächlich die Attraktivität. Andere Aspekte zählen nicht so viel, man stellt sie auch besser nicht so in den Vordergrund. «Ändert sich das irgendwann?», will ich wissen?-«Sieht nicht danach aus», sagt Rosar.

Sieht wirklich nicht danach aus. In den siebziger Jahren hat eine Frau im Schnitt ca. 50 Werbeanzeigen am Tag zu Gesicht bekommen, heute sind es 5000. Das ist eine ganze Menge. «Sieh! Gut! Aus!» muss allerdings kein Plakat, kein Instagram-Post mehr in unser Bewusstsein plärren. Wir haben es längst verinnerlicht. Und wir wissen, die Verantwortung für unser Aussehen liegt bei uns. Egal wie unrealistisch diese Anforderungen sind: Circa 2000- bis 5000-mal pro Woche erreichen uns digital nachbearbeitete Fotos von Körpern. Von Körpern also, die gar nicht existieren.[28] In der Konsequenz können wir uns nicht über Zahlen wundern, die zeigen, dass sich nur zwei Prozent aller deutschen Frauen als «schön» bezeichnen würden.[29] Zwei von hundert. Das ist erschütternd.

Da hilft auch keine Body-Positivity. Im Gegenteil. Nur weil wir die Definition dessen, was sich offiziell «schön» nennen darf, jetzt auch auf BMIs über 21 ausgeweitet haben, wird die Kategorie an sich nicht weniger wichtig. «Schön» müssen wir immer noch sein. Und nur weil jetzt «dick» auch «schön» ist, haben wir nichts gewonnen. Die Anerkennung, sie ist lediglich vorgeschoben. Jetzt sind wir halt alle dran. Stück für Stück. Unsere Körper werden immer mehr seziert, inspiziert, ich möchte fast sagen: ausgeweidet. Sind die Älteren unter uns noch mit klarem Fokus auf Brust und Hintern aufgewachsen, können sich Teenage-Mädchen heutzutage überlegen, woran sie am ehesten verzweifeln: ihren Waden, ihren Schultern oder, klar, direkt an ihrer armen Vulva. An uns zu schrauben, unsere Körper weiblicher zu machen, ist eine «unendliche Aufgabe», wie es der Soziologe Günter Burkart nennt.[30]

Neben unserem Innenleben gerät so auch unser Körper in den Fokus des Selbsttunings. Für Singlefrauen im besonderen Maße. Wir haben ja sonst nichts! Das ist anstrengend. Anstrengend, zeitintensiv und sogar teuer. Aber das größere Problem dabei: Uns läuft die Zeit davon. Denn als Singlefrau weiß man auch, dass das fabelhafte Leben à la Carrie und Co. ein Verfallsdatum hat. Richtig lange sollte man besser nicht Single bleiben, denn dann hilft kein Schaumbad mehr, kein Peeling. Als Singlefrau werden wir von der unerbittlich tickenden Uhr Stück für Stück an den Abgrund geschoben: «Selbst sehr erfolgreiche, sehr selbstbewusste, sehr hübsche Frauen geben zu, daß sie nach Monaten ohne Beziehung und Affäre in ihrem Spiegelbild einen Zug der Verbitterung erkennen, der nicht mit Stolz oder Heroentum zu verwechseln ist», erklärt uns der Journalist Ulf Poschhardt in seinem Buch über Einsamkeit.[31] «Ihre Trauer hat sich in das Gesicht eingefräst. Zum Unglück kommt die Entstellung durch das Unglück hinzu.»[32]

Fest steht: Wir können nicht gewinnen. Vielleicht müssen wir daher akzeptieren, dass der Spiegel uns den wahren Grund für unser Singlesein liefert. Wenn wir den entscheidenden Moment («nach Monaten»)[33] verpassen, gräbt sich halt die Verhärmungsfräse über unser Antlitz und sorgt dafür, dass das auch so bleibt. Die einzige Chance, um uns der Verbitterung zu entziehen, ist daher wohl, uns die Peeling-Maske vom Gesicht zu reißen und uns von dem ganzen Liebesdiktat zu befreien.

Wie Lucy es in dem Film *How to Be Single* versucht. Sie datet eine ganze Weile erfolglos und fühlt sich von ihren heiratenden Freundinnen unter Druck gesetzt. Als ein Schwarm sie schließlich auflaufen lässt, ist sie völlig am Boden. Im Rahmen von Freiwilligenarbeit soll sie wenig später vor Kleinkindern ein Märchen vorlesen. Doch sie scheitert am Happy End. Statt es den Kindern weiter vorzulesen, dreht sie komplett durch, sie kreischt, es gebe keine Traumprinzen, schmeißt das Buch weg, reißt sich die Haar-Extensions raus, schneidet sich sogar die Spandex-Unterhose vom Leib und … findet dabei den Mann fürs Leben. Bei der Aktion hat sich nämlich der Buchhändler in sie verliebt. Natürlich! Natürlich hat er das! Und schon wieder ein Happy End. Ob es für Lucy wirklich eines wird? Wir wissen es nicht. Aber wir sollen es glauben.

Hier wird der ach so befreiende Ausbruch aus dem Korsett des Liebeszwanges als hysterische Interpretation des «Mach dich mal locker» zelebriert.[34] Und wir sind wieder beim altbekannten Paradoxon des «Tue so, als ob» angelangt. Tue so, als würdest du das Korsett verlassen, aber siehe zu – um Himmels willen! –, dass es dabei auch endlich klappt und du auch ohne dieses Korsett perfekt aussiehst.

So lässt sich vieles an Ratschlägen für Singles zusammenfassen: Zweifel, Hoffnung, Zweifel, Verzweiflung. Die Geschichte der Single-Ratgeber ist die Geschichte dieser Selbstzweifel. Wo die Liebe fehlt, da wohnen sie. Der Markt hat es ihnen schön hergerichtet; extra schön, für Frauen. Eva Illouz schreibt: «Der Selbstzweifel [...] ist ein weiblicher Tropus, der auf eine Subjektivität hinweist, die zwischen Autonomie und Anerkennung gefangen ist und starke soziale Anker für die Entstehung von Selbstwert vermissen lässt.»[35]

Daher sind auch Frauen die Hauptzielgruppe der Liebe. Für Männer ist Liebe als Funktion für den Selbstwert einfach nicht so wichtig. Es ist eine der entscheidenden Unterschiede für die Geschlechter und zeigt erneut, dass Liebe zwar ein schön inklusives Wort ist – aber eben ein Wort mit ganz widerstreitenden Bedeutungen. Simone de Beauvoir schrieb: «Das Wort Liebe hat für beide Geschlechter keineswegs denselben Sinn, und das ist eine der schwerwiegendsten Missständnisse, die sie trennt.»[36]

Für Frauen mäandert die Liebessuche stets am Scheitern entlang. Denn wenn sie nicht fündig werden, bleiben sie nicht einfach nur single. Sie sind dann Mängelwesen. Sie können sich dabei zwar einreden, sie seien selbst genug; sie können sich zwar hübsch machen und gut aussehen, aber auf echte Anerkennung haben sie trotzdem keinen Anspruch. Denn dann müsste ja gelten, was uns als Grundaxiom leider verweigert wird: selbst genug zu sein.

Frauen, ihr Ego und die
Männerwunschwirklichkeit

M iranda hat sich zurechtgemacht. Sie trägt ein schulter-
freies rotes Top. Sie lächelt den Mann hoffnungsfroh an,
der sich ihr in einer Bar vorstellt: «Private Wealth Group in der
Investment-Abteilung bei Morgan Stanley. Ich liebe meinen Job,
bin dort seit fünf Jahren, geschieden, keine Kinder. Ich lebe in
New Jersey und spreche Französisch und Portugiesisch.» Wow.
Miranda ist angetan. «Und was machst du?» «Ich bin Anwältin»,
erklärt Miranda stolz. «Ich wurde erst kürzlich zur Partnerin be-
fördert.» Und: «Ich war in Harvard!» Dem Mann rutschen unbeeindruckt die Gesichtszüge weg.

Das war wohl nichts, merkt Miranda.

Miranda versucht sich an Speed-Dating. Wechselnde Partner,
und man hat ein paar Minuten Zeit, etwas über sich zu erzählen
und dabei einen guten Eindruck zu machen. Miranda arbeitet in
einer angesehenen New Yorker Kanzlei. Sie hat ihren Abschluss
an einer der prestigeträchtigsten Universitäten der Welt gemacht. Kein Wunder, dass sie diese Information weitergibt. Ihre
Arbeit ist ihr wichtig, prägt ihr Leben. Und ihre Erfolge zeigen,
dass sie etwas auf dem Kasten hat. Doch leider müssen wir ihr
dabei zusehen, wie dennoch Mann für Mann für Mann von ihr
abrückt: «Ich bin Anwältin!» Und weg ist er. «Ich arbeite in einer
Kanzlei.» Und tschüs.

Aber weil Miranda clever ist, bemerkt sie bald das Muster
hinter dieser Ablehnung und fängt an zu schwindeln: «Ich bin
Stewardess!» Wenig später hat sie Sex mit einem Notfallarzt.[37]

Gut, der hat auch geschwindelt, wie sich später herausstel-
len wird, aber Mirandas Erfahrung ist nicht nur Serien-Fiktion

bei *Sex and the City*. Erfolgreiche Frauen kommen bei Männern tatsächlich nicht so gut an. Sheryl Sandberg, Geschäftsführerin von Facebook und, so viel kann man wohl sagen, eine der erfolgreichsten Business-Frauen der Welt, hat ein Buch zum Thema Frauen und Erfolg verfasst. In *Lean In* schreibt sie: «Erfolg und Beliebtheit (oder ‹Gemochtwerden›) korrelieren positiv bei Männern und negativ bei Frauen. Wenn ein Mann erfolgreich ist, wird er von Männern wie Frauen gemocht. Wenn eine Frau erfolgreich ist, wird sie von Frauen wie Männern weniger gemocht.»[38] Sandberg denkt sich das nicht aus. Ihre Einschätzung ist durch etliche Studien belegt.

Ein Beispiel. US-amerikanische Sozialpsychologen wollten wissen, wie Männer auf intelligente Frauen reagieren.[39] Finden sie diese Frauen besonders attraktiv? Und unter welchen Umständen? Dafür baten sie unter anderem eine Gruppe von männlichen Studierenden, sich folgende hypothetische Situation vorzustellen: Eine Studentin in ihrem Kurs hat besser oder schlechter als sie selbst abgeschnitten. Wie würden die Männer in einer solchen Situation reagieren, was würden sie fühlen? Sie sollten diese Frau außerdem bewerten. Sowohl in Bezug auf Freundlichkeit und Herzlichkeit als auch in Bezug auf ihre Attraktivität als romantische Partnerin.

Die Männer fanden die erfolgreichere Frau alle reizvoller als potenzielle Partnerin. So weit, so gut. In einem weiteren Test aber wurde den Probanden eine «echte» Frau gegenübergesetzt. Auch hier wurden die Männer zum Schluss gefragt, wie attraktiv sie die Frau fanden. Die Antwort: Wenn sie glaubten, die Frau habe besser als sie abgeschnitten, bewerteten sie sie als weniger attraktiv und gaben an, weniger gerne mit ihr zu einem Date gehen zu wollen.

Insgesamt führten die Wissenschaftler sechs verschiedene Experimente durch. Das Ergebnis der Studie war eindeutig: «Wenn es darum ging, psychologisch entfernte Ziele zu bewerten, zeigten Männer eine größere Anziehung gegenüber ihnen intelligenzmäßig überlegenen Frauen. Wenn diese Ziele psychologisch nah waren allerdings, zeigten sie weniger Anziehung den Frauen gegenüber, die ihnen überlegen waren.»

Das ist das, was Sandberg meint. Von weitem, rein theoretisch, werden erfolgreiche Frauen durchaus geachtet. Aber wenn sie einem konkret nahe kommen, hört das auf. Erfolg ist nicht sexy – bei Frauen. Dass erfolgreiche Frauen eher single sind, weil sie erfolgreich sind, scheint auf der Hand zu liegen. Aber der Zusammenhang ist tiefer. Schauen wir ihn uns noch mal an.

Erfolg ist unsexy

Für die ziemlich erfolgreiche Franzi ist zum Beispiel auch ganz klar, dass sie einen Mann auf Augenhöhe sucht. Nein, eigentlich möchte sie sogar einen Mann, der ihr überlegen ist – älter, noch erfolgreicher, reicher. Nicht, weil sie jemanden sucht, der ihr Leben finanziert, aber weil sie internalisiert hat, was wir alle spüren: Männliche Überlegenheit, männlicher Erfolg ist so viel reizvoller als weiblicher.

Vor einiger Zeit habe ich auf Youtube ein Video zu dem Thema gefunden. Es ist ein Auszug aus einer Talkshow, bei der Eckart von Hirschhausen zu Gast war.[40] Hirschhausen hält eine Pappe hoch, auf der er zwei Berge aufgemalt hat. Ganz oben, am Gipfel, seien die Traumprinzen und Traumprinzessinnen. Liefe alles gut, so Hirschhausen, würde sich jeder einen Partner auf Augenhöhe suchen. Aber so liefe das eben nicht. Der Chefarzt heiratet die Krankenschwester, der Manager die Sekretärin. Dabei blieben konsequenterweise zwei Gruppen übrig: «Schlaue Frauen und dumme Männer.» Das Publikum lacht. «Schlaue Frauen brauchen keinen Mann mehr», sagt Hirschhausen. Jüngere Liebhaber, die erst mal noch keinen höheren Status haben, täten es doch auch.

Ob das noch Zynismus oder schon Hurra-Pragmatismus ist, kann sich wohl jede selbst aussuchen. Unter dem Video stehen auf jeden Fall viele, viele Kommentare von Frauen, die sich auf ein «So ist es! Leider!» zusammenfassen lassen. Und diese Einschätzung deckt sich durchaus mit soziologischen Erkenntnissen. Wie der Soziologe Hans-Peter Blossfeld mal in einem Interview erklärte: «Männer heiraten vom Bildungsniveau her gesehen häufig entweder gleich qualifizierte Frauen oder Frauen, die einen niedrigeren Bildungsabschluss haben. Frauen hingegen wählen in der Regel einen gleich qualifizierten Partner oder einen höher Gebildeten. Wenn nun die Frauen immer qualifizierter werden, was ja heute der Fall ist, dann verringert sich der Pool an Männern, aus dem sie ihren Partner wählen können und wollen.»[41] In der Konsequenz leben also vermehrt sehr gut qualifizierte Frauen als Singles. Ein bisschen, so scheint es, sind sie eben doch selbst dran schuld.

Wenn es jemanden gibt, der das wirklich weiß, dann ist das vermutlich Hillary Clinton. Clinton ist zwar kein Single, aber sie weiß ganz genau, was mit Frauen passiert, die sich nicht so verhalten, wie es von ihnen erwartet wird. Und so hat sie sich in ihrer Kurzbiographie bei Twitter beschrieben, bevor sie auf entsprechende Kritik reagierte und es änderte: «Ehefrau, Mutter, Großmutter, Frauen- und Kinderrechtlerin, First Lady, Senatorin, Außenministerin, Haar-Idol, Hosenanzug-Fan, Präsidentschaftskandidatin 2016.» Zum Abgleich die Twitter-Biographie von Bill Clinton: «Gründer der Clinton-Foundation und 42. Präsident der Vereinigten Staaten.»[42]

Das ist bemerkenswert, weil es Auskunft darüber gibt, wofür Bill Clinton geschätzt wird. Und zwar für seinen Erfolg, seine berufliche Vita. Es zeigt zudem, dass Hillary Clinton davon ausgeht, eher durch Bescheidenheit punkten zu können. Sie setzt «Ehefrau» an den Anfang. Dabei ist Hillary Clinton eine Frau mit einer ebenso bemerkenswerten juristischen und politischen Vita, aber sie definiert sich über Aspekte, mit denen sie sich Respekt sichern kann: Ehefrau, Mutter und Großmutter. Keine Frage, diese Rollen sind wichtig. Aber Bill Clinton ist auch Ehemann, Vater und Großvater. Doch das extra zu betonen, das hat er nicht nötig.

Es ist schwierig, mit uns Frauen und der Bescheidenheit. Und wir sind selbst Komplizinnen dieses Problems. Auch viele von uns glauben: Erfolg macht Männer sexy, Frauen hart und unsympathisch. Die Forschung zeigt durchgängig, dass Frauen, die bestimmt auftreten, indem sie ihre Fähigkeiten, Errungenschaften und Führungsqualitäten betonen, oft zwar als kompetent wahrgenommen werden, aber dadurch auch das Risiko erhöhen, weniger sympathisch zu wirken.[43] Wir sind daher Expertinnen im Licht-unter-den-Scheffel-Stellen. Wir halten uns zurück, wenn es um unsere Erfolge geht. Oder wir reden sie sogar bewusst klein. «Meinen Sie denn, hier hätte irgendeiner von den Kerlen seinen Job bekommen, weil er der Beste war? Die haben einfach immer am lautesten ‹Hier!› geschrien!», erklärte mir mal meine Mentorin in einem Abschlussgespräch. «Sie müssen ‹Hier!› rufen, wenn Sie was wollen.» Ich habe damals brav genickt und allen meinen Freundinnen begeistert davon erzählt. Wir waren uns alle einig. Nein, wir *sind* uns immer noch alle einig: Wir müssen lauter werden. Wir müssen sagen, wer wir sind und was wir wollen. Und doch passiert es immer wieder, dass wir miteinander sprechen und uns eingestehen, dass wir schon wieder nicht so richtig die Klappe aufgekriegt haben. Nicht im Job, nicht in der Kneipe. Da sitzen wir dann und sind beeindruckt von den Erzählungen der tollen Männer um uns rum und kriegen gar nicht mit, wenn wir selber einfach mal viel toller sind.

Wir wollen lieber nett als toll sein. Wir glauben, zwischen diese beiden Eigenschaften passe kein «und». Das haben wir schon als Mädchen gelernt, wir erfahren es auch als Frauen noch oft genug. Und Frauen wie Franzi, die sich nach Männern sehnen, die ihnen überlegen sind, scheinen diesen Schiefstand auch noch besonders reizvoll zu finden. Pierre Bourdieu hat das in seinem Buch *Die männliche Herrschaft* gezeigt.[44] Männer, die ihnen in Status und Ansehen überlegen sind, üben eine größere erotische Anziehungskraft aus – weil Frauen davon eben auch profitieren. Stefanie Bethmann führt aus: «Frauen [haben] ein Interesse an der Mit-Inszenierung und Erotisierung männlicher Überlegenheit, solange ihr Status von der Bindung an einen Mann und an dessen Status abhängt – wenn sie ihn erhöhen, selbst zum Preis der eigenen Herabsetzung, profitieren sie paradoxerweise unmittelbar selbst.»[45] Der Status eines Mannes könnte uns ja völlig egal sein. Wenn unser eigener Status sichtbar genug wäre.

Womit wir wieder bei Hirschhausen wären. Die Zeiten haben sich ja eigentlich geändert. Haben Männer noch vor wenigen Jahrzehnten automatisch «nach unten» geheiratet, weil Frauen wenig Zugang zu Bildung und Vollzeitarbeit hatten und so der Pool an Frauen «auf Augenhöhe» gezwungenermaßen kleiner war, ist das heute ganz anders. Frauen haben aufgeholt. In einigen, wenigen Bereichen schicken sie sich sogar an, die Männer zu überholen. Bei Bildungsabschlüssen zum Beispiel. Nur wir verhalten uns noch nicht danach. Und daran wird sich möglicherweise auch so bald nichts ändern.

Wie nachhaltig Frauen ihr Selbstbewusstsein madig gemacht wird, zeigt sich in Studienergebnissen, in der Selbstdarstellung von Frauen, aber auch in den Ansichten prominenter Journalisten wie Ulf Poschhardt, die vor Frauen warnen, «die behaupten, sie seien alleine, weil Männer sich vor zu starken Frauen fürchten. Ihr Selbstbewusstsein ist uncharmant, und dieser Mangel an

Charme macht sie zu schwachen Frauen. Das haben sie nur noch nicht verstanden.»[46]

Als Frau hat man gar keine andere Wahl mehr, als «schwach» zu sein: Entweder man gibt es sofort zu und ist sympathisch schwach, oder man versucht sich zu behaupten und dann ist man unsympathisch schwach. Kein «und» für uns.

Uns wird Selbstbewusstsein vorgeworfen, uns wird die Chance genommen, für Stärke geliebt zu werden, und uns wird das auch noch als eigene Schwäche ausgelegt: Selbstbewusstsein ist uncharmant. Eine selbstbewusste Ausstrahlung wird zwar als sexy wahrgenommen, aber zu viel davon ist abschreckend. Wir müssen richtig dosieren lernen. Charme ist eines unserer Hauptverkaufsargumente als Singles. Nur schade, dass selbstbewusste Frauen leider zu dumm sind, zu checken, wie wichtig Charme ist.

In anderen Worten: Kein Wunder, dass wir ALLEINE sind!

Was nicht sein darf: die Frau und ihr Ego

Der Impuls, Frauen und Ego nicht zusammen zu denken, ist erstaunlich stabil. So stabil, dass wir gerne unterstellen, eine eherne Wahrheit sei dahinter verborgen. Eine natürliche, eine biologische Komponente. Genau so wird dieses Geschlechterbild propagiert: Es ist die den Frauen eigene Mutterrolle, die aus uns selbstlose Wesen macht. Selbst, wenn wir keine Mütter sind. Wichtig ist hierbei auch nicht, was wir faktisch sind. Wichtig ist, was wir potenziell sind. Und potenziell sind wir eben Mütter. Und wenn wir keine Mütter werden wollen, wird automatisch unsere «Weiblichkeit» in Frage gestellt.

Geht es zum Beispiel nach der Klatschpresse, müsste die «arme» Jennifer Aniston mittlerweile Mutter von 83 Kindern sein. So oft schon wurde ihr eine Schwangerschaft unterstellt.

Stand: Winter 2018.[47] Der Gedanke, dass eine Frau im Leben «genug» haben könnte, wenn sie kinderlos und single, aber eine der erfolgreichsten Hollywood-Schauspielerinnen und zudem noch Filmproduzentin ist, scheint zumindest nicht naheliegend. Nicht glaubwürdig. Es scheint im Widerspruch zu allem zu stehen, was wir von Frauen erwarten. Was wir erwarten, dass Frauen wollen. Wollen sollen. Mann und Familie.

In diesem Rollenbild werden Frauen als nicht egoistisch, dafür als fürsorglich gedacht. Wesen, die im Zweifel ihre eigenen Interessen hintanstellen. Hinter die Interessen des Kindes und der Familie. Und im übertragenen Sinne auch hinter die der Gemeinschaft.

»Schließ die Augen und denk an England», soll die englische Königin Viktoria zu ihren Töchtern gesagt haben, als diese Angst vor dem ersten ehelichen Geschlechtsverkehr hatten. Augen zu und durch. Wir Frauen können aushalten. Ja, wir können sogar besser aushalten, da bin ich sicher. Aber das liegt nicht daran, dass wir damit geboren wurden. Sondern dass wir damit leben lernen. Wir lernen, mit etwas zu leben, das uns aufgezwungen wird.

Denn Studien zeigen, dass Fürsorge weder eine natürliche Eigenschaft noch ein frühkindlich erworbenes Persönlichkeitsmerkmal ist. Das zeigt sich in vielen Untersuchungen, die sowohl mit Kindern als auch mit Erwachsenen durchgeführt wurden. Die Soziologin Gertrud Nunner-Winkler benennt es ganz deutlich: «[Fürsorge] ist ein moralisches Gebot, dessen Anwendungsbereich kulturell bestimmt ist.»[48] In anderen Worten: Wir verhalten uns nicht fürsorglich, weil es in unseren Genen liegt, sondern weil es von uns kulturell erwartet wird. Von Frauen mehr als Männern. Denn Frauen wird mit der Mutterrolle eine Rolle zugeschrieben, in der Fürsorge zur Rollenpflicht gehört. Und das ist immer noch der Fall. Diesen Drang nicht zu spüren ist demzufolge unnatürlich. Dabei ist es, wie Nunner-Winkler betont, eben keine Moral, sondern eine auferlegte Pflicht. Und die hat mit Natur nichts zu tun.

Dennoch werden fürsorgende Frauen als natürliche Frauen wahrgenommen. Als Frauen, die in direktem Kontakt mit ihrer Weiblichkeit stehen. Frauen, die anders leben, «egoistischer» sind, wie es dann heißt, sind abnorm. Auch Singlesein erscheint in diesen Bildern als abnorm. Dass Partnerlosigkeit per se nichts mit Egoismus zu tun hat, tut dabei nichts zur Sache.

Diese Gedanken klingen für unsere Ohren vielleicht schlicht, aber sie kommen aus einer Denktradition, die sehr wirkmächtig ist.[49] Es ist eine Denktradition, die in der Antike beginnt und deren Linien von Aristoteles über christliche Denker bis zu Philosophen der Aufklärung und darüber hinaus laufen.[50] Es lassen sich unzählige Beispiele dafür finden, dass Frauen ein emotionaleres, ein weniger egoistisches Wesen zugeschrieben wird. Ein Wesen, das für den Mann, den Nachwuchs und überhaupt die Gemeinschaft da ist, weil es dazu geschaffen wurde. Wie Eva, die geschaffen wurde, damit Adam nicht alleine ist.

«Das weibliche Geschlecht hat mehr gut Gemüt und Herz als Charakter», meinte zum Beispiel Immanuel Kant, der große Aufklärer. «Die Natur hat die Frauenzimmer so geschaffen, daß sie nicht nach Prinzipien, sondern nach Empfindung handeln sollen», schrieb der Naturforscher Georg C. Lichtenberg. Und aus diesen «natürlichen» Eigenschaften resultiert eben auch, dass sich Frauen unterzuordnen haben: «Das Weib ist nicht unterworfen, so dass der Mann ein Zwangsrecht auf sie hätte, sie ist unterworfen durch ihren eigenen fortdauernden, notwendigen und ihre Moralität bedingenden Wunsch, unterworfen zu sein.» Johann Gottlieb Fichte, deutscher Idealismus.

Weibliche Selbstlosigkeit versus männliche Selbstbehauptung, wie schön. Diese «Kontrasttugenden» des Sozialcharakters sorgen auch heute noch dafür, dass Frauen sich hauptsächlich in Relation zu anderen, vor allem zum Partner definieren. Das ist alles kein Zufall, es ist ein Machtinstrument. Das sollten Frauen sich klarmachen, wenn sie heimlich davon träumen, von einem Ritter / Prinzen / Vorstandsvorsitzenden oder Popstar verpartnert zu werden. Wir träumen nicht zufällig so. Wir träumen nicht so, weil es etwas ist, was wir wirklich wollen. Wir träumen so, weil es seit Jahrtausenden in unser kulturelles Träumeprogramm einge-schrieben wird: Das Weib ist unterworfen. Wir wollen es so, wir fühlen es. Und wir beziehen aus dieser Unterwerfung unseren Wert. Kein Wunder, dass wir uns mit unseren eigenen Errungen-schaften zurückhalten! Der Status quo verschafft uns wenigstens Selbstsicherheit.

In der Einführung des Gleichberechtigungsgesetzes von 1957 heißt es: «Es gehört zu den Funktionen des Mannes, dass er grundsätzlich der Erhalter und Ernährer der Familie ist, wäh-rend die Frau es als ihre vornehmste Aufgabe ansehen muss, das Herz der Familie zu sein.» Und damit auch ihr Selbstwert auf diese Aufgabe und die Anerkennung dieser Aufgabe beschränkt bleibt.

Wenn das die Wahl ist, haben wir doch als Singles recht, oder? Wenn die großen Denker unserer Zivilisation uns ein eigenes Leben absprechen, können sie das ja machen, aber wir müssen nicht mitmachen.

Unterwerfung ist nämlich kein Naturzustand. Das als emp-findsam beschriebene weibliche Gemüt ist es auch nicht. Und das sehen selbst die oben zitierten Herren ein. Geht es nach einem der wichtigsten Vordenker der Pädagogik, Jean-Jacques Rousseau, muss diese Sehnsucht nach Unterwerfung in jungen Mädchen nämlich erzogen werden. Eigenständigkeit, «Eingenommen-heit von sich selbst» oder Begeisterung gelte es zu unterbinden: «Stets müssen sie [die Mädchen] fühlen, dass jedes Beginnen nur bis zu einer gewissen Grenze ausgedehnt werden darf; man gewöhne sie, sich mitten im Spiele ohne Murren unterbrechen zu lassen und etwas Anderes vorzunehmen. Schon die Gewöhnung tut hierin viel, da sie ja in dieser Beziehung nur eine Unterstützung der natürlichen Neigung ist.»[51] Was sich grausam und antiquiert und längst überholt anhört, hat erstaunlich lebendige Entsprechungen in der Gegenwart, wie wir oben gesehen haben. Selbstbewusstsein ist uncharmant? Das fand Rousseau ganz genauso: «Sei aufrichtig. Was flößt dir beim Eintritt in das Zimmer einer Frau eine bessere Meinung von ihr ein, was veranlasst dich, ihr mit höherer Achtung zu nahen: wenn du sie mit den Arbeiten ihres Geschlechts, mit allerlei Wirtschaftssorgen beschäftigt und von den Kleidungsstücken ihrer Kinder umringt siehst, oder wenn du sie Verse drechselnd an ihrem Putztisch antriffst, umgeben von allerlei Flugschriften und Blättchen, die mit allen möglichen Farben bemalt sind? Jedes überstudierte Mädchen bekommt, wenn es einmal nur noch vernünftige Männer auf Erden geben wird, nie einen Mann.»[52]

Gelehrte Frauen sollen besser Singles bleiben, vernünftige Männer wissen das. Gelehrte Frauen sind Singles, die ihren Status verdient haben. Und der Bogen von Rousseau zu Hirschhausens Pappschild ist gespannt. Ganz aktuell.

Es ließen sich noch seitenlang weitere Beispiele für diese Sicht auf Frauen und die daraus resultierende Notwendigkeit, Frauen kleinzuhalten, ihnen ihren «angestammten» Platz zuzuweisen, anführen. Bücherlang, um genau zu sein. Bibliothekenlang! Aber ich denke, die zugrundeliegende Auffassung ist klargeworden: Frauen sollen nicht egoistisch sein, es entspricht nicht ihrer Natur. Sie gehören verpartnert. Sie sind für die Familie gemacht. Selbstlosigkeit ist die Selbstverwirklichung der Frauen.

Die Vehemenz dieser Auffassung mag uns heute völlig übertrieben erscheinen, aber sie hat überlebt, wie ich gezeigt habe.

Und sie offenbart sich besonders eindrücklich in negativen Bildern alleinstehender Frauen. Bildern, die feiernde Frauen zeigen, Frauen, die sich um sich selber kümmern, eigene, auch sexuelle Bedürfnisse einfordern. Frauen, die ihren Beruf lieben und das auch betonen. Die Gesellschaft sieht diese Frauen mit Skepsis, weil wir ihnen unterstellen, egoistisch zu sein. Insbesondere, wenn sie keinen Partner haben.

Doch es ist nicht die Skepsis allein, die als nerviges Überbleibsel dieser Weltsicht überlebt. Dass die Rolle der Frau als eher duldendes, zurückhaltendes und fürsorgendes Wesen als natürlich beschrieben wird, drängt Frauen zugleich auch in diese Rolle. Damit wird auch das, was wir als «Natur» wahrnehmen, in das Reich des Privaten verbannt – um Frauen besser zu kontrollieren. Diese «natürlichen Rollen» sind normativ, sie sollen so sein. Sie spielen in der privaten Sphäre, nicht in der Gesellschaft. Zu Hause. Als Ehefrau, nicht als Präsidentschaftskandidatin. Als Mutter, nicht als Anwältin. Als Ehefrau und nicht als Ehemann.

Diese Rollenbilder dienten und dienen dazu, Frauen kleinzuhalten. Sarah Diehl legt in ihrem Buch *Die Uhr, die nicht tickt* den Finger in die Wunde: «Oder [geht es bei diesen Rollen] im Kern darum, das weibliche Streben nach Bildung, Autonomie und Freiräumen im Keim zu ersticken und sie damit aus dem öffentlichen Raum fernzuhalten?»[53] Starke Frauen sind immer auch eine Konkurrenz.

Was Beziehungen mit Frauen machen. Auch.

Diese Vermutung macht ein großes Fass auf. Und sie macht es zu Recht auf. Es geht dabei um nicht viel weniger als die Frage, ob diese Rollenzuschreibungen Frauen bewusst kleinhalten. Ob die Zuschreibungen der fürsorgenden Mütterlichkeit, der Liebe und der Primat der Empfindung dazu dienen, Frauen die romantische Partnerschaft schmackhafter zu machen und sie in der Konsequenz in ein Familienbild zu drängen, in dem sie den Kürzeren ziehen. Systematisch. Vom Zutrauen der Eltern zu kleinen Mädchen bis hin zur kümmerlichen Rentenzahlung am Ende des Lebens.

Denn eines muss auch ganz klar gesehen werden: Es ist nicht so, dass romantische Beziehungen Frauen per se guttun. Man muss sogar sagen – anders als es die Rollenzuschreibungen nahelegen –, es sind eher Männer, die den größeren Nutzen aus Beziehungen ziehen. Das zeigen einige Studien. Und es zeigen auch die blanken Zahlen. Verheiratete Männer essen besser als nicht verheiratete, geschiedene oder verwitwete Männer, sie machen mehr Sport, rauchen und trinken weniger und gehen öfter zum Arzt.[54] Unverheiratete Frauen erfahren diese Nachteile nicht zu einem so großen Ausmaß. Gesundheitlich ist der Singlestatus für Frauen kein Problem.

Nach einer Gemeinschaftsstudie englischer Universitäten haben unverheiratete Frauen mittleren Alters zum Beispiel die gleiche Chance wie ihre verheirateten Geschlechtsgenossinnen, ein metabolisches Syndrom zu entwickeln, eine Mischung aus Diabetes, hohem Blutdruck und Fettleibigkeit. «Nicht zu heiraten oder mit jemandem zusammenzuleben, hat weniger Nachteile für Frauen als für Männer. Verheiratet zu sein, scheint vorteilhafter für Männer», erklärte George Ploubidis, einer der beteiligten Wissenschaftler.[55] «All diese Geschichten darüber, wie hart es für Singlefrauen sein muss, sind ziemlich sinnlos, wenn man sich mal anschaut, was wirklich los ist. Singlemänner sind viel schlimmer dran. Wenn sie heiraten, verbessert sich ihre psychische Gesundheit massiv», erklärt der Sozialwissenschaftler Roland C. Kessler.[56]

Frauen sind zwar die Hauptzielgruppe der Liebe, aber Männer

haben mehr von dieser Liebe. «Verheiratet zu sein und Kinder zu haben, hat nur bei Männern positive Effekte auf die Wahrscheinlichkeit, eine Führungsposition auszuüben», heißt es im Ersten Gleichstellungsbericht der Bundesregierung.[57] Sind sie verheiratet, verdienen sie im Übrigen auch mehr als unverheiratete Männer, bis zu 16 Prozent nach einer britischen Studie, bei gleicher Qualifikation und Leistung.[58] Bei Frauen dagegen lohnt sich die Ehe finanziell eher nicht. Sie verdienen meistens weniger und zahlen dank Ehegattensplitting mehr Steuern als Singlefrauen. Wenn Frauen zusätzlich noch Kinder betreuen, sinkt das Einkommen weiter. Und in letzter Konsequenz auch die Rentenerwartung.

Liebe lohnt sich nicht.

Romantische Liebe wird beworben, als sei sie das Nonplusultra des Lebensglücks für Frauen, dabei zementiert sie sozioökonomische Hierarchien zwischen den Geschlechtern, bei denen Frauen strukturell benachteiligt werden.[59] Bei Lohn und Gehalt liegen Frauen bis in ihre späten Zwanziger oftmals noch gleichauf mit Männern, doch wenn sie ein Kind bekommen, fallen sie ab. Und diese Ungleichheit wird durch die Institution der Ehe weiter verstetigt: «Durch das Ehegattensplitting und die ungleiche Entlohnung von Frauen und Männern wird die tradierte Aufgabenteilung im Haushalt gefördert und letztendlich reproduziert», erklärt Elke Holst, Expertin des Deutschen Instituts der Wirtschaft.[60]

Und das alles noch Jahrzehnte, nachdem die Frauenbewegung in den siebziger Jahren mit Slogans wie «It starts when you sink into his arms and ends with your arms in his sink» vor den Fallstricken einer traditionellen, romantischen, heterosexuellen Partnerschaft warnte. Diese Warnung ist immer noch aktuell. Frauen in Beziehungen verdienen nicht nur weniger, sie leisten auch mehr Arbeit im Haushalt. Unabhängig davon, ob sie «nebenbei» auch noch arbeiten oder nicht. Cornelia Koppetsch und Günter Burkart schreiben: «Alle Untersuchungen kommen zu dem Ergebnis, daß Hausarbeit in den Kernbereichen nach wie vor überwiegend von Frauen verrichtet wird. Dies gilt auch für neuere Untersuchungen, für Familien, in denen die Frau teilzeit- oder vollzeiterwerbstätig ist, selbst für Dual-Career-Familien [...] und auch für Familien mit einer Arbeitsteilung, die sie selbst für egalitär halten.»[61] Bei erwerbstätigen Frauen, so die beiden Soziologen, steige zwar der Anteil, den der Partner auch im Haushalt verrichtet, aber er liegt immer noch nur bei einem Drittel. Und je mehr Kinder es gibt, desto mehr Hausarbeit leisten Frauen darüber hinaus.

Weniger Geld, mehr Arbeit. Kein Wunder, dass Frauen immer noch lernen sollen, eine romantische Partnerschaft – und in der Konsequenz eine Familie – sei die Krönung ihres Daseins. Denn sähe man sich nur die Fakten an, käme wahrscheinlich niemand darauf, dass es hier um einen guten Deal geht.

Frauen sind die Hauptzielgruppe der Liebe, aber auch die Wahrscheinlichkeit, dass sie Opfer einer Gewalttat werden, ist in einer Beziehung am allerhöchsten. Opfer von Partnerschaftsgewalt sind zu gut 80 Prozent Frauen. Und doch wird Singlefrauen gerne Angst gemacht: Du reist alleine? Du gehst alleine nach Hause? Dabei sind sie statistisch gesehen am gefährdetsten, wenn sie zu Hause sind und da ein Partner auf sie wartet. Romantik.

Von Männerwunschwirklichkeiten

Die Soziologin Elisabeth Beck-Gernsheim beschäftigt sich seit Jahrzehnten mit Familie und mit Beziehungen. In einem ihrer Bücher hat sie einen sehr eindrücklichen Satz geschrieben.

Einen Satz, den sich jede Singlefrau ins innere Poesiealbum schreiben sollte. Und dann mit Textmarker anstreichen:

«Sicher lässt sich *beschwören*, Familie sei ‹unverzichtbar›, möglicherweise sogar ‹funktional unverzichtbar›. Aber auch dieses höchste soziologische Ordensprädikat, diese theoretische Verewigung einer Männerwunschwirklichkeit, ist nun einmal nicht die Bedingung ihrer Erfüllung.»[62]

Ja, ein Satz zum Mehrmals-Lesen. Was Beck-Gernsheim meint, ist Folgendes: Familie wird beschworen als etwas, worauf wir alle nicht verzichten können. Familie muss sein. Und mit der Familie die Frauen, die dabei mitmachen als Mütter, als Geliebte, als Umsorgerinnen und Haushaltsschmeißerinnen. Sowohl in Familien mit Kindern als auch in Zweierbeziehungen. Frauen investieren mehr, Männer profitieren mehr. Das liegt auch daran, dass die meisten Männer noch mit relativ klassischen Rollenverteilungen zu Hause aufgewachsen sind und die Männerwunschwirklichkeit von Kindesbeinen an erlebt haben. Und so kommt es, dass sie Gleichberechtigung zwar meistens gut finden, aber nicht so recht mitmachen. «Verbale Aufgeschlossenheit bei weitgehender Verhaltensstarre» hat Ulrich Beck dieses Phänomen genannt. Die Kolumnistin Dorothea Wagner schreibt dazu: «Aber das ist keine Entschuldigung, finde ich, so viel, wie heute über Gleichberechtigung geredet wird. Sie kennen das Konzept. Sie wollen aber lieber einen entspannten Lebensabend. Nur: den will ich auch.»[63]

Wir wollen das auch! Und niemand sagt, dass Partnerschaft und Familie nicht auch anders gelingen können. Wir sind es nur nicht gewohnt.

Ich möchte die romantische Zweierbeziehung nicht abschaffen. Ich möchte sie reformieren. Und diese Reform sollte eben auch darin bestehen, dass es immer eine gleichwertige Alternative ist, wenn man nicht in einer solchen Beziehung steckt.

Ich verweise außerdem auf diese Zahlen, weil ich zeigen möchte, wie die Ungenügsamkeitsindustrie gegenüber Singles funktioniert. Weil ich zeigen möchte, dass die Erfindung der romantischen Partnerschaft nicht zweckfrei verlief. Sie engt Frauen ein. Sie beschränkt Frauen immer noch auf ein Rollenbild, das wir längst überholt zu haben glauben. Ein Rollenbild, das für Frauen die private Sphäre vorsieht. Ein Rollenbild, das Frauen Anerkennung für beruflichen Erfolg in dem Maße verweigert, in dem Männer wie selbstverständlich dafür gefeiert werden. Übrigens auch ein Rollenbild, das Männern die Anerkennung für Care-Arbeit verweigert, auch das zementiert die Verhältnisse. Ein Rollenbild, in dem Frauen mehr Arbeit in die Familie investieren, ohne dafür im Gegenzug zumindest sozioökonomisch belohnt zu werden.

Ein Rollenbild, in dem Singlefrauen doppelt schlecht wegkommen: Die fehlende Beziehung wird ihnen angekreidet und das «sonstige» Leben nicht genug wertgeschätzt. Verliererinnen, was sie auch machen.

Das ist natürlich praktisch so. Wenn Frauen sich mehr Anerkennung in der privaten Sphäre erhoffen, werden sie auch weiterhin nicht mit Nachdruck nach den Chefsesseln oder schlicht nach Veränderung in dieser Welt streben und an der Gesellschaft, die den Anstrich der Männerwunschwirklichkeit immer noch trägt, so leider nicht allzu viel ändern. Die Psychologin Eva Jaeggi schreibt: «Solange Frauen allerdings bereit sind, sich mit den unteren Stufen der beruflichen Leiter zu begnügen, und so als eine Art Stabilisator des Familienlebens dienen, lassen sich Arbeitsleben und Familienleben immer noch einigermaßen befriedigend vereinbaren.»[64] Danach wird's schwierig.

Was wir bräuchten, wäre also eigentlich eine andere Gesellschaft. Was wir bekommen, ist Mitleid, wenn wir single sind. Danke für nichts.

ch möchte noch eine weitere ehemalige amerikanische Politikerin erwähnen: Condoleezza Rice. Rice war vier Jahre lang
Außenministerin der USA. Inzwischen ist sie wieder Professorin
an der renommierten Stanford University.

Zwei Jahre nach ihrer Amtszeit wurde sie in einer Talkshow
des Senders CNN interviewt.[65] In dem Interview wird über Rices
Zeit als Außenministerin, ihre Leidenschaft für Klavier, die Zeit
in Washington gesprochen. Gegen Ende des Gesprächs will Piers
Morgan, der Interviewer, aber vor allem eines von ihr wissen:
Warum ist sie nicht verheiratet?

Folgende Fragen stellte er dabei:

«Wie nah sind Sie einer Hochzeit mal gekommen?

Wie oft?

Hoffen Sie noch darauf?

Haben Sie von einer Märchenhochzeit geträumt?

Sind Sie romantisch?

Wenn ich Sie becircen wollte, wie würde ich das machen?

Ich kann Sie mir nicht als unterwürfige Ehefrau vorstellen. Ich
stelle mir vor, dass Sie ziemlich hart wären. Haben Sie hohe Ansprüche? Wenn Sie ein Essen kochen würden, welches besondere
Essen würden Sie machen?

Welche Ziele verfolgen Sie noch?»

Condoleezza Rice ist eine sehr geduldige Frau, sie beantwortet alle diese Fragen ohne sichtbare Zeichen der Verstimmung.
«Ich bin nun wirklich jenseits des Alters, in dem ich einen NFL-
Football-Spieler heiraten werde, aber ich liebe das, was ich tue,
einfach sehr. Ich liebe es, Professorin zu sein. Ich weiß, das ist
schwer zu verstehen», führt sie aus. «Aber es gibt nichts Schöne-
res, als in einer Klasse mit wirklich, wirklich brillanten Studen-
ten zu sein und ihnen neue Welten zu zeigen, so wie mir meine

Arbeit neue Welten gezeigt hat. Das liebe ich.» Doch Morgan greift diese Liebeserklärung nicht auf. Zum Abschluss sagt er: «Na, sehen Sie, in zehn Jahren könnten Sie entweder die erste Frau als Präsidentin der Vereinigten Staaten sein oder glücklich verheiratet mit einem heißen NFL-Football-Spieler.»

Oder. Ein Wörtchen nur, aber zugleich eine ganze Welt an Tragik. Liebe oder Erfolg? Beides scheint nicht zu gehen, beides zusammen lässt sich nicht denken. Das eine oder das andere. Entscheide dich! Es ist das leidige Entweder-oder, das Singlefrauen oft vorgehalten wird, ein Leben voller Abers: Erfolg im Job, aber einsam. Karriere, aber keine Kinder. Spaß beim Ausgehen, aber nur die Katze wartet zu Hause. Wir können eben doch nicht alles haben. Das Versprechen darauf ist so falsch wie verführerisch. Es ist eine Chimäre. Wenn man sich die vielen Oders anschaut, die unser Leben prägen, kommen sie einem vor wie Ausfahrtsschilder auf der Autobahn. Entweder man ignoriert sie und kommt nie nach Hause, oder man kommt an. Aber dann vielleicht auch nicht mehr weg. Liebe oder Erfolg. Kind oder Karriere. Selbstbewusstsein oder Charme.

Und im Zweifel krönt erst die Liebe des heißen NFL-Football-Spielers das, was wir als eigentlich gelungenes Leben wahrnehmen. Fragt mal Jennifer Aniston. Andere Geschichten eines Frauenlebens gibt es, sie glaubt nur keiner. «Jajaja, was soll sie auch sonst sagen? Hat sich halt damit abgefunden.» Die Arme.

Wie die Männer, die Miranda gar nicht mehr zuhören, wenn sie von sich spricht – von sich als berufstätiger Frau, als ein Mensch auf Augenhöhe. Doch das zählt nicht. Was zählt, ist der Singlestatus. Und der ist bemitleidenswert. Wenn es «nett» gemeint ist. Ich fürchte, wir müssen uns dieses «Single Shaming» genauer angucken.

«Du findest ihn schon noch» – Wie Single Shaming funktioniert

Katharina hat was. Sie ist intelligent, schön und willensstark. Aber etwas mit ihr anfangen möchte trotzdem keiner. Ganz im Gegenteil, die meisten Männer in ihrer Umgebung machen sich sogar über sie lustig. Denn Katharina gilt als zickig, sie will immer mit dem Kopf durch die Wand. Das finden die meisten viel zu anstrengend. Bis auf Petruchio. Der junge Italiener findet Katharina irgendwie reizvoll. Vielleicht findet er auch vor allem ihr vermögendes Elternhaus reizvoll. Auf jeden Fall will er es mit ihr aufnehmen. Die beiden werden ein Paar, sie heiraten sogar. Doch dann beginnt für Katharina etwas, womit sie nicht gerechnet hätte: Ihr Mann beginnt, Spielchen mit ihr zu spielen. Und was für welche!

Wenn Katharina ein neues Kleid anprobiert, nimmt es Petruchio ihr wieder weg. Er sagt, es passe nicht. Ist Katharina hungrig, nimmt er ihr das Essen weg mit der Begründung, es sei nicht gut genug für sie. Auch wenn die Mahlzeit völlig in Ordnung war. Will sie schlafen, hindert er sie daran. Das Bett sei noch nicht gemacht. So geht es weiter. Eines Tages sind die beiden unterwegs, Petruchio zeigt auf die Sonne und erklärt, der Mond sei heute so schön. Katharina korrigiert ihn und sagt, dies sei nicht der Mond, es sei die Sonne. Nein, entgegnet Petruchio, es sei der Mond oder was auch immer er dazu sage. Nun gut, Katharina hat endlich verstanden: Es ist der Mond oder was auch immer Petruchio sagt.

Petruchio hat es also endlich geschafft. Er hat seiner Frau die letzten Überbleibsel ihres Single-Ichs ausgetrieben. Sie hat keine eigene Meinung mehr, gibt keine Widerworte, sie ist ganz

Ehefrau. Petruchio hat die Widerspenstige gezähmt. So heißt es zumindest in dem Titel des Stücks, in dem diese beiden Charaktere eine Rolle spielen, *Der Widerspenstigen Zähmung*, geschrieben irgendwann zwischen 1590 und 1592, von William Shakespeare.

Literaturkritiker sind sich uneins, ob das Stück geradeheraus frauenfeindlich ist, ironisch gelesen werden kann oder sogar bis zu einem gewissen Grad proto-feministisch ist. Aber lassen wir diese Interpretationen mal beiseite und schauen uns einfach nur die Begriffe und Eigenschaften an, mit denen Katharina, die Widerspenstige, in dem Stück als unverheiratete Frau beschrieben wird. Als Single, wenn es das Wort in der englischen Renaissance schon gegeben hätte.

Katharina ist eine «Wespe», so wird sie von Petruchio genannt, eine, der er den Stachel ziehen wird, bevor sie ihn stechen kann. Sie ist «zu stürmisch», sogar ein «Teufel aus der Hölle». Sie ist eine «Wild Kate», also eine Wildkatze – ein Tier, das gebändigt werden muss, weil es potenziell gefährlich ist. Wie man sie bändigt? Natürlich durch Heirat.

Die Single-Hydra – zänkische Weiber und alte Jungfern

In Katharina finden wir ein ganz spezielles Bild einer unverheirateten Frau. Die «shrew», das zänkische Weib, streitlustig, aggressiv, kaum zu bändigen. Solche Frauen gehören schon seit Jahrhunderten zum Figuren-Repertoire europäischer Literatur – der Plot der Bändigung einer solchen «shrew» durch Heirat findet sich nicht nur im Drama, sondern in Märchen, Folklore und anderen Erzählungen.

Dieses Bild kommt uns heute völlig antiquiert vor, frauenfeindlich und überholt. Aber auch dieses Bild ist immer noch ziemlich lebendig. Es hat lediglich seine Gestalt geändert und sich angepasst, und genau das macht es so wirksam. Schauen wir also mal weiter und spulen nach vorne, ungefähr 400 Jahre.

Carrie, Miranda und Samantha sind für Charlottes Geburtstag in die Casino-Stadt Atlantic City gefahren.[66] Charlotte wird 36, aber die Verabredung ist, dass niemand darüber reden darf. Nur Miranda konnte es nicht lassen und hat in einem Souvenirladen ein Kartenspiel gekauft. Eine alte, hutzelige Frau mit Badehaube ist darauf abgebildet. Das Spiel heißt *Old Maid*, alte Jungfer. Bei dem Kartenspiel hat verloren, wer die «Old Maid» als Letzter in der Hand hält. Charlotte ist entsetzt: «Alte Jungfer? Soll das witzig sein?»

»Klar soll das witzig sein. Sieh dich doch an. Du könntest doch nicht weniger wie eine alte Jungfer aussehen.»

Wie eine «alte Jungfer» sieht bei *Sex and the City* wirklich niemand aus. Und doch haben die Protagonistinnen Angst davor. Kein Wunder. «Old maid» wurden im amerikanischen Englisch auch Maiskörner genannt, die bei der Popcorn-Herstellung nicht aufplatzten. Old Maids – Körner also, die ihren Geschmack nicht entfalten, nicht wie die anderen waren, nicht wie die meisten, stattdessen einsam und hart am Boden des Kessels liegen blieben. Wer will schon eine Old Maid sein? Vielleicht ja Shakespeares Katharina, aber sie hatte keine Chance.

Warum diese Geschichten wichtig sind? Weil sie die Bausteine für Bilder liefern, mit denen wir alleinstehende Frauen beschreiben. Negativ beschreiben. Weil sie die Komponenten von Erzählungen sind, durch die wir Singlefrauen sehen. Diese Bilder wirken wie eine Linse, mit der wir den immer gleichen Ausschnitt zu sehen bekommen, und zwar vergrößert. Bilder, durch die wir verstehen lernen, was Singlefrauen ausmacht: Katharina, die Dickköpfige, die Unsoziale. Die «Old Maid», alt, vertrocknet, einsam. Charlotte und Co. Die Frauen mit der Angst vor der Zukunft.

Die Sozialpsychologin Bella DePaulo hat einen Terminus für diese Art der Beschreibung erfunden: «Singlism». Mit «Singlism» bezeichnet sie «die Stereotypisierung, Stigmatisierung und Diskriminierung gegenüber Menschen, die Single sind».[67] Ich nenne es Single Shaming, der Begriff ist eingängiger, aber wir meinen dasselbe. Der Begriff ist wichtig, denn es ist immer leichter, Probleme zu bekämpfen, wenn man einen Namen für sie hat. Man identifiziert das Problem so schneller. Und kann anderen schnell zeigen, was damit nicht stimmt.

Singles wurden schon historisch gesehen in fast jeder Kultur stigmatisiert – als Klotz am Bein der Gemeinschaft, als renitente Verweigerer, als nicht ganz zugehörig. Und das ist immer noch so. Trotz aller Liberalisierung. Trotz der Tatsache, dass es immer mehr Singles gibt. Empirische Untersuchungen zeigen, dass die Stigmatisierung von Singles dabei nicht abnimmt.[68] Im Englischen wird das als «cultural lag», also «kulturelle Verzögerung» bezeichnet. Ein Phänomen setzt sich durch, wird aber weiterhin als abweichend bewertet. Und das wird auch so gesehen, trotz der Tatsache, dass Singles keinen Klotz am Bein der Gesellschaft darstellen. Im Gegenteil. Schaut man sich Statistiken an, muss man feststellen, dass Singles mitnichten von der verpartnerten Bevölkerung durchs Leben geschleppt werden. Legt man die Zahlen von Ein-Personen-Haushalten zugrunde, ergibt sich folgendes Bild: Singles sind überdurchschnittlich einkommensstark. Singles haben überdurchschnittlich oft Abitur, gut 32 Prozent, im Vergleich zu gut 24 Prozent der Gesamtbevölkerung.[69] Singles sind auch überdurchschnittlich viel voll berufstätig, und zwar zu 59 Prozent, im Vergleich zu 38 Prozent der Gesamtbevölkerung.

Man kann also nicht behaupten, Singles seien faul, lebensunfähig oder auf Almosen angewiesen. Aber die Single-Stereotype sind trotzdem sehr hartnäckig und sehr effektiv. Wie wir im Zusammenhang mit den Geschlechterrollen gesehen haben: Vorurteile müssen nicht stimmen, um zu wirken. Stereotype funktionieren wie kleine Sinn-Geber. Sie helfen, Dinge voneinander abzugrenzen, sie schneller zu erfassen. Sie helfen dabei, die eine Rolle als normativ und andere Rollen als abweichend zu betrachten.

Wir alle haben Stereotype gelernt. Sie sind auch wichtig, sogar überlebenswichtig, denn in vielen Situationen haben wir nicht den Luxus, Nuancen zu erfassen, Gefahren wahrzunehmen. Ganz alltäglich: Wenn wir ein schwarz-gelbes Insekt auf uns zufliegen sehen, gehen wir lieber schnell in Habtachtstellung. Es könnte zwar auch eine Hummel sein, aber sicher ist sicher. Das gilt auch für andere Situationen. Wir haben Stereotype gelernt, und wir erkennen Stereotype. Wir können sie oft genug durchschauen und so versuchen, sie ein wenig zu dekonstruieren. Zu erkennen, dass die Unterschiede, die sie beschreiben, oftmals durch sie erst geschaffen werden.[70] Es ist, um noch mal ein ganz alltägliches Beispiel zu nennen, wie mit den Witzchen über die tradierten Rollenbilder. Selbst moderne Männer blödeln bei Fußballspielen gerne rum und rufen uns zu, wir sollten doch mal Bier holen. Als coole Frau soll man das dann locker nehmen. Aber es wird dadurch nicht besser. Es bleibt ein Stereotyp. Wenn wir das erkennen, können wir wieder anders auf die Welt gucken. Doch manchmal sind Stereotype tatsächlich so stark, so gut gemacht, dass wir nicht mehr durch sie hindurchgucken können. Sie versperren uns den Blick.[71]

Sie versperren uns manchmal sogar den Blick auf uns selbst. Auf etwas, das ich eigene Erzählung, vielleicht sogar Selbstbestimmung nennen möchte. Wir bekommen keine Chance auf die eigene Erzählung, weil die anderen Erzählungen dominieren. Zu laut sind. «Wir sind nicht nur das, was wir sein wollen. Wir sind auch das, was andere aus uns machen», schreibt Carolin

Emcke in ihrem Buch über das Begehren.[72] Aber unsere eigene Erzählung kann kaum einer hören. Vielleicht hören wir sie selber nicht.

Konkret geht es hier um Stereotype von alleinstehenden Frauen. Stereotype, die sich historisch gewandelt haben, auch sympathischer geworden sind, aber negativ bleiben. Die Autorin Kate Bolick schreibt über die Singlefrau: «Wahrnehmungen der Singlefrau haben sich über die Jahrzehnte so stark geändert, dass sie nie nur eine lebende Person ist, sondern ein Blitzableiter für die grundsätzliche Einstellung gegenüber Frauen.»[73] Die Darstellungen der Singlefrau zeichnen kein Wesen aus Fleisch und Blut, sondern staffieren ein Rollenbild aus.

Wie Bolick auch schreibt, können einem diese Darstellungen zuweilen vorkommen wie die Hydra in der griechischen Mythologie. Ein vielköpfiges Wesen, und jedes Mal, wenn man ihm einen Kopf abschlägt, wachsen zwei nach.

Aber wir sollten eine andere Konsequenz ziehen und nicht resignieren. Die negativen Bilder von Singlefrauen werden nicht besser und nicht weniger gefährlich, wenn man sie in Ruhe lässt. Es gilt, sie als solche zu erkennen und dann mit unseren eigenen Geschichten und Bildern kaputt zu machen. So richtig schön kaputt machen: diese ganzen Bilder der zänkischen Frauen, der zickigen Weiber, der pathologisch Sexsüchtigen. Der Mängelwesen. Wir müssen also lauter werden. Mit unserer eigenen Geschichte.

Mängelwesen und Handelsware

Es geht aber nicht nur um Rollen und Stereotype beim Single Shaming. Es geht auch ganz grundsätzlich darum, was der Frau an sich angeblich so fehlt im Leben. Ihr fehlt ja nicht irgendetwas Unbestimmtes im Leben, ihr fehlt etwas ganz Spezielles. Denn schaut man sich Singles in der Literatur, in der bildenden Kunst, in Werbung, in Filmen, in der Musik an, wird deutlich, dass diese Singlefrauen vor allem eines brauchen: einen Mann. Natürlich.

Der Begriff Mängelwesen stammt ursprünglich von dem Philosophen Arnold Gehlen. Damit prägte er einen Begriff, der den Menschen als benachteiligte Art kennzeichnen sollte. Wir Menschen sind weder sonderlich schnell noch stark. Aber wir können Kultur. Und gleichen so unseren Mangel aus. Ich finde, der Begriff lässt sich prima im Zusammenhang mit Single Shaming benutzen. Denn auch Frauen wird gerne unterstellt, einen ultimativen Mangel zu verspüren. Ganz unabhängig, und zwar wirklich ganz unabhängig, davon, welche Fülle ihr Leben sonst so bietet. Ausgleichen lässt sich dieser Mangel nur durch einen Mann, eine Beziehung.

Solche Unterstellungen, auch wenn sie nur ganz latent bemerkt werden, kennen alle Singlefrauen. Da gehe ich jede Wette ein. Hochzeiten sind besonders beliebte Foren dafür.

Vor zwei Jahren war ich auf der Hochzeit einer Freundin. Lucy, die Braut, schrieb vorab in einer WhatsApp-Gruppe: «Gunda und Katha, für euch sind auch zwei Singlemänner da. Freunde von Chris!»

Katha und ich, beide single, waren so gar nicht interessiert. Aber wir spielten mit und kündigten an, die sollten bloß nicht zu weit weg sitzen. Zwinker. Warum? Aus einer Laune heraus, und weil man das halt so macht, und weil es ihre Hochzeit war und sie so viel Freude daran hatte.

Am Tag der Hochzeit zog mich die Braut beim Sektempfang beiseite und zeigte verstohlen auf einen Gast. Das sei er, das sei er! Sie schaute mich so triumphierend an, als hätte sie mir gerade einen Lottogewinn geschenkt. Ich schaute sie an und fragte mich, ob wir uns wirklich schon seit zehn Jahren kannten. Ich blickte wieder zu dem Singlefreund und seufzte. Man könnte vermutlich niemanden backen, der weniger mein Typ wäre. Die Braut knuffte mich freudig in die Seite, und ich fragte mich, ob ich jetzt wohl noch dankbar sein sollte. Ich ging zur Bar und ließ mich auf einen Drink einladen. Von Katha.

Dabei musste ich an meinen Freund Thomas denken, dem solche Momente auch relativ regelmäßig widerfahren. Einmal war ich dabei, es ist Jahre her. Da hatte eine gemeinsame Kommilitonin im Vorfeld einer Party verschwörerisch verkündet, da würde auch jemand kommen, der single sei und «perfekt» zu Thomas passen würde. Thomas guckte unbeeindruckt, ich war ein bisschen gespannt. Doch als es dann zur Begegnung der beiden kam, wusste ich, warum Thomas so geguckt hatte. Die beiden hatten genau eine Gemeinsamkeit. Und das war ihre sexuelle Orientierung.

Ähnlich wie bei mir und dem Typen auf der Hochzeit. Es gibt einen kleinsten gemeinsamen Nenner. Beziehungsstatus und sexuelle Orientierung. Und aufgeregte Freunde, die hierbei Matchmaker spielen wollen. Zu dieser Episode sagt Thomas heute: «Bei Homos ist es vielleicht deswegen nicht so absurd, weil man uns insgeheim für Pandas hält: Wenn man uns nicht zusammenzwingt, sterben wir aus.» Dabei tun es diese Freunde nicht für uns, sie tun es für sich selbst, die Versuchs-Kuppelei. Als würde man jemandem zwei einzelne Schuhe aus dem Regal reichen, andere Farbe, andere Größe, anderes Material, aber wenigstens links und rechts und wieder etwas Platz im Regal gemacht, Reste verwertet. Wir dürfen nicht so wählerisch sein, will uns das bedeuten. Bei Singles und Schwulen muss das reichen. Das ist Single Shaming, reduzierend und auch ein wenig degradierend. Selbst wenn es nett gemeint ist: Es ist nicht nett. Es ist das Gegenteil von nett.

Noch mal zu der Hochzeit. Als die Feier vorbei war, irgendwann gegen 4 Uhr nachts, liegen Katha und ich in unserem gemeinsamen Single-Hotelzimmer auf den Betten. High Heels in die Ecke gepfeffert, Kleider gelockert. Und reden. Katha erzählt vom Junggesellinnenabschied. Plötzlich fängt sie an zu weinen: «Ich war echt erledigt und bin einfach früher als die anderen ins Bett gegangen. Dann kam Lucy hoch und setzte sich zu mir: ‹Du bist so eine tolle Frau. Du findest ihn schon noch. Schau mal, ich hatte auch nicht mehr dran geglaubt, und dann habe ich Chris kennengelernt.›» Katha holt Luft: «Ich wollte schreien. Weißt du, einfach schreien. Ich habe es so satt. Immer wenn es mir schlechtgeht, denken alle, es sei, weil ich keinen Freund habe. Haben Sorge, dass sie mir mit ihrem Liebesglück weh tun. Ich sag bald einfach gar nichts mehr!»

Ich lasse meinen rechten Arm vom Bett fallen und suche Kathas Hand, die erschöpft von ihrem Bett baumelt. Da liegen wir dann, Hand in Hand, und starren im Dunkeln an die Decke. Ich will sie trösten. Ich will aber auch auf Lucy schimpfen. Und all die anderen. Denn ich bin wütend. Wütend, dass sich Katha von unseren Freundinnen so etwas anhören muss.

Singles bekommen so viel Mitleid, dass sie sich früher oder später zwangsläufig selbst leidtun.

Phantomschmerz oder echte Lücke?

Dieses «Du findest ihn schon noch» ist der Standardsatz des Single Shamings. Er definiert einfach eine Lücke und behauptet damit, dass es sie wirklich gibt. Nicht nur, dass es sie gibt, sondern auch, wie sie aussieht. Sie hat Mann-Form. Sie ist das Puzzleteil, das uns fehlt zum ganzen Leben.

Man könnte es bevormundend nennen, wenn wir nicht

wüssten, dass es meistens ein lieb gemeinter Trost ist. Oder den Wunsch zum Ausdruck bringt, dass im Freundeskreis alle auf die gleiche Art glücklich sein sollen: «Du findest ihn schon noch.» Ihn, der da draußen irgendwo rumläuft, als damenloser Deckel zu unserem herrenlosen Topf. Als gäbe es ihn! Als gäbe es diesen einen. Und nicht zwei oder drei oder mehrere. Und als würde der eine davon nicht längst verheiratet sein und der andere nicht in Timbuktu leben. Als würde er auf uns warten! Als wäre es wie in der antiken Geschichte von Hero und Leander, wo zwei Geliebte durch Wasser getrennt sind. Leander zu Hero schwimmen will, doch die Lampe, die ihm den Weg weist, geht aus, und Leander ertrinkt. Als Hero dies erfährt, stürzt sie sich von einem Turm. Ist der eine weg, kann Leben nicht mehr gelingen. Ist das unsere Moral?

Ganz Ähnliches erleben wir, wenn es heißt, wir hätten «den Einen» ziehen lassen. XY wäre es gewesen. Über diese Lücke, diese verpasste Chance können wir uns dann immerfort grämen, unser Singledasein verfluchen und uns in schwachen Stunden ausmalen, was wäre, wenn. Wie Goethes Lotte, die Jahrzehnte nach dem Techtelmechtel mit dem zukünftigen Dichterfürsten vielleicht auch den ein oder anderen Reuegedanken zerkaut. Oder wie die Marktfrau Griet, die den Knecht Jan verschmäht und mit ansehen muss, wie er Jahrzehnte später als gefeierter Feldherr durch das Tor ihrer Heimatstadt reitet: «Jan, wer et hätt jewoss!» (Jan, wer hätte das ahnen können!) Diese Episode wird in Köln einmal jährlich nachgespielt. Frauen, die den Richtigen ziehen lassen und dann blöd dastehen. Noch so eine typische Geschichte.

Der Mythos von «the one» ist extrem hartnäckig. Aber fragt man Psychologen oder Paartherapeuten nach diesem Mythos, winken sie ab. «Ein Mensch, der liebesfähig ist, also dafür aufgeschlossen ist, andere zu lieben, für den gibt es keine Grenzen ir-

gendwelcher Art», erklärt der Psychologe und Autor Peter Lauster.[74] Wir können mehr als eine Liebe erfahren. Immer wieder.

Von der Gefahr, ohne Mann zu sein

Aber ohne Mann sind wir halt nicht komplett, so die Botschaft.
Immer wieder. Ohne Mann fehlt uns etwas. Emotional,
psychisch, metaphysisch. Dabei hat diese Annahme historisch
gesehen vor allem etwas mit wirtschaftlicher und rechtlicher
Eigenständigkeit zu tun. Historisch gesehen brauchten Frauen
Männer, weil sie ohne Männer keine Verträge abschließen, keine Gerichtsverhandlungen führen, kein Erbe antreten konnten,
keinen Schutz bekamen. Gefährlich lebten. Zum Teil viel zu
gefährlich. Mal ein Beispiel: Im frühen 17. Jahrhundert lebte in
Köln eine wohlhabende Patrizierwitwe namens Katharina Henot. Henot war eine einflussreiche Frau, gemeinsam mit ihrem
Bruder leitete sie das Familienunternehmen, eine Postmeisterei.
Dem Generalpostmeister, Leonhard von Taxis, war Henot ein
Dorn im Auge. Denn sie weigerte sich, bei der Zentralisierung
des Postwesens mitzumachen. Wenig später wurde Henot der
Hexerei beschuldigt. Sie wurde festgenommen, gefoltert und
ohne Geständnis schuldig gesprochen. Sie wurde erdrosselt und
verbrannt. Die Familie Taxis übernahm die Zentralisierung des
Postwesens.

Sicher, Männer sind oft in ähnlichen Zusammenhängen Opfer
geworden. Aber bei weitem nicht so oft. Opfer der Hexenverfolgung waren zu mehr als 75 Prozent Frauen. Vor allem ältere, alleinstehende, sozial schwache Frauen. Was Henots Schicksal so
besonders macht, ist die Tatsache, dass sie nicht nur eine alleinstehende Frau war, sondern eine sehr prominente, einflussreiche
und wohlhabende. Doch als Frau bot ihr selbst dieser Status kei-

nen Schutz. Ein Mann hätte sie geschützt. Frauen lebten gefährlich ohne Männer. Die Geschichte der Hexenverfolgung ist auch die Geschichte alleinstehender Frauen.

Und wir leben auch heute noch gefährlich als Frauen, gefährlicher als Männer. Auch hierzulande. Ein Alltagsbeispiel, ganz banal: Ich kann mich an keine einzige Begebenheit erinnern, an der mich ein Freund nach einem gemeinsamen Abend gebeten hätte, kurz Bescheid zu geben, wenn ich zu Hause bin. Wenn ich mit Freundinnen abends oder nachts unterwegs bin, ist das der Satz, mit dem wir uns verabschieden: «Sagst du kurz Bescheid, wenn du zu Hause bist?» Immer. Aber bedeutet das, dass wir mit Männern sicherer sind? Brauchen wir einen Beschützer? Oder brauchen wir nicht vielmehr eine Gesellschaft, die sexuelle Belästigung und Gewalt gegenüber Frauen so richtig ernst nimmt? Die nicht mehr wie selbstverständlich vom «schwachen Geschlecht» spricht? Müssten wir nicht selber stärker auf unsere Rechte pochen? Eben. Wir sollten uns nicht immer mit der erstbesten Antwort abspeisen lassen.

All the single ladies – now put your hands up

Das Wort Single Shaming ist sehr neu. Aber die Phänomene, die damit beschrieben werden, lassen sich auch schon vor Hunderten Jahren finden, wie wir gesehen haben. Sie haben sich gewandelt, veränderten wirtschaftlichen und sozialen Verhältnissen angepasst. Was aber geblieben ist, ist die Singlefrau. Und die ist nach wie vor ungenügend.

Schauen wir uns die berühmteste Singlefrau der letzten Jahrzehnte an – Bridget Jones. Ich habe Freundinnen, die fanden den Film *Bridget Jones – Schokolade zum Frühstück* lustig. Ernsthaft lustig, charmant und lebensnah. Ich fand den Film nicht lustig.

Ich fand ihn sogar richtig schlimm. Ich würde ihn am liebsten in eine Kiste werfen, die man nur zu Single-Shaming-Anschauungszwecken wieder herausholen dürfte. In dieser Kiste lägen dann auch die SATC-Filme, aber das ist eine andere Geschichte.

Bridget Jones – Schokolade zum Frühstück. Dieser Film hat viel dazu beigetragen, dass Single Shaming salonfähig wurde. Er hat viele der Zutaten des Single Shamings, die ich bereits beschrieben habe, zusammengefasst, runderneuert und aufgepeppt.

Wenn ich über Bridget Jones schimpfe, wird mir an dieser Stelle gerne vehement widersprochen. Der Film sei doch das genaue Gegenteil davon. Er bestärke doch vielmehr alleinstehende Frauen, zeige sie liebevoll, wie im echten Leben. Das stimmt auch ein Stück weit. Knapp 80 Prozent der Kinozuschauerinnen waren weiblich, die Altersspanne reichte von 18 bis 50. Gekostet hatte der Streifen 25 Millionen US-Dollar, eingespielt hat er gut 280 Millionen. Viele Menschen haben ihn gesehen. Viele, viele Frauen liebten den Film. Fühlten sich verstanden und repräsentiert. Doch wie das mit dem Empowering leider manchmal so ist: Es verkauft hauptsächlich ein Produkt, kein besseres Leben.

Denn so charmant, unbedarft und verplant die Heldin, so unausweichlich ihr Ende. Ihr Happy End. Die Frage war nur: Bekommt Renée Zellweger am Schluss Hugh Grant oder Colin Firth? Mann oder Mann. Niemals Bridget.

Die Art und Weise, in der Filme wie *Bridget Jones* weibliches Singleleben porträtieren, zementiert die Rolle, die alleinstehende Frauen spielen können. Es ist immer wieder nur eine Variation des gleichen Themas: Alleinstehende Frauen sind ungenügend. Alleinstehenden Frauen fehlt etwas zum Glück. Es ist entweder Hugh Grant oder Colin Firth. Aber es ist auf jeden Fall ein Mann und niemals ein Ich.

Da können diese Filme noch so viel Sympathie für eine Heldin aufbringen, wenn ihr Schicksal sich nur mit einem Typen erfüllen kann, dann ist diese Sympathie nicht echt. Dann ist sie nicht liebevoll, dann hat sie grausame Züge. Und diese grausamen Züge zeigen sich nicht erst in dem Ende, welches man ihr verpasst. Sie zeigen sich in der ganzen Darstellung ihres ungenügenden Lebens.

Wer ist diese Bridget? Bridget ist schusselig. Sie isst zu viel, sie trinkt zu viel, sie raucht zu viel. Ihre Wohnung ist chaotisch, und der Sex, den sie hat, wirkt auch nur so halbgut. Sie kann sich weder unfallfrei schminken noch anständig anziehen. Hugh Grant entdeckt in einer Sex-Szene, was unter ihrem Bauch-weg-Höschen steckt. Ein Bauch. Wie peinlich!

Bridget kann, genauso wenig wie Carrie, häusliche Tätigkeiten ausführen. Sie will ein Dinner für Freunde zubereiten, was dabei rauskommt ist eine giftige, blaue Suppe. Carrie versucht es erst gar nicht. Sie bewahrt in ihrem Backofen Schuhe auf. «Dass diese Gesten der häuslichen Revolte so oft heranzitiert und in den Vordergrund gerückt werden, liegt daran, dass sie von zentraler symbolischer Bedeutung sind», schreibt Jean-Claude Kaufmann.[75] Sie könnten Freiheit symbolisieren, aber sie machen Angst. Und wir uns lustig.

Bridget scheitert an sich selber. Auch an ihrem Körper. Ihr Körper lässt sich nicht disziplinieren. Sie kann nicht aufhören zu rauchen, Proteine isst sie auch nicht genug. Ihr Körper ist brüchig, er gehorcht ihr nicht. Speck quillt, Haare halten nicht, Lippenstift schmiert. Ihre Fassade ist nicht wahrhaftig. Sie scheitert am Imperativ der modernen Großstädterin: Mach dich schön! Es gibt eben einen Grund, warum Bridget Single ist.

Und es gibt einen Grund, warum diese Bridget von allen so gefeiert wird. Weil sie so lebensnah wirkt. So sehr wie wir. Mit ihrem in einer Szene so überdeutlich präsentierten großen Hintern, der als Projektionsfläche dienen darf für alle unsere kleinen und großen Unzulänglichkeiten. Unsere Unfähigkeit, die Finger von den Kippen zu lassen. Unseren Durst nach dem dritten und vierten Glas Wein. Das Scheitern an der Smokey-Eye-Schminkanleitung in der Frauenzeitschrift. Das Kaufen von Frauenzeitschriften. Sie ist wie wir! Auch sie versucht sich am modernen Frausein, aber seht, sie scheitert! Wie sympathisch.

Warum wir uns so schwer damit tun, erfolgreiche Frauen sympathisch zu finden, ist noch mal ein anderes Thema, wie wir im vorigen Kapitel gesehen haben. Thema hier ist: Sie scheitert ja gar nicht. Denn im Rahmen der Fiktion erfüllt sich ihr Schicksal. Sie kriegt ja einen ab, den Traummann. Ihre Schusseligkeit ist lustig genug, süß genug. Liebenswert. Ein Scheitern wäre es gewesen, wenn sich Hugh Grant nach der Höschen-Episode zurückgezogen hätte, wenn Colin Firth ihre Nervigkeit nicht länger ertragen hätte. Aber so macht uns die Geschichte von Bridget geschickt Hoffnung: Wir können auch mal eine Pralinenschachtel alleine plattmachen, das heißt nicht, dass wir auf dem Regalbrett des Heiratsmarktes schal werden müssen.

Das ist nur leider kein Empowerment, das ist die Ausweitung der Kampfzone. Nach dieser Erzählung können wir zwar weiterhin schusselig sein und verplant und manchmal besoffen und immer zu viele Kohlenhydrate essen, aber solange wir den Endboss nicht zu Gesicht bekommen, können wir halt damit auch nicht gewinnen. Der Endboss ist der Mann. Der Mann, der uns will. Das ist Single Shaming.

Na dann, prost!

Auch Bridget spürt diese Tragik, diese Möglichkeit des echten Scheiterns. Sie kommt mit diesen Emotionen nicht klar. Aber sie weiß, was zu tun ist, wenn sie sich alleine fühlt und irgendwie ungenügend. Alkohol! Wodka aus Zahnputzgläsern, und dann ein bisschen in der Wohnung rumtanzen, kleine auto-erotische Referenz, wenn schon keiner da ist, der einem auf den Hintern klapst.

Die alleine Alkohol trinkende Single-Lady ist so stereotyp, man traut sich als Single-Lady kaum noch selber, alleine Alkohol zu trinken, vor lauter Klischee. «Sie kneift sich in die Hüften und ihre Tränen werden größer»,[76] heißt es in Büchern über die Singlefrau. Weil, klar, sie ist in einem Teufelskreis aus Frust gefangen. Sie trinkt zu viel, wie Bridget Jones. Wenn es beziehungstechnisch nicht rundläuft, stopft sich Bridget mit Kalorien voll. Die trägt sie dann am Abend mehr oder weniger gewissenhaft in ihr Tagebuch ein. Scheiblettenkäse, Mars, Schokocroissants: «Mach mir keinen Kopf mehr um meine Figur, eh sinnlos, weil mich keiner liebt oder sich um mich kümmert.»[77] Sie versucht, sich aufzuheitern, aber es funktioniert nicht. Sie nimmt lediglich zu, und dann will sie ja erst recht keiner. Je mehr sie dabei aufgeht und aufdunst, desto weniger wird sie einen Mann abkriegen. Da ist es wieder, das alte Problem. Das Paradox des Du-kannst-nichts-richtig-Machens.

Apropos. Mal wieder *Sex and the City*. In der passend benannten Folge «Nur Singles gibt man den Gnadenschuss» gehen die Freundinnen zunächst gemeinsam aus. Alkohol fließt in Strömen. Besonders Carrie trinkt ordentlich. Blöd nur, dass sie am nächsten Tag ein Fotoshooting hat. Ein New Yorker Magazin will Singles porträtieren. Doch statt, wie erhofft, schön zurechtgemacht und sexy, landet die verkaterte und zerrupft aussehende Version von Carrie auf dem Cover. Augenringe, Kippe in der Hand und dazu die Zeile «Single and Fabulous?». «Mit Fragezeichen?», ruft Carrie, «Ich wollte ein Ausrufezeichen!» Es war eine rhetorische Frage.

Der Subtext dabei ist klar: Singles trinken sich das Leben schön, und, klar, sie scheitern dabei. Sie opfern ihre Gesundheit und ihr Aussehen, halten das für Spaß und drehen dabei nur weiter an der Abwärtsspirale. Das hedonistische Single-Leben? Fake News. Alkohol als die nur kurzfristig wirksame rosarote Brille auf die eigene zerschmetterte Existenz.

Im Jahr 2016 erschien auf der Online-Plattform *Medium* ein Artikel, der innerhalb kürzester Zeit tausendfach gelikt und geteilt wurde. Für *Zeit Online* wurde er auch ins Deutsche übersetzt. Die Autorin Kristi Coulter berichtet darin von ihrem Versuch, mit dem Alkohol aufzuhören. Coulter war zwar keine Alkoholikerin, aber sie trank zu viel. Bei jeder Gelegenheit. Doch nachdem sie dem Alkohol entsagt hatte, fiel ihr auf einmal auf, welche große Rolle er im Leben von vielen Frauen spielt. Von gestandenen, verantwortungsbewussten Karrierefrauen. Wie kommt es, fragt Coulter, dass selbst diese eigentlich so selbstsicheren Frauen bei jeder Gelegenheit zum Glas greifen? Was ist da los?

«Vielleicht weil selbst coole Frauen Frauen sind. Und es gibt keinen einfachen Weg, eine Frau zu sein. Denn, wie ihr vielleicht gemerkt habt, gibt es keinen akzeptablen Weg, eine Frau zu sein. Und wenn es keine akzeptable Weise gibt, zu sein, was man ist, dann trinken manche Frauen vielleicht mal ein bisschen. Oder sehr viel.»

Kommt einem bekannt vor, oder?

Denn richtig, es gibt keinen akzeptablen Weg, eine Frau zu sein. Es gibt vor allem keinen akzeptablen Weg, eine alleinstehende Frau zu sein. Wir sind mangelhaft, egoistisch, karrierebesessen und nicht heiß genug. Uns fehlen die Vorbilder, und die, die uns präsentiert werden, heiraten alle irgendwann. Wie Bridget und Carrie und Miranda und wie sie alle heißen. Die Gesellschaft erwartet von uns eine andere Rolle, und selbst engste Freundinnen fragen mitleidig, wie es uns denn geht. Statt nach dem Job, der Wohnung, dem Urlaub. Irgendetwas.

Darauf einen Rosé. Aber damit legen wir, nach Coulter, einen

Instagram-Filter über unser Leben. Ja, wir trinken es uns schön. Doch nicht, weil wir an diesem Leben scheitern, sondern weil uns immer noch etwas vorenthalten wird, egal was wir erreicht haben: «Wir sind zäh genug, damit klarzukommen, dass man uns jeden Tag ignoriert und unterbricht und unterschätzt, und lachen einfach gemeinsam darüber. Wir haben's geschafft. Das ist das gute Leben. Nichts muss sich ändern.»

Das gute Leben. Ein Leben, in dem wir alles haben können. Nur eben nicht die 100 Prozent Lohn, die gleichberechtigte Kinderbetreuung, den Sex im Alter oder dass uns endlich mal jemand abnimmt, dass wir «alleine» glücklich sein können. Können wir alles? Nichts muss sich ändern? Es muss sich ganz viel ändern. Und wir können das.

Von Männern und Junggesellen

Gut, reden wir endlich über Männer. Über männliche Singles. Zunächst Statistik: Es gibt mehr männliche Singles über dreißig als weibliche. Bis zum 50. Lebensjahr gibt es gut 60 Prozent männliche und nur knapp 40 Prozent weibliche Singles.[78] Aber ich suche noch nach dem Artikel, der daraus für Männer ein Problem macht. Nach dem Buch, das ruft: «Jetzt aber los, Jungs. Tick-tock!» Frauen hingegen wird der Ofen heißgemacht, denn klar, unser Attraktivitätsfenster schließt sich ja auch schneller.

Das kann man schön an Hollywoodfilmen zeigen und an den Altersunterschieden, die da normal sind. Völlig selbstverständlich werden dort Paare gecastet, die einen Altersunterschied von über dreißig Jahren haben. Unterm Strich bleiben Männer offensichtlich länger attraktiv. Ein paar Beispiele? Gerne: Woody Allen und Juliette Lewis, Altersunterschied in *Ehemänner und*

Ehefrauen 37 Jahre, Jack Nicholson und Amanda Peet in *Was das Herz begehrt*, 35 Jahre, Liam Neeson und Olivia Wilde in *Dritte Person*, 32 Jahre. Ich könnte noch lange weitermachen.

Männer haben eine deutlich längere Halbwertszeit, das wird uns zumindest vermittelt. Sie sind länger attraktiv, aber sie haben auch das Recht, diese Attraktivität zu genießen. Ihr Single-Leben zu genießen. Fürsorgepflicht? Wem denn gegenüber? Hedonismus? Verdient!

Dazu ließen sich Dutzende, nein Hunderte Beispiele aus der Presse zitieren. Ich nehme mal vier heraus. Zunächst George Clooney. Weltberühmt, anerkanntermaßen attraktiv und, soweit wir wissen, kein Kind von Traurigkeit. Als Clooney noch unverheiratet war und sich von einer Partnerin trennte, konnte man regelmäßig folgende Schlagzeilen über ihn lesen: «Clooney genießt sein Single-Leben und zeigt sich gut gelaunt in Italien» (*Gala*), er ist «fröhlicher Single» (*Jolie*), «seine Liste an Verflossenen ist reich an Schönheit und Prominenz» (*rp-online*).

Und so wird getitelt, wenn sich die ebenso weltberühmte, erfolgreiche und anerkanntermaßen attraktive Heidi Klum von einem Partner trennt: «Endlich Zeit für intensives Nachdenken» (*People*), «Das ist die lange Liste ihrer gescheiterten Beziehungen» (*tag24*), «Heidi Klum braucht einen starken Mann» (*tz*). Single Shaming.

Aber das ist alles noch nichts gegen Jennifer Aniston. «Die arme Jen.» Erst der Lottogewinn in Form von Brad Pitt, seitdem Abwärtsspirale. Trennung, Trennung, Hochzeit (Hoffnung!), Trennung. Und immer noch keine Kinder. Die Frau ist über vierzig! Aniston wird daher in der Presse regelmäßig als gescheiterte Existenz dargestellt, als hilflos suchend und tragisch. Nicht ganz im Vollbesitz ihrer Kräfte. Die Journalistin Sali Hughes schreibt dazu: «Wenn unterstellt wird, dass eine Frau nie glücklich sein kann, wenn sie nicht verheiratet ist, oder sicher und zufrieden, wenn eine Beziehung endet, dann erkennen wir nicht nur ihre persönlichen Erfolge nicht an, sondern die von all unseren Singlefreundinnen.»[79] Und das ist der Punkt. Aniston muss als Blaupause für die Tragik aller Singlefrauen herhalten. An ihr lässt sich exemplarisch sehen, wie die Linse funktioniert, mit der wir auf diese Frauen gucken. Aniston ist eine sehr reiche, sehr attraktive, erfolgreiche Frau. Sie scheint ein paar enge Freundinnen zu haben und ein paar spannende Männer in ihrem Leben noch dazu. Viel mehr können wir als Außenstehende, und die Presse gehört dazu, eigentlich nicht zu Anistons Glück oder Unglück sagen. Und doch: «Die arme Jen.»

Wenn Männer wie Ben Affleck, George Clooney, Leonardo DiCaprio Single sind, sind wir sicher, sie haben Spaß dabei. Aber Jennifer? Keine Chance. Und sie kann selbst nichts gegen diesen Ruf tun: «Wenn das Image, das von ihr in der Presse gemalt wird, ein Ölgemälde wäre, dann wäre es eines dieser schrecklichen Francis-Bacon-mäßigen Figuren in einer trostlosen, einsamen Ödnis, dargestellt als leerer Mutterleib, mit tollen Haaren, aber eine Träne so groß wie der Kopf weinend», schreibt die Journalistin Caitlin Moran.[80]

Die Sängerin Sheryl Crow könnte dieser Beschreibung sicherlich auch noch einiges beifügen. Crow wurde für ein Magazin interviewt, dort berichtet sie, wie sie von Bekannten angesprochen wird: «Du bist so eine tolle Frau, warum bist du nicht verheiratet?» Und sie erzählt weiter: «Ich weiß, es scheint seltsam für Leute – wenn man ab einem gewissen Alter nicht verheiratet ist, bist du entweder schwul, asexuell oder ein Freak, der mit niemandem zurechtkommt. Und ich weiß, dass Leute sich das fragen.»[81] Der Titel des Artikels? «Warum Crow alleine ist.»

Single Shaming. Wir sind auch das, was andere aus uns machen.

Und dieses Single Shaming verlängert sich selbst bis in die

Darstellung von Wohnungen. Männern wird sogar ein eigenes Wort dafür gegönnt: die Junggesellenbude. Solche Buden stehen in der Regel voller Technikkram, ein Bierkühlschrank, Entertainment. Es ist eine Wohnung, deren Bewohner deutlich macht, dass es sein eigenes Reich ist. Hier kann er sein, wie er will. Niemand redet ihm rein. Niemand zwingt ihn zum Aufräumen. Es ist die bewohnte Freiheit. Zumindest der Kindheitstraum davon.

Single-Wohnungen von Frauen sind ein anderes Kaliber. Siehe *Sex and the City*, siehe *Bridget Jones*, siehe *In den Schuhen meiner Schwester*. Diese Wohnungen sind Manifeste des Scheiterns. Überall Schuhe und irgendwo ein Sexspielzeug. Hier wird kein Nest des Rückzugs ausgeschmückt, sondern es werden Lücken mit Konsum gestopft. Hier kreist jemand zu sehr um sich, das macht diese Wohnung klar.

Wir haben noch nicht mal zu Hause unsere Ruhe. Und wenn wir Schuhe zu sehr lieben, sind wir Klischee. Single Shaming.

Männer und Frauen werden als Singles anders gesehen. Jean-Claude Kaufmann schreibt: «Männliche Einsamkeit mag hart und schwer zu ertragen sein, aber sie stellt im wesentlichen eine Privatangelegenheit dar. Hier liegt der große Unterschied zu den Frauen, für die das Alleinleben zugleich eine private und eine öffentliche Angelegenheit ist, die für die Gesamtheit der Gesellschaft von Interesse ist.»[82] Eine Frau, die sich entzieht, bedroht das Ganze. Ein Mann, der sich entzieht, wird zum Vorbild.

Nehmen wir mal ein Beispiel aus der Literatur: Homo Faber aus dem gleichnamigen Roman von Max Frisch. Kein Held, wahrlich nicht, aber die Figur zeigt, wie anders die Geschichten sind, die wir Männern zutrauen. Faber ist ein erfolgreicher Ingenieur, den es nach Mittelamerika verschlägt, wo er sich – unter anderem – in Hängematten Bier reinschüttet und mit Schaudern an seine Partnerin, die in New York zurückgeblieben ist, denkt: «Ich lebe, wie jeder wirkliche Mann, in meiner Arbeit. Im Gegenteil, ich will es nicht anders und schätze mich glücklich, alleine zu wohnen, meines Erachtens der einzig mögliche Zustand für Männer, ich genieße es, alleine zu erwachen, kein Wort sprechen zu müssen.» Herrlich. Bier trinken, in einer Hängematte schaukeln, kein Wort reden müssen. Und ich meine das absolut unironisch. Mir würde das ja auch gefallen. Das Problem ist nur, dass das Bild der selbstzufrieden hängeschaukelnden Biertrinkerin in etwa so wenig zur gängigen Geschlechterrolle passt wie das des sich selber gut zuredenden Schaumbadnehmers mit Weinglas. Schlimmer noch: Er ist irgendwie affektiert in seinem Schaumbad – sie ist eine asoziale Verliererin in ihrer Hängematte. Wenn sie wenigstens die Getränke tauschen würden.

Es geht, immer wieder, darum, was uns zugetraut wird und was nicht. Ob uns etwas fehlt, oder ob wir uns nicht vielleicht doch selbst genug sein können. Auch so ganz grundsätzlich.

Singlefrauen, Singlemänner. Und klar, es ist übrigens auch Single Shaming, Männern zu unterstellen, ihnen ginge es als Singles ausschließlich und auf jeden Fall gut. Einem alleinstehenden Mann neckisch auf die Schulter zu klopfen und ihm mit viel «Höhö» zu seinem vermeintlich atemberaubenden Sexleben zu gratulieren, ist nichts anderes. Aber für Frauen ist Single Shaming dennoch ein größeres Problem.

Noch mal eine Alltagsgeschichte: Mein Kumpel Aki ist Single, aber nicht sonderlich gerne. Er arbeitet viel und hat keine Zeit für gar nichts, wie er sagt. Seine Eltern wünschen sich Enkelkinder, aber was soll er denn tun? Ich kann gut nachvollziehen, wie er sich fühlt, und er tut mir deswegen auch leid. Aber ich weiß auch, dass Aki ziemlich fest im Leben steht. Ich mache mir also keine grundsätzlichen Sorgen. Er sich um mich aber wohl schon.

Wir stehen, es ist spät, vielleicht auch schon früh, vor einer Kneipe und verabschieden uns. Wir umarmen uns, aber Aki lässt mich nicht los, sondern umfasst meine Schultern. Mit einem tiefen, traurigen Blick in meine Augen fragt er: «Ach, Gunda, geht's dir eigentlich gut?»

»Ähm, ja», sage ich. «Okay», sagt Aki, «ich dachte nur ...» Wir verabschieden uns, und in mir fängt es langsam an zu rumoren. Denn ich weiß genau, was er meinte: ob es mir gutgeht mit meinen Männergeschichten. Mit dem einen, der in seinen Augen viel zu jung war. Und mit dem anderen, dessen Namen schon niemand mehr weiß. Kann es mir denn da gutgehen? So ohne ... Stabilität?

Ich weiß, dass es Aki nur gut gemeint hat, aber in den folgenden Tagen werde ich etwas sauer auf ihn. Denn seine Sorge hat mir erst die Idee eingeflößt, dass es mir vielleicht nicht gutgehen könnte. Bei mir läuft beruflich gerade alles prima, ich lebe in einer aufregenden Stadt, lerne spannende Menschen kennen, und jetzt muss ich mich fragen, ob ich ein falsches Bewusstsein habe. Ist mein größter Fehler die Blindheit meinem Unglück gegenüber? Muss ich einfach nur mal die Augen aufmachen, um zu sehen, wie desaströs eigentlich alles ist? Ich denke weiter auf Akis Frage herum, komme aber immer wieder zu demselben Schluss: Rückblickend war ich in einigen Beziehungen so unglücklich wie sonst nie, auch als Single. Wer also Unglück für ein Single-Privileg hält, *der* hat ein Problem mit falschem Bewusstsein.

Vom Stigma und vom nächsten Schritt

Schlimm am Single Shaming ist ja oft, dass es so gut gemeint ist. Alle meinen es immer so gut. Wie bei Vera, Mitte dreißig und seit sage und schreibe zehn Jahren ohne festen Freund. In ihrem Freundeskreis ist Vera immer die mit dem Pech, erzählt sie mir, die mit dem Vertrauensproblem. Weil ihr Ex sie ja damals betrogen hat. Vor zehn Jahren. Vera wird regelmäßig gefragt, was denn da los sei. Was sei denn mit den Männern los? Vera sei doch so toll und sehe so gut aus und sei so eine selbständige und patente und lustige ... Und ja, Vera ist toll. Das fand ich auch sofort, als ich sie kennengelernt habe. Rundum toll. Aber damit der Satz wirklich stimmt, braucht er kein «aber». Und Vera keinen Partner.

Doch irgendwas stimmt halt mit ihr nicht, der Makel haftet an ihr. Sie hat ein Vertrauensproblem, heißt es, und wie das mit Stigmata so ist: Jeder angebliche Makel konstituiert einen weiteren Makel und immer so weiter. So hat schon der Soziologe Erving Goffman den Mechanismus von Stigmen beschrieben. Das Single-Sein ist sozusagen der Anfangsmakel, es folgen: psychische Knackser, zu dick, zu unattraktiv, zu wenig zurechtgemacht, zu unweiblich, zu einsam, zu viel Alkohol, zu viele Schuhe, geplatzte Kreditkarte, irgendwann Katze ... In all den Bildern, die wir von Singlefrauen entwerfen. All den Bildern, die aber doch nur eine ganz eingeschränkte Sicht auf die Dinge zulassen. Oder, wie es Goffman sehr anschaulich beschreibt: Werte sind zwar nicht unbedingt fest verankert, «und dennoch können sie irgendeine Art Schatten werfen über die Begegnungen, auf die man überall im täglichen Leben stößt».[83] Single Shaming wirft Schatten auf unser Leben.

Das sieht man in den historischen Bildern, die wir irgendwo im Hinterkopf abgespeichert haben. In den Plots von Fernsehserien. In den Ratschlägen unserer Freunde und in unserem Spiegelbild, dem wir lernen zu misstrauen. Wer einzelne Episoden davon zu übertrieben findet, der sollte sie sich als Gesamttableau vorstellen und wird dann hoffentlich erkennen, was all diese Geschichten und Anekdoten und Bilder mit uns machen. Von Katharina bis Aki. Von Bridget bis Carrie. Alleinstehende Frauen sind Mängelwesen. Wir bekommen das so vielfältig unter die Nase gerieben, dass wir einzelne Elemente des Single Shamings schon gar nicht mehr so leicht erkennen.

Umso wichtiger, dass wir genau hingucken. Dass wir genau hingucken und dass wir etwas daran ändern. Alleinstehende Frauen sind genauso wenig Mängelwesen wie Frauen überhaupt. Oder Männer. Single Shaming muss aufhören. Und wer es beenden will, wer es kaputt machen oder zumindest schon mal anstupsen will, muss nicht nur verstehen, wie es funktioniert. Der muss auch verstehen, dass mit all diesen Bildern und Erzählungen auch ein Gesellschaftsmodell zusammengehalten werden soll, in dem Frauen auf die private Sphäre beschränkt werden, ins Reich der Mütter und Nestpflege. Was uns nun zu Kindern bringt. Denn auch über sie muss gesprochen werden.

Und was ist mit Kindern?

Aber möchtest du denn keine Kinder?!»
Willkommen im Sandwich des Grauens: kein Typ, kein Kind. Singlefrauen müssen sich nicht nur fragen lassen, warum sie keinen Partner haben, sie werden auch mit einer zweiten Rollenerwartung konfrontiert: Mutter sein. Kinder wollen. Wer auf die Frage nach Kindern ausweichend reagiert, wird belehrt: «Warte mal, bis der Richtige kommt.» Nun. Für einige mag das stimmen, für andere aber nicht. Und bei wiederum anderen hat der Kinderwunsch auch nichts mit einem Partner zu tun.

Wir müssen also reden. Wir müssen über Frauen ohne Kinderwunsch sprechen. Und wir müssen über Frauen sprechen, die ein Kind wollen, aber den Mann dazu nicht haben oder gar nicht wollen. Singles, die Kinder wollen oder eben nicht. Aber auch Singles, die Kinder haben.

Zunächst die Rollenerwartung an kinderlose Frauen. Diese Frauen sind problematisch. Sie sind problematisch, weil ihrem Frausein etwas fehlt. Denn Frauen sollen Kinder kriegen. Und sie sollen, Kinder zu kriegen, auch wollen. Mit dieser Forderung werden ganze Kulturkämpfe gefochten. Männer, biologisch an der Fortpflanzung nicht ganz unbeteiligt, geraten bei diesen Forderungen eher weniger in die Schusslinie.[84] Frauen dafür umso mehr. Und das nicht nur in Alltagsgesprächen, sondern auch öffentlich. Wie *Der Spiegel* sich mal der sinkenden Geburtenraten annahm und titelte: «Jeder für sich».[85] Die «Genussgeneration», eine «Gesellschaft von Egoisten». «Das Programm: jeder für sich, angetreten zur Anbetung des eigenen Bauchnabels!» hieß es dabei. Was eigentlich gemeint war: «jedE» für sich, denn Hauptzielgruppe des Vorwurfs der Kinderlosigkeit sind Frauen, die sich angeblich mehr für ihren Bauchnabel interessieren als für das, was darunter wachsen sollte.

Egoismus, Hedonismus, die eigenen Interessen. Was «unnatürliche» Frauen halt so ausmacht. So werden vor allem auch Akademikerinnen für die ausbleibende Kinderschar für schuldig befunden, denn die haben ja vorgeblich am längsten in sich selbst investiert. Die schlechte Vereinbarkeit von Mutterschaft und Beruf wird dabei zwar anerkannt, aber es schwingt eben auch latent die Idee mit, dass Frauen sich doch bitte final für die nachhaltige Option entscheiden sollten. Nachwuchs statt Karriere. «Karriere ist etwas Herrliches, aber man kann sich nicht in einer kalten Nacht an ihr wärmen», soll Marilyn Monroe mal gesagt haben. Dieser Satz wird gerne zitiert, um zu illustrieren, was am Ende wirklich zählt. Dabei stimmt er so gar nicht. Zum einen steht «Karriere» ja vor allem auch für finanzielle Eigenständigkeit. Ohne finanzielle Sorgen lässt es sich wirklich deutlich besser nachts schlafen als mit. Und zum anderen taugt eine Karriere durchaus als gedankliche Wärmflasche in kalten Nächten. Ich bin schon verdammt glücklich, ach was, euphorisch eingeschlafen nach beruflichen Erfolgen. Und ich habe mit vielen Frauen geredet, die mir bestätigt haben: Mit einer Karriere, finanzieller Sicherheit und dem Gewissen, für tolle Arbeit geschätzt zu werden, lässt es sich ganz hervorragend gut warm schlafen. Was einen um den Schlaf bringt, sind andere Dinge. Auch die Schwierigkeit, mit dem schlechten Gewissen umzugehen, das die Rollenerwartung einem vorgibt. Und dabei an der Frage nicht zu verzweifeln, was denn dran ist am eigentlichen Kinderwunsch und welchen Ausweg es gibt aus Erwartungen, Vorwürfen und eigenen Bedürfnissen.

Kinderwunsch und Mutterschaft sind in solchen Vorwürfen immer klar verbunden mit der wesentlichen Eigenschaft, die Frauen ausmachen soll: Selbstlosigkeit. «Eine Gesellschaft braucht auch ein Minimum an wachsenden Familien, damit die Selbstlosigkeit, die in Familien produziert wird, in der Gesellschaft spürbar wird», schrieb Frank Schirrmacher in seinem Buch *Minimum* und stellte damit auch klar, dass im Dienste der Gemeinschaft Mutterschaft eigentlich nicht verhandelbar ist.

Denn Frauen besitzen – und das steht wirklich in dem zitierten *Spiegel*-Artikel – «die Gabe der Selbstlosigkeit und Aufopferungsfähigkeit». Und das ist natürlich immens praktisch, denn so ist ja klar, wer schon von Natur aus nicht in irgendeine Art der Verantwortung genommen werden kann: Männer.

Ich würde das Bild gerne weniger schwarz-weiß malen, aber die K-Frage bleibt in solchen Diskussionen immer an Frauen hängen. «Nur Frauen können nun mal Kinder bekommen», heißt es dann. Und ja, stimmt. Aber mit dem gleichen Argument könnte man ja jeden Mann zur fürsorglichen Zwangsarbeit verpflichten, damit er den durch sein Dasein verursachten Mangel an Aufopferungsfähigkeit gesellschaftlich wieder ausgleicht. Ich schlage vor: zwei Jahre Care-Arbeit für jeden Mann, natürlich kein Lohnausgleich, kein garantierter Wiedereinstieg in den Job und keine Rentenanpassung. Was meint ihr, wäre das gerecht?

In Berlin, in Prenzlauer Berg, bundesweit bekannt als Kindergarten gewordener Kiez, ist fast jede zweite Mutter alleinerziehend. Jede zweite Frau, die den Geschichten von geteiltem Elternglück und harmonischer Partnerschaft möglicherweise Erzählungen von erbittert streitenden Menschen hinzufügen könnte. Paare, die nie «so» werden wollten, sind genau «so» geworden. Und es sind am allermeisten die Frauen, die sich um den Nachwuchs kümmern. Die das Nachsehen haben. Die Autorin Julia Niemann zitiert eine Singlemutter wie folgt: «‹Solange das ganze Familienprogramm entspannt und easy abläuft, sind die Männer dabei›, sagt Albrecht. Was man nicht sieht: ‹Dass es den Vätern schnell zu viel ist, wenn die Kinder kompliziert werden.› Albrecht beobachtet, dass immer mehr Frauen in die alte Rollenverteilung rutschen. Dreifach belastet, sind sie zuständig für Haushalt, Erziehung und Lohnerwerb. Auch die Männer rutschen zurück in alte Muster, meint Albrecht.»[86] Ich habe es bereits gezeigt. Es hat kaum ein Wandel stattgefunden, was die familiäre Arbeitsteilung angeht. Ja, natürlich gibt es Männer, die sich die familiären Aufgaben mit ihren Partnerinnen teilen. Klar, es gibt Männer, die sogar einen Großteil dieser Arbeit leisten. Aber sie sind die Ausnahme. Und die Geburt von Kindern verstärkt nun mal in der Regel das rollentypische Verhalten. Frauen investieren mehr, Frauen kümmern sich mehr, Frauen arbeiten mehr. Die Geburt eines Kindes ist für Frauen nach wie vor mit einem viel stärkeren Biographiewechsel, wie es in der Soziologie heißt, verbunden. Will heißen: Ihr Leben verändert sich. Stark. Für Männer muss das nicht der Fall sein. Es ist auf jeden Fall nicht die Regel.

«Vaterschaft und Beruf, ökonomische Selbstständigkeit und Familienexistenz sind im männlichen Lebenszusammenhang keine Widersprüche, die gegen die Bedingungen in Familie und Gesellschaft erkämpft werden müssen, ihre Vereinbarkeit ist vielmehr in der traditionalen Männerrolle vorgegeben und gesichert», schreibt Ulrich Beck in *Die Risikogesellschaft*. Kinder kriegen ist ein Risiko – aber nur für die Mütter. Das liegt auch daran, dass die Rahmenbedingungen für Mütter so schlecht sind – die wirtschaftlichen und finanziellen. Auf der einen Seite werden längere Berufspausen von Frauen zwar gewürdigt, wie Gabriela Häfner und Bärbel Kerber in *Das innere Korsett* schreiben,[87] auf der anderen Seite ist das Unterhaltsrecht aber auf eine eigenständige Existenzsicherung ausgerichtet. Alleinerziehende Frauen müssen also arbeiten. Sie verdienen jedoch deutlich weniger, weil sie oft in Teilzeit arbeiten oder weniger verantwortungsvolle Positionen bekommen, und sind, wenn es schlimm kommt, von

Altersarmut bedroht. «Lücke in der Erwerbsbiographie» heißt das beschönigend. Was dahintersteckt: Care-Arbeit, unbezahlt.

Dass an dieser Stelle für Frauen keine Selbstverwirklichung vorgesehen ist, ist nicht nur aus pragmatischen Gründen plausibel. Das Wort allein klingt im Zusammenhang mit Müttern so unnatürlich, dass klar ist, dass man als Mutter die Finger davon zu lassen hat. Dafür bekommen Mütter ein neues Erfolgsforum angediehen: das der erfolgreichen Mutter. Eine, die alles kann und schafft. Und dabei schöne, schlaue, stabile Kinder großzieht. Hierbei hilft ihr auch eine ganze Industrie. Der Staat hilft leider nicht ganz so viel, aber mit Mutterliebe schafft man ja bekanntlich alles. Auch alleine.

Der öffentliche Körper

Frauenkörper sind öffentliche Körper. Das wissen schwangere Frauen, stillende Frauen, das wissen aber auch nicht schwangere Frauen Ü30, die sich von wildfremden Menschen über den Zustand ihrer Reproduktionsorgane aufklären lassen müssen: «Aber sooo viel Zeit haben Sie nun auch nicht mehr.»

Auch hier hilft es wieder, die Frage mal einfach umzudrehen: Vielleicht mal einen Mann Ü30 fragen, ob er sich nicht um seine Prostata sorge, oder ob er sein Sperma schon mal auf Zeugungsfähigkeit hin getestet habe: «Und, wie gut ist es? Schwimmt alles so, wie es sollte?»

Dass hinter Kinderlosigkeit nicht immer ein fehlender Kinderwunsch, sondern auch Unfruchtbarkeit, Krankheit oder sogar Todesfälle stecken können und Sätze wie «Mit Kindern musst du dich aber ranhalten» ziemlich unmöglich sind, könnte man dabei im Übrigen auch merken.

«O lege den Gedanken wie einen diamantenen Schild um deine Brust: ich bin zu einer Mutter geboren! ... Das ist das einzige, was dir die Erde einst verdanken kann.»[88]

So Heinrich von Kleist. Die Rolle der Mutter ist ein Gesetz der Natur, die der Mutter, im Dasein für andere. Für den Pädagogen Heinrich Pestalozzi ist der Mutterinstinkt angeboren, für den Evolutionsforscher Charles Darwin war das genauso. Und unzählbar ist die Schar derer, die immer noch zustimmt. Doch mittlerweile ist klar, dass dieses Bild so keinen Bestand hat. Mutterinstinkt ist kein Schalter, der in jeder Frau angelegt ist, noch wird er automatisch umgelegt, sobald ein Baby da ist. Schwangerschaftshormone triggern das Verhalten von Müttern – aber diese Hormone, vor allem Oxytocin, werden auch bei nicht biologischen Müttern ausgeschüttet, wenn sie sich um ein Baby sorgen. Und bei Männern. Sogar bei Großeltern. Und gerade bei der Mutter kann es dann anders sein. Die Beziehung von Mutter und Kind ist nicht immer so einfach. Sie ist sogar oftmals viel schwieriger und komplexer, als es der Muttermythos nahelegt.

Anna ist Mitte dreißig, sie hat zwei Kinder, und sie ist alleinerziehend. Wir sitzen am Kanal in Neukölln, mit der nun schon zweiten oder dritten Limo, und Anna erzählt, wie sie sich nach der Geburt ihres ersten Kindes gefühlt hat. Sie hatte so viel von der alles überstrahlenden, sofort einsetzenden Mutterliebe gelesen, dass sie sich unweigerlich fragte, ob mit ihr etwas falsch sei: «Da lag ich dann mit dem Kleinen und habe auf dieses Feuerwerk gewartet. Aber es kam einfach nicht. Ich habe länger gebraucht, um zu merken, dass das normal ist.»

Die Annahme, dass Mutterinstinkt und -liebe aufs engste mit dem Frausein verknüpft, also «normal» sind, ist nach wie vor lebendig. Nicht Mutter zu werden – aus welchen Gründen auch immer –, nimmt uns nach dieser Sicht eine Erfahrung, die mit unserem Ich, unserem Frausein verkoppelt ist. Die Frage ist also:

Können sich Nichtmütter überhaupt als Frau wahrnehmen? So ohne Schwangerschaft, Stillzeit, ohne das Gefühl, Leben gegeben zu haben? Ohne Mutterliebe? Die Antwort darauf wurde und wird gerne verneint.

Im Handbuch der Frauenbewegung von 1902 wurde die Mutterschaft als das «Eigenste im Weib» bezeichnet[89] – als Bollwerk im Kampf für Frauenrechte vielleicht nachvollziehbar, aber zu kurz gedacht: Es gab und gibt auch immer Frauen, die einfach keine Kinder bekommen können.

Doch für positive Darstellungen von Frauen jenseits der Mutterrolle gab es historisch keinen Platz. Denn zu eng ist die Kopplung von Frausein an die Mutterrolle. Die europäische Kunstgeschichte ist voll davon, vor allem von Maria in all ihren aufopferungsvollen, sich zurückhaltenden Darstellungen. Mater Dolorosa, die leidende Mutter. Sie wird sentimentalisiert, verzückt dargestellt, auch bedichtet und besungen. Im Kontrast dazu wurden kinderlose Frauen zumeist als Hexen dargestellt. Mit leeren, schlaffen Brüsten. «Sie verkörperte die Umkehr weiblicher Rollennormen: Statt zu schützen und zu nähren, vergiftete und tötete sie. Sie war die Kinderfresserin, die selbst nicht gebären konnte» schreibt die Kunsthistorikerin Ingrid Ahrendt-Schulte.[90] Wie die Lamia der griechischen Mythologie, die, nachdem Hera ihre Kinder getötet hatte, zu einer schlangenhaften, faul riechenden Kindstöterin wurde – indem sie Säuglinge häutete, zerstückelte und aufaß.

Diese verzerrt-grauenhaften Bilder sind leider nicht ganz so antik oder mittelalterlich und damit veraltet, wie wir es hoffen könnten. Die diskursive Ausspielung zwischen mütterlichen und kinderlosen Frauen geht weiter. Und sie basiert auf genau diesem Axiom: Muttersein steckt in uns drin. Wenn es nicht zum Vorschein kommen kann, sind es Dinge wie Intellektualismus, Frust mit Männern, kriminelle Energie, Boshaftigkeit oder psychische Krankheit, die das verhindern. Egoismus, fehlende Verträglichkeit. Schlechte Frauen.

Noch ein moderneres Beispiel: *Eine verhängnisvolle Affäre* bekam sechs Oscar-Nominierungen. Er war der erfolgreichste Film des Jahres 1987. Dan ist Anwalt und Familienvater. Er trifft die Karrierefrau Alex und hat eine kurze Affäre mit ihr. Doch Alex beginnt, ihm nachzustellen: «Ich bin 36. Das könnte meine letzte Chance sein, ein Kind zu bekommen», erklärt sie. Sie ist von ihm schwanger. Er will, dass sie abtreibt. Sie tut es nicht. Aber sie verfolgt ihn, sie bedroht ihn, sie beobachtet seine Familie, entführt seine Tochter, tötet ihr Kaninchen und greift ihn mit einem Messer an. Das Finale ist blutig: Die schwangere Alex ist in Dans Haus eingebrochen und bedroht ihn und seine Frau Beth mit einem Messer. Er versucht, sie in der Badewanne zu ertränken, sie überlebt und wird schließlich von Beth erschossen. Mitten in die Brust. Die Polizei wird gerufen. Das Ehepaar umarmt sich, die Kamera zoomt auf ein Bild der kleinen Familie. Ende.

Die Karrierefrau ohne Mann und Kind hat ein Gesicht bekommen. Es ist eine Fratze. Susan Faludi beschreibt in *Backlash*, wie Menschen damals auf Vorführungen des Filmes reagierten. Sie johlten, als Alex endlich sterben musste. Die kinderlose Frau als manifestierte Psychose. Faludi berichtet auch, dass das Drehbuch zunächst ein anderes Ende vorgesehen hatte. Die Darstellung von Alex wurde härter gemacht; Dan, der Ehebrecher, sollte mehr Mitleid bekommen dürfen. Im Ursprungsdrehbuch brachte sich Alex am Ende selber um. Doch Testzuschauer reagierten negativ. Das Ende wurde also so umgeschrieben, dass die Ehefrau die Geliebte umbrachte. Suizid war wohl nicht genug der Strafe. «Die beste Frau ist eine tote Frau», schreibt Faludi dazu.[91]

Der Film etablierte den Archetyp der kinderlosen Singlefrau als verzweifelter, vor keiner Grausamkeit zurückschreckender Furie. Sie braucht einen Mann, notfalls den einer anderen, notfalls mit Gewalt. Viele andere Filme wurden hiervon inspiriert – man könnte fast sagen, ein eigenes Genre entstand – wie *Swimfan*, *Obsessed* und *Die Hand an der Wiege*.

Und wenn sie nicht gestorben sind, werden sie doch noch Mütter. Die Guten zumindest. Vielleicht. Wie Sharon Stones Charakter in *Basic Instinct*: Die männermordende, bisexuelle Catherine, die in der letzten Szene nach dem unter dem Bett versteckten Eispickel greifen könnte, um Nick umzubringen, ihn aber nicht nimmt, als er anfängt von Kindern und gemeinsamer Zukunft zu sprechen. Oder wie in *How to Be Single*, wo die erfolgreiche Ärztin Meg als Singlefrau lange tough ihrem Kinderwunsch widersteht, nur um dann von einer Patientin ein Baby in den Arm gedrückt zu bekommen: «Du wirst mich nicht brechen. Du wirst mich nicht brechen!» Und natürlich bricht ihr Herz doch. *Natürlich.*

Und manchmal brechen Herzen auch wirklich. Als ich Lena nach ihrem Kinderwunsch frage, erzählt sie: «Ich war gestern bei Freunden etwas außerhalb auf einer Party. Reihenhaus, zwei Kinder. Ich habe einen Aperol getrunken und beim Hausbesichtigen ein Kinderzimmer gesehen und direkt losgeheult. Das ist los mit meinem Kinderwunsch!» Keine Kinder zu bekommen, ist eine harte Entscheidung. Ist manchmal auch keine Entscheidung, sondern ein notwendiges Übel, wenn der Partner fehlt und die Frau es sich nicht anders vorstellen kann. Oder wenn es gar nicht so sehr der Wunsch nach einem Kind allein, sondern nach einer kleinen Familie, im klassischen Sinne, ist. Vater-Mutter-Kind. Ein Partner, mit dem man sich etwas aufbaut und der da ist, für einen gemeinsamen Lebensweg.

Es ist falsch zu glauben, kinderlose Frauen hätten sich zwangsläufig gegen Kinder entschieden. Manchmal ist es keine Entscheidung. Wenn ich mich frage, warum ich keine Kinder habe, kann ich dafür zwar Gründe aufzählen, auch durchaus viele Gründe, aber ich habe nicht das Gefühl, jemals eine wirklich bewusste Entscheidung dagegen getroffen zu haben. «Möchtest du keine Kinder, Gunda?» Eigentlich nicht. Aber ich würde auch nicht ausschließen, dass sich das noch ändert. Manchmal sind wir uns sicher, manchmal sind wir uns nicht sicher. Das Leben kann ambivalent sein, ohne dass es «falsch» ist.

Was nicht heißt, dass wir deswegen nicht traurig sein dürfen. Wie Lena. Oder wie Silke. Silke ist Anfang fünfzig und hat schon so viel erlebt, dass schnell klarwird, dass wir noch lange auf dieser Bank im Berliner Mauerpark sitzen bleiben werden. Wir reden über Dating, über Männer, wir reden nicht viel über Kinder, doch es wird deutlich, dass Silke zwar ihren Frieden gemacht hat, aber ihre nicht bekommenen Kinder auch betrauert. Silke kümmert sich ehrenamtlich um schwerkranke Kinder. Sie trifft die Kinder, liest ihnen vor oder spielt mit ihnen, wenn das noch geht. Mit einem Mädchen, das sie betreut, hat sie mal ein Säckchen gebastelt, in das die Kleine Dinge tun sollte, von denen sie sich verabschieden möchte. Sie haben das Säckchen anschließend gemeinsam im Garten begraben. Silke hat dann, als sie zu Hause war, für sich selber so ein Abschiedssäckchen genäht. Sie hat den Namen ihrer nie geborenen Tochter auf ein Stück Papier geschrieben, es hineingelegt, ist damit losgefahren und hat es in die Spree geworfen. Und sich verabschiedet. «Es hat nicht sollen sein», sagt Silke.

Es gibt Dinge, die nicht haben sein sollen. Die einfach nicht passieren, nicht passiert sind. Aber das muss nicht heißen, dass unser Leben nicht dennoch erfüllt sein kann. Angefüllt mit Liebe. Und auch mit Kindern. Selbst wenn es nicht die eigenen sind. Kinderlos sein bedeutet nicht, Kinder nicht zu mögen. Kinderlos sein bedeutet nicht, keine Kinder im eigenen Leben zu haben. Sarah vergöttert ihre Nichten. Sie erzählt sehr viel von ihnen. Und sie unternimmt viel mit den beiden. Als meine Freunde Johannes und Franzi in eine andere Stadt gezogen sind, fand ich fast am traurigsten, nicht mehr mitzubekommen, wie ihre beiden Kinder größer werden.

Vielleicht hilft auch ein wenig Humor / Pragmatismus gegen Verklärung. Die zweifache Mutter Caitlin Moran hat geschrieben: «Lasst mich euch sagen, so sehr bewegend auch mein Muttersein für mich gewesen ist, ich bin schon mal in einer Ausstellung zu Coco Chanels Lebenswerk gewesen, und das sah deutlich beeindruckender aus, wenn ich ehrlich bin.»[92] Ein Leben kann auch jenseits der Mutterschaft glücken. Vielleicht wird es sogar einzigartig und landet im Museum. Ein gelungenes Leben ist nicht von der Mutterschaft abhängig. Dazu muss man auch nicht Coco Chanel sein. Was Männern schon immer zugestanden wurde, müssen Frauen mühsam behaupten. Dabei ginge es auch anders: Kinder zu haben, kann sehr schön sein, aber keine Kinder zu haben eben auch. Und wer Menschen begleiten will, sich kümmern, etwas hinterlassen, der kann das auch in anderen Kontexten tun. Über die Familie, über Freunde. Ehrenamt. Kunst. Beruf. Mit sich etwas anfangen: Mit Kindern sollen Frauen automatisch wissen, was sie im Leben zu tun haben. Die kinderlose Autorin Glynnis MacNicol schreibt: «Auf einem sehr grundsätzlichen Level weiß man mit Kindern jeden Tag, was zu tun ist. Und es ist auch immer wichtig für jemand anderen. Ich müsste nie meine eigene Nützlichkeit hinterfragen oder ob das, was ich tue, von Wert ist.»[93] Ohne Kinder muss man es sich überlegen. Man könnte auch sagen: darf man es sich überlegen.

Die Kommunikationsexpertin Melanie Schehl hat in einem Interview erklärt: «Sinn zu finden. Den muss man sich über andere Sachen erarbeiten. Das zu können ist ein Luxus, den ich zu schätzen weiß. Ich genieße gute Gespräche wie kaum etwas anderes sonst. Mir sind Freundschaften und Bindungen sehr wichtig, ich will beruflich noch etwas erreichen. Ich will diskutieren über Politik, über die Veränderungen der Gesellschaft. Darüber definiere ich mich.»

Doch das Problem ist, dass dieser Selbstdefinition so wenig Raum gegeben wird.

Der Druck

Sarah Diehl hat in ihrem Buch *Die Uhr, die nicht tickt* den Druck beschrieben, den Frauen verspüren, wenn sie kinderlos sind. «Wie verunsichert viele Frauen zwischen dreißig und vierzig sind, denen permanent eingetrichtert wird, dass ohne eigene Kinder etwas Wesentliches in ihrem Leben fehlt.»[94] Das funktioniert wie beim Nürnberger Trichter. Frauen wird so nachhaltig zugesichert, dass ein Leben ohne Kinder ein latent leeres sei, dass sie ihren eigenen Wünschen nicht mehr über den Weg trauen. Dieser Druck und diese Verunsicherung sind nicht leicht auszuhalten. Denn sie kommen von allen Seiten. Es ist die soziale Rollenerwartung einerseits und der Druck der vermeintlich natürlichen Bestimmung der Frau andererseits. Und dazu kommt die Angst, die viele Frauen haben, vielleicht doch falsch mit ihrer Entscheidung gegen Kinder zu liegen. Anstatt sich zuzutrauen, einen Kinderwunsch zu spüren, wenn er da ist, wie es bei Lena der Fall ist, wird das Ausbleiben permanent auf das falsche Bewusstsein hin befragt. Paaren, die sich überlegen, Kinder zu bekommen, redet man zu: «Na, los, macht doch einfach. Es ist nie der richtige Zeitpunkt.» «Irgendwie schafft man es doch immer.» Aber wer keine Kinder bekommen möchte, der wird nicht mit gutem Mut belohnt.

Wir standen um ein Tablett Tapas herum in einer Weinbar, ein paar Kollegen und ich. Wir sprachen übers Kinderkriegen, über den Kinderwunsch. Eine Kollegin sagte, sie möchte keine

Kinder. Das sei schon immer so gewesen. «Aber wie kannst du dir da so sicher sein?», fragte ein Kollege, «woher weißt du, dass du nicht eines Tages aufwachst und doch welche willst?» «Stehst du auf Männer?», fragte die Kollegin zurück. «Nein», sagte er. «Aber wie kannst du dir da sicher sein? Vielleicht wachst du eines Tages auf und bist schwul?»

Es geht zwar um uns Frauen selber, um das «Eigenste am Weib», um unseren Körper und auch um unser Leben, das sich durch ein Kind massiv verändert. Aber eine Entscheidung darüber zu treffen, trauen sich viele Frauen nicht zu. Wir trauen unseren eigenen Entscheidungen, unseren Bedürfnissen nicht über den Weg. Nicht alle sind sich auch so sicher wie meine ehemalige Kollegin. Vielleicht fehlt uns der richtige Zugang zu unserem Frausein? Vielleicht haben wir den Wunsch auch nur ausgeblendet. Vielleicht. Fest steht: Wir können nicht viel richtig machen.

Frauenkörper sind nicht privat. Kinder sind es auch nicht. Das bestätigt jede Mutter, die mit ungefragten Ratschlägen zur Kindererziehung telefonbuchdicke Manifeste füllen könnte. Das bestätigen kinderlose Frauen, denen jeder raten darf, worüber sie mal nachdenken sollten, was sie zu tun haben und dass sie sich zu beeilen haben.

Vera rollt mit den Augen, wenn sie an die Leute denkt, die sie nach ihrem Kinderwunsch fragen und die sie damit belasten. Und sie ahnt, dass sie – mit Mitte dreißig – auch auf potenzielle Partner dadurch eine abschreckende Wirkung hat. «Ich habe oft den Eindruck, dass Typen, die ich date, regelrecht Angst haben, ich könnte schnell mit der Familienplanung loslegen wollen. So nach dem Motto: Bei der tickt doch bestimmt die Uhr, schnell weg.» Franzi erlebt eine andere Geschichte: «Mich hat neulich ein Typ gefragt, ob ich Kinder möchte, und ich habe das klar verneint. Der war richtig schockiert, dabei war er selbst auch Ende dreißig, single und hatte keine!»

Franzi ist die biologische Uhr egal. Andere Frauen hören die Uhr: «Meine biologische Uhr tickt so laut, sie hält mich nachts wach», erklärt Daisy in *Nicht jetzt, Liebling*, ein Film aus demselben Jahr wie *Eine verhängnisvolle Affäre*. Aber die biologische Uhr tickt auch noch dreißig Jahre später für Frauen, wir können es täglich lesen. Sie funktioniert ein wenig wie Stille Post: Jeder weiß was, jeder weiß es besser. «Die biologische Uhr tickt bei allen Frauen.» «Ab dem 35. Lebensjahr sinkt die Fruchtbarkeit rapide.» «Die Gefahr von Fehlgeburten und genetischen Defekten erhöht sich.» «Die biologische Uhr ist ein echter Feind.» Solche Sätze bekommt zu lesen, wer mal nach «biologische Uhr» googelt.

Ein kleiner Exkurs zum Thema.

Jean M. Twenge ist Psychologin. Sie hatte einen Kinderwunsch und hörte die metaphorische Uhr ticken, sehr laut ticken. Doch als Wissenschaftlerin hatte sie das Bedürfnis, diesen Schreckensbildern mal auf den Grund zu gehen. Wie schlimm ist es wirklich, mit der Fruchtbarkeit ab Mitte dreißig? Sie schaute sich also an, aufgrund welcher Datengrundlage oben zitierte Aussagen oft getroffen werden, und stellte dabei fest, dass die zugrundeliegenden Statistiken völlig falsch vermittelt werden.

Als Beispiel: Die oft zitierte Statistik, dass eine von drei Frauen zwischen 35 und 39 nicht innerhalb eines Jahres schwanger werden konnte, basiert auf einem Artikel aus dem Jahr 2004, schreibt Twenge in *The Atlantic*.[95] «Doch selten wird auf die Datengrundlage dieser Studie hingewiesen: französische Geburtsstatistiken von 1670 bis 1830.»

Aus einer Zeit ohne Antibiotika, ohne Elektrizität, Krankenversicherung, Zentralheizung und gesunder Ernährung.

Studien zur Fruchtbarkeit von Frauen, die im letzten Jahrhundert geboren wurden, gibt es wenige. Doch die, die es gibt, fallen deutlich positiver aus, schreibt Twenge. In einer Studie von 2004 wurden 770 Europäerinnen untersucht. Diejenigen 35-

bis 39-Jährigen, die zweimal wöchentlich Sex hatten, konnten zu 82 Prozent innerhalb eines Jahres schwanger werden. Im Vergleich zu 86 Prozent der 27- bis 34-Jährigen. Eine andere Studie mit dänischen Frauen kommt zu einem ähnlichen Ergebnis. 78 Prozent der 35- bis 40-Jährigen konnten innerhalb eines Jahres schwanger werden, verglichen mit 84 Prozent der 20- bis 34-Jährigen. Unfruchtbarkeit kann auch ein Problem bei jüngeren Frauen sein. Und im Übrigen ist der scheiternde Kinderwunsch bei Paaren zur Hälfte vom Mann «verschuldet», denn ja, auch die männliche Fruchtbarkeit nimmt ab.

Auch die Angst vor Fehlgeburten und genetischen Defekten bei späten Müttern ist übertrieben, wie Twenge zeigt. Auf Grundlage der «National Vital Statistics Reports» haben 15 Prozent der Frauen zwischen 20 und 34, 27 Prozent der 35- bis 39-Jährigen und 26 Prozent der 40- bis 44-Jährigen Fehlgeburten erlitten. 26 Prozent sind nicht nichts. Aber knapp drei Viertel der Frauen über 40 haben dennoch eine Chance auf eine erfolgreiche Schwangerschaft. Und das ist doch eine ganze Menge. Bei genetischen Defekten konnten bei 99 Prozent der 35-Jährigen keine chromosomalen Abnormalitäten festgestellt werden. Bei den 40-Jährigen waren es immer noch 97 Prozent.

«Wir haben unsere Leben umgekrempelt, haben uns endlos Sorgen gemacht und zahlreiche Karrierechancen ziehen lassen, aufgrund von ein paar Statistiken über Frauen, die unter Strohdächern lebten und nie eine Glühbirne gesehen haben», konstatiert Twenge.

Die Fruchtbarkeit nimmt mit dem Alter ab. Das stimmt. Aber die Abnahme ist längst nicht so dramatisch, wie oft kolportiert. Wer in den späten Dreißigern ist, kann ganz ohne medizinische Nachhilfe schwanger werden. Das ist gut zu wissen. Aber es löst nicht unbedingt das Problem, was man mit den Eiern denn so macht, ohne Sperma.

Social Freezing – oder: Kinderwunsch auf Eis

Mein guter Freund Thomas wünscht sich Kinder. Aber er hat sich mittlerweile damit abgefunden, dass er keine kriegen wird. Thomas ist schwul. Und als alleinstehender Mann lässt sich hierzulande kein Kind adoptieren. Thomas sagt: «Ihr Frauen habt es gut. Wenn ich eine Frau wäre, würde ich einfach zu einer Samenbank gehen.» Haben wir Frauen es gut? Sieht fast so aus. Wir können schließlich Kinder kriegen, wenn wir wollen. Wenn wir Kinder kriegen können, liegt es nur an uns. Wir sind da ziemlich autark. Wer will, geht zur Samenbank. Wer sich traut, nimmt sich jemanden aus der Bar mit und lässt die Verhütung weg. Ist die autarke Mutterschaft also eine Möglichkeit, sich dem unerbittlich als scheiternd wahrgenommenen weiblichen Singlesein selbstbestimmt zu entziehen? Ist es das, was gemeint war, als wir gesagt haben: Wir können alles haben! –?

Neue medizinische Entwicklungen legen zumindest den Gedanken nahe, dass ein neues Zeitalter begonnen hat. Wir können unsere biologische Uhr ein wenig austricksen und Eier einfrieren lassen. Sobald wir uns Social Freezing leisten können, so das Versprechen, können wir die guten Eier aufheben, bis wir uns die Nanny leisten können. Bis wir zwei Jahre im Lebenslauf haben, in die ein Kind hineinpasst. Und das Geld dafür. Social Freezing, so könnte man also meinen, verdient einen Freudentanz, und Unternehmen, die Frauen dabei sogar noch finanziell unterstützen, eine Runde Applaus. Nicht wirklich. Denn was wirklich Freudentänze verdient hätte, wären elternverträgliche Arbeitsmodelle und ein Hinterfragen der Leistungsgesellschaft.

Die Vermutung liegt jedenfalls nahe, dass es bei Social Freezing gar nicht um ein karrierefördendes Modell geht. Sondern um eine Lebensabsicherung. Denn Social Freezing lebt unausgesprochen von einer Tatsache: Die meisten Frauen lassen ihre

Eizellen nicht einfrieren, weil sie auf den richtigen Zeitpunkt warten, sondern weil sie auf den richtigen Mann warten. Das ist legitim und zugleich schwierig, denn ob Eier auf der Bank sicher machen oder eher nervös, ist vermutlich keine Ansichtssache, sondern eine unausweichliche Abfolge. Kein Mann da, der sich zum Vater eignet oder Vater werden möchte? Vielleicht kommt ja noch einer. Ich kenne Frauen, die sich aus diesem Grund für Social Freezing entschieden haben und sich bei jedem neuen Date fragen, ob denn der jemand wäre, dem man die Eier anvertrauen könnte. Oder einfach nur das Wissen darum. Mehr als zwei Drittel aller Frauen über dreißig stehen der Prozedur aufgeschlossen gegenüber. Darunter sind natürlich auch Frauen, die sich mit einem tief empfundenen Kinderwunsch herumtragen. Die einen Partner haben und den wie auch immer definierten «richtigen Moment» abpassen möchten.

Darunter sind aber auch Frauen, die gar nicht wissen, ob sie Kinder haben möchten, die aber eine solche Angst vor ihrer biologischen Uhr verspüren, dass sie bereit sind, mit 3000 Euro aufwärts ihre Unsicherheit zu beruhigen. Das ist nicht deswegen ein Problem, weil Frauen natürlich mit ihrem Geld machen können, was sie wollen. Das ist ein Problem, weil es neuerlich zeigt, wie stark der Druck ist, unter den sie sich gesetzt fühlen. Der Druck des Rollenbildes von der Mutter, der Partnerin. Da kann Social Freezing entlasten, so die Hoffnung, selbst wenn es nicht in Anspruch genommen wird. Social Freezing wirkt dann wie Botox auf die Stimmung. Aber wie bei Botox: Irgendwann lässt die Wirkung nach.

Das Verfahren ist auf dem Vormarsch. Im Jahr 2012 haben 22 Frauen davon gebrauch gemacht, zwei Jahre später wurde der Eingriff schon 750-mal hierzulande durchgeführt.[96] Für Deutschland gibt es noch nicht viele Zahlen zu Social Freezing, aber laut der «Human Fertilisation and Embryology Authority» in Großbritannien sind die meisten Frauen, die davon Gebrauch machen, zwischen 37 und 39. Einem Alter also, das dafür spricht, dass es hier nicht um das Abpassen des richtigen Karrierezeitpunktes geht, sondern um die Absicherung in Zeiten der lauter werdenden Uhr. Denn medizinisch sinnvoller wäre es, die Eier früher einfrieren zu lassen. Doch mit Anfang zwanzig denken vermutlich die allerwenigsten daran, nicht auf natürlichem Wege schwanger werden zu können.

Alleine geht auch

Die Zeiten haben sich geändert. Sie haben sich radikal geändert. Frauen brauchen keinen Partner mehr, um ein Kind zu bekommen. Sie brauchen noch nicht einmal Sex, um ein Kind zu bekommen. Sie brauchen nur Sperma. Reproduktion lässt sich mittlerweile von Sexualität abkoppeln. Damit werden auch als bislang völlig selbstverständlich angesehene Normen – ein Kind braucht Mutter und Vater, und die Eltern gehören zusammen – außer Kraft gesetzt. Es geht eben anders.

Vera findet, man bräuchte einen Partner, um Kinder zu bekommen. Silke hätte es auch nicht ohne versucht, Lena genauso wenig. Elisa schon.

«So richtig konkret wurde das erst nach einem Gespräch mit meiner Frauenärztin. Die hatte mich einfach darauf angesprochen, das fand ich toll. Und das hat bei mir noch mal ein anderes Denken ausgelöst, denn klar, man kann mit vierzig schwanger werden. Aber nicht jede.»

Elisa sitzt an ihrem Schreibtisch, Sonnenstrahlen in ihren blonden Locken, wir skypen. Elisa ist Mitte dreißig und hatte schon immer einen Kinderwunsch. «Eine Zeitlang war es eher ein ‹Ich möchte Kinder, aber nicht jetzt›-Wunsch, und dann wurde es in meiner letzten Beziehung konkreter. Wir wollten Kinder. Doch dann hat es sich der gute Mann noch mal anders überlegt und festgestellt, er möchte doch keine.»

Elisas Beziehung ging darüber in die Brüche. Ihr Kinderwunsch blieb. «Es ist ein emotionaler, aber auch ein körperlicher Wunsch. Ich hätte gerne ein Kind», sagt sie. «Ich möchte auch andere Seiten an mir ausleben, ich glaube, ich habe etwas zu geben, was so in meinem Leben noch keinen Kanal gefunden hat», erläutert sie diesen Wunsch. «Ich könnte einem Kind etwas beibringen – auf einer Wertebene, und auch wenn sich das blöd anhört, auch auf einer intellektuellen Ebene.»

Elisa meint, sie habe ihren Kinderwunsch lange gedeckelt – wäre sogar etwas auf Distanz zu Kindern in ihrem Bekanntenkreis gegangen. Ohne Erfolg: «Ich möchte mich abgrenzen. Aber es ist da.» Immer gehe es um den Mann, der fehlt. Aber warum den Wunsch nicht ohne Mann erfüllen? Jochen König hat ein Buch[97] über alternative Modelle der Elternschaft geschrieben, auch er findet: «Warum nicht? Frauen sollen ihren Kinderwunsch erfüllen, wenn kein Partner da ist, ist das doch konsequent.» Und so ist auch Elisa zu ihrer Entscheidung gekommen: «Ich würde mich nicht in eine Partnerschaft reinwerfen, nur um ein Kind bekommen zu können. Auf keinen Fall!», sagt sie. Aber beim Nachdenken sei ihr aufgefallen, dass sie eigentlich gut abgesichert sei. Ein Netzwerk aus Freunden und Familie habe, das sie unterstützen könnte. Auch Jochen König meint, ein solches Netzwerk sei das Wichtigste für junge Eltern, aber insbesondere für Solo-Eltern.

Für Elisa hat der Gedanke, mittels eines Samenspenders schwanger zu werden, eine Verkrampfung gelöst. «Noch vor einem Jahr habe ich mich total verzweifelt gefühlt und habe unbedingt einen Partner deswegen gewollt, war die ganze Zeit auf Partnerbörsen. Das hat natürlich nicht funktioniert.» Elisa muss lachen. Ob sie Angst habe, dass es mit Kind schwieriger werden wird, jemanden kennenzulernen? Elisa muss wieder lachen: «Schwieriger als jetzt kann es auch nicht werden!» Ihr Kinderwunsch überwiegt aber auch vor dem Wunsch nach einem Partner. Denn wer sich mit Singlemüttern unterhält, der erfährt, dass das Problem in der Tat nicht so sehr das Kennenlernen ist, sondern vielmehr alles, was danach kommt. Elisa denkt viel über solche Aspekte nach. Es ist daher auch ein längerer Prozess, dieses Nachdenken: Was heißt es, alleine, ohne eine andere erwachsene Person, mit der man reden kann, ein Kind großzuziehen? Welche anderen Bezugspersonen wird das Kind haben? Elisa macht sich viele Gedanken, auch, weil klar ist, dass sie neben einem Kinderwunsch auch einen Karrierewunsch hat: «Mein Beruf ist auch ein wichtiger Teil von mir, den möchte ich nicht aufgeben.» Aber gerade aus der Ecke erwartet sie sich auch Schwierigkeiten. «Ich arbeite in einer konservativen Branche. Da wird ja schon gelästert, wenn eine Frau ein zweites Kind bekommt», meint Elisa.

Die rechtliche Lage ist für Singlefrauen mit Kinderwunsch in Deutschland nicht eindeutig. Die Musterrichtlinie der Bundesärztekammer schließt die Behandlung von alleinstehenden Frauen aus. Diese Richtlinie ist zwar nicht rechtsverbindlich, allerdings gilt sie für viele Ärzte aus berufsethischen Gründen wie eine rechtsverbindliche Vorgabe. Manche Landesärztekammern haben diese Richtlinie übernommen, und dann ist sie auch tatsächlich rechtsverbindlich. Es gibt dennoch Ärzte, die Singlefrauen behandeln, aber das tun sie – trotz Absicherung durch notariell beglaubigte Verträge – auf eigenes Risiko.[98]

Es wäre an der Zeit, dies zu ändern. Und damit auch rechtliche Rahmenbedingungen für Menschen zu schaffen, die das tun, was Familie im Kern ausmacht: Verantwortung übernehmen. Eine Frau, die jenseits der Rollenklischees ein Kind großzieht, braucht ein Netz. Sie übernimmt Verantwortung, aber auch die Gesellschaft hat Verantwortung Kindern gegenüber. Katja Grach ist Geschlechterforscherin und Sexualpädagogin, sie hat ein Buch über den Erwartungsdruck an Mütter geschrieben.[99] Sie sagt: «Wir leben eben in einer kinderfeindlichen Gesellschaft. Wäre dem nicht so, wäre es ja komplett egal, ob ein Elternteil in einer Partnerschaft lebt oder nicht, weil sich dann eben alle zuständig fühlen würden.»

Allein, mit Kind

Vor Jahren fragte mich die kleine Tochter meiner Cousine: «Hast du einen Mann?» «Nein.» «Hast du Kinder?» «Nein.» Ihr Urteil daraufhin: «Dann hast du gar nichts.» Ich musste lachen, Kinder können unerbittlich sein, das wissen wir alle. Aber habe ich wirklich «gar nichts»? Nichts vorzuweisen und auch nichts für mich selber? Anders gefragt: Hilft Kleinkindgeschrei wirklich in einsamen Nächten?

Viele, und zwar nicht nur meine Großcousine, glauben, dass Muttersein zumindest besser ist, als die ewige Patentante zu geben. Bella weiß es besser. Denn sie spürt den Druck, den auch sie nicht loswird. Sie spürt den Frust, weil wirklich fast nichts von dem, was sie sich erhofft hatte, eingetroffen ist. Bella ist alleinerziehend. Und damit gnadenlos in einer Statistik angekommen, die sich nicht mit Pastelltönen bebildern lässt. An ihr klebt das Rollenbild der Gescheiterten.

Und wer als Singlemutter zu hören bekommt, dass er in der Dating-Hackordnung schon ziemlich abgeschlagen ist, für den erhöhen sich die Anforderungen auch in anderen Bereichen. Als Mutter fällt man unter die MILF-Ansprüche. Das hat Katja Grach in ihrem Buch *Die MILF-Mädchenrechnung* beschrieben. Die MILF (Mother I'd like to fuck) ist die gute Mama, die aber trotzdem noch als sexuelle Trophäe durchgehen kann. «Sie bringt ihren Körper bereits nach der ersten Geburt schnellstmöglich wieder in Form und sonnt sich in den bewundernden Blicken anderer Mütter, Ehemänner und Pubertierender.»[100] Das ist die Anforderung. Es ist die Anforderung an alle Mütter, aber Singlemütter stehen solo noch mal anders im Visier.

«Wie ist es denn so, mit einer Mutti im Bett?» Das wurde Annas letzter Freund gefragt.

In der Kita ihrer Tochter, erzählte mir Bella, Mutter eines Vierjährigen, wurde sie schon ein halbes Jahr nach der Trennung von ihrem Mann besorgt gefragt, mit wem sie denn jetzt das zweite Kind bekommen wolle. «Ich hab's nicht glauben können. Als wäre das gerade meine größte Sorge!» Das, was die Gesellschaft von einer Frau sehen will, das wird sie nicht mehr erfüllen. Als wäre ihr Leben nun befleckt und nur mit Zweitmann und Zweitkind irgendwie geradezubiegen. «Ich habe bei solchen Reaktionen gemerkt, dass alle von mir erwarteten, dass ich mich schlecht fühlen soll», sagt auch Caroline Rosales, Autorin von *Single Mom*. «Gutes Gewissen, aber allein mit zwei Kindern? Unmöglich, in den Augen der anderen.»

Nicht alle Singles sind gleich. Es scheint eine Hierarchie zu geben, die sich keine Frau ausgesucht hat, aber die alleinerziehende Singlefrauen zielsicher auf die hinteren Plätze verweist. Es gibt viele alleinerziehende Frauen. Fast 20 Prozent der Familien mit minderjährigen Kindern sind alleinerziehend, und in neun von zehn Fällen ist der alleinerziehende Elternteil die Mutter.[101] Der Großteil der Familien war vorher zusammen. Ist die Trennung in den ersten drei Lebensjahren des Kindes erfolgt, liegt die Wahrscheinlichkeit, dass es bei der Mutter bleibt, bei weit über 90 Prozent.

«Ich bin ganz klar ein Mängelwesen, das kriege ich immer wieder gespiegelt. Ich habe es ja nicht hinbekommen, einen Mann zu halten, und jetzt wird mir unterstellt, dass ich die ganze Zeit auf der Suche nach einem neuen bin», erzählt Anna. «Meine letzte Beziehung nach dem Ehe-Aus wurde daher auch total abgefeiert. ‹Ach, wie gut, dass du jemanden gefunden hast, den auch die Kinder nicht stören und der dich unterstützt.› Dass ich jahrelang davor alles alleine gerockt habe, wird völlig übergangen!»

Katja Grach kennt diese Reaktionen auf Singlemütter auch: «Gott sei Dank hat sie wieder einen Partner! Das ist ein Stigma, fast wie bei einer Prostituierten», sagt sie. Dem Mann, der mit einer Single-Mom zusammen ist, wird gehuldigt wie dem Heiligen Gral. Die Frau hingegen ist bestenfalls ein guter Kompromiss.

Kinder alleine groß zu ziehen, muss nicht nur frustrieren. Aber für alleinerziehende Frauen hält das Alleinsein dennoch eine ganz besondere Form der Tragik bereit. Es ist die ganz spezielle Tragik der geplatzten Träume. Der gescheiterten Liebe. Versuch und Irrtum, aber mit lebenslangen Konsequenzen. Kindern eben. «Ich liebe mein Kind, aber ich möchte auch mal wieder als Frau wahrgenommen werden.» Diesen Satz hat Bella gesagt. Aber ich habe ihn schon so oft gelesen und gehört, er könnte von vielen Frauen stammen. Er ließe sich vermutlich im Chor singen, in einem anschwellenden Chor von Frauen, deren Recht auf eine eigene Geschichte nicht vornehmlich durch ihre Kinder, sondern durch das eng gestrickte Netz ihrer Rollenbilder und fehlender Unterstützung eingeschnürt wird. Bella hat einen kleinen Sohn und lebt getrennt vom Vater des Kindes. Sie hat eine Halbzeitstelle, arbeitet aber deutlich mehr. Sie arbeitet viel, hat wenig Geld, noch weniger Zeit und einen Ex, der sein Kind zwar liebt, aber vornehmlich jedes zweite Wochenende. Und mittwochs. Nach Absprache. Bellas Versuche, zwischen all diesen Ansprüchen eine Art eigenes Leben zu quetschen, scheitern ziemlich regelmäßig. Aber Bella hat Bedürfnisse, natürlich hat sie die. Sie wünscht sich gar keine Beziehung. Und damit ist sie nicht alleine. Die Sehnsucht nach einem neuen Partner ist bei vielen Singlemüttern nicht sehr stark ausgeprägt. In einer Umfrage haben nur 15 Prozent der befragten Singlemütter angegeben, sie hätten einen starken Partnerwunsch. Gut 60 Prozent sagten, der Wunsch sei zwar da, aber sie kämen auch alleine zurecht.[102] Bella sagt: «Ich hätte gerne einfach eine Affäre. Eine schöne Affäre. Das würde mir guttun.» Aber wie soll sie das machen? Wie soll sie jemanden kennenlernen? «Auf dem Spielplatz?», fragt sie mich. Wir lachen, und ich ahne, wie schwierig es wird. Spätestens dann, wenn sie jemanden kennenlernt und sagen muss: «Ich kann nicht so lang. Ich muss nach Hause. Ich habe ein Kind.»

Was passiert, wenn Singlemütter es wagen, um ihretwillen einen neuen Partner oder überhaupt irgendwie daten zu wollen, ist zuweilen erschütternd. Anna hat beim Online-Dating jemanden kennengelernt, mit dem sie sich gut versteht. Sie schreiben sich über Wochen. Als sie sich verabreden wollen, schreibt Anna, sie habe wenig Zeit, wegen ihrer zwei Kinder. «Da ist der Typ richtig ausgeflippt. Er schrieb, wie unmöglich ich sei, ich hätte meine Kinder verleugnet und ihn angelogen.» Anna schüttelt den Kopf. «Ich verleugne meine Kinder nicht. Das sind die zwei tollsten Menschen in meinem Leben. Aber ich habe, bevor ich sie bekommen habe, nicht in einer Petrischale existiert. Ich bin ein eigenständiger Mensch und habe eine Identität auch ohne meine Kinder.» Sie datet ja schließlich nicht für die Kinder. Sondern für sich.

Caroline Rosales kennt das auch, wie sie erzählt. Die Erwartung, dass Singlemütter nur aus Verzweiflung daten und unbedingt nach einer festen Partnerschaft dabei suchen. Nach jemandem, der sie aus ihrer Einsamkeit befreit. Dabei, so sagt sie, suche sie weder nach einem Papa für ihre Kinder, noch möchte sie jemanden mit Helfersyndrom anlocken. Singlemütter sind übrigens auch Frauen. Aber mit dem eigenen Leben als Mutter ist das so eine Sache. «Als ich neulich mal mit ein paar Leuten trinken war, meinten einige zu mir: ‹Waaas? Du bist jetzt noch unterwegs? Aber du bist doch Mutter!› Ich fasse es nicht. Einem Vater würde man das nie absprechen, aber ich bin überall erst mal Mutter», ärgert sich Anna.

Anerkennung für ihre Leistung als Alleinerziehende wird zwar gegeben – «Toll, wie du das alles schaffst!» –, aber Anna hätte zum Beispiel lieber, dass diese Leute sie vielleicht mal fragen, ob sie ein Bier mit ihr trinken gehen. Oder sich irgendwie mal mit ihr beschäftigen. Was sie leistet, ist enorm. Aber sie bekommt dafür hauptsächlich Mitleid. Jochen König wird als Single-Dad nie bemitleidet, erzählt er.

Singlemütter müssen für die Kinder da sein, aber eben vor allem auch nach einem neuen Partner suchen. «Dass ich keinen Partner habe, wird mir schon angekreidet. Den einen habe ich weggegeben, und jetzt soll ich doch bitte schön keine Standards mehr haben. Die kann man sich mit Kindern ja nicht leisten. Wie oft bekomme ich zu hören, wie toll ein Mann sei, der sich überhaupt auf jemanden wie mich einlässt.» Anna zeigt mit beiden Händen abschätzig auf sich selbst.

«‹Warum sollte jemand mit dir zusammen sein, wenn es genug 35-Jährige ohne Kind da draußen gibt, die noch auf den Richtigen warten?›, wurde ich tatsächlich mal bei einem Date gefragt», erzählt Caroline Rosales.[103]

Keine Kinder = gegen Kinder?

Singlefrauen ohne Kind können sich also fragen, ob sie besser dran sind. Solange sie im gebärfähigen Alter sind, besteht ja zumindest noch die Chance, dem Sandwich des Grauens zu entfliehen. Kein Mann, kein Kind, aber das kann ja noch kommen.

Wer Ü30 ist und kinderloser Single, überdenkt angesichts der zitierten Schlagzeilen um die egoistischen Frauen, die tickenden Uhren und das Lob der Kleinfamilie vielleicht doch noch das eigene Lebensmodell. Vielleicht ist der fehlende Kinderwunsch ja auch Teil eines falschen Bewusstseins? Vielleicht brauchen sie doch dringend einen Partner, um das mal abzuklären? Allein, um theoretisch ein Kind bekommen zu können. Damit sie auch sicher sein können, die richtige Entscheidung getroffen zu haben: «Bist du dir sicher?»

Aber auch hier hilft es, die Situation einmal umzudrehen. Ganz radikal: Man fragt einfach mal werdende Eltern, ob sie sich das denn wirklich gut überlegt haben mit diesem Kind, für eine Abtreibung sei es doch vielleicht noch nicht zu spät, schließlich sei ein Kind, wenn es denn erst mal da sei, so eine unheimlich finale Angelegenheit.

Klar. Würde man nicht machen. Aus vielen guten Gründen. Aber solche hypothetischen Fragen helfen, zum Kern dessen vorzudringen, was das Problem mit kinderlosen Frauen ist: Sie entscheiden die K-Frage selbst, ob freiwillig oder unfreiwillig. Sie entscheiden. Möglicherweise auch final. Frauen in Beziehungen machen das auch, aber ihnen wird die Entscheidung für ein Kind zugetraut. Entscheidet sich eine Frau dagegen, schwingt latent die Frage mit, ob sie diese Entscheidung überhaupt treffen kann. Oder dürfen sollte.

Diese Unterstellung schwingt immer mit, wenn es um kinderlose Frauen geht: Sie haben es sich nicht gut genug überlegt. Sie werden es bereuen. Sie liegen falsch, sie verleugnen sich. Wie Antonia Baum in *Stillleben* schreibt: «Kein Kind, das heißt leer, alleine, traurig und verrückt werden. Würdelos altern unter den Blicken der anderen. Da man das Altern betreffend ja als Frau besonders aufpassen muss, keine gute Option, zumal sie die ebenfalls schreckliche Möglichkeit beinhaltet, dass man irgendwann mit vierzig feststellt, dass man doch ein Kind braucht, worüber man dann noch mal separat verrückt und traurig werden kann.»[104]

Als kinderlose Singlefrau fehlt einem ein Mann. Und es fehlt einem ein Kind. Die Politikerin Claudia Roth hat in einem Interview erklärt, wie belastend und nervig es ist, auf ihre Kinderlosigkeit hingewiesen zu werden: «Dass da jemand sitzt und denkt, ich sei ein Mängelwesen, weil ich keine Mutter bin. Es ist ätzend, wenn du so hingestellt wirst. Aber ich höre es immer wieder: diese Merkel, diese Künast, diese Roth, all diese Weiber, die keine Kinder haben.»[105]

All diese Weiber, die keine Kinder haben. Die sind Mängelwesen, und damit sind sie zugleich nicht qualifiziert genug, bestimmte Aufgaben zu erfüllen. Sie haben halt eine eingeschränkte Sicht auf die Welt. Wie es die damalige Ehefrau von Kanzler Gerhard Schröder, Doris Schröder-Köpf, der Kanzlerkandidatin Angela Merkel im Wahlkampf 2005 vorwarf: Sie habe nicht genug Einblick in die Probleme berufstätiger Mütter. «Das ist nicht Merkels Welt.» Merkel könne sich also gar nicht um deren Belange kümmern, ist damit gemeint. Ihr fehlt die Erfahrung. Und das Verständnis. Dass Schröder-Köpf mit einem Mann verheiratet war, der selber keine eigenen Kinder hat und über den sie Jahre später in einer ZDF-Doku sagen sollte: «Also er hat ab und zu mal die Kinder irgendwo hingebracht, aber viel mehr kann man da auch dann nicht verlangen. Das ist eben nicht so der Bereich, in dem er so erfahren und geübt ist», sei der Vollständigkeit halber erwähnt. Aber die kinderlose Frau kann nicht Kanzlerin. Is' klar.

Kinder schaffen nun mal Anerkennung – zumindest wenn es nicht zu viele sind und nicht zu wenige und die Familie nicht auf Staatshilfen angewiesen ist. Wer sich als Frau hingegen – vorgeblich – nicht um andere kümmert, weil sie keine hat, steht unter Hedonismusverdacht. «Ich habe meinen Eltern letztes Jahr eine Schachtel Erdbeeren mitgebracht. Es waren die ersten Erdbeeren der Saison, also ziemlich teuer. Da sagte mein Vater: ‹Na, als Single kann man sich das ja leisten›», erzählt Silke traurig. «Dabei waren die ja noch nicht mal für mich!»

Kinder schaffen andere Erfahrungen. Ja, das tun sie. Wenn Freundinnen, die Mütter sind, einen also drängen, auch darüber nachzudenken, ist das nicht böse gemeint. Wir möchten gerne, dass wir alle auf die gleiche Art glücklich sind oder zumindest Erfahrungen teilen. Aber es fällt den meisten eben schwer, sich eine kinderlose Frau vorzustellen, die nicht völlig verzweifelt ist. Oder verbittert und kinderfeindlich. Eine, die Kinder mag und Familie schätzt. Trotzdem!

Ich saß mit männlichen Freunden beim Abendessen zusammen. M. zeigte mir ein Video seines Sohnes, wie der Kleine an seinem Geburtstag die Geschenke auspackte. Richtig putzig war das. «Das musst du der Gunda nicht zeigen, die mag keine Kinder», rief P. über den Tisch hinweg. Ich war irritiert. Nur weil ich keine habe, sollte ich keine Kinder mögen?

Als hätte ich kein Herz.

Kinder, keine Kinder, Kinder, keine Kinder …

Eigentlich müssten wir hier weiterreden. Wir müssten weiterreden über Vereinbarkeit, über die Erwartungen an Mütter, Familienmodelle, Co-Elternschaft, Körper und Sex. Darüber, dass Familie sich verändert. Elternsein und in einer Beziehung sein gehören nicht mehr zwingend zusammen. Liebe, Sex und Reproduktion gehören nicht mehr notwendig zusammen. Wir müssten also weiterreden, denn es gibt viel zu bereden. Aber sosehr all diese Dinge zusammengehören, dann wären wir bei einem anderen Thema und bei viel mehr Büchern.

Hier sollte es um Singlefrauen gehen. Singlefrauen mit Kind und schließlich auch – zuletzt – Singlefrauen ohne Kind und ohne Kinderwunsch. Frauen, die behandelt werden, als wären sie nicht vollständig, als wären sie weniger fürsorglich, als hieße «etwas verpassen» automatisch, dass es nicht andere Dinge gebe, die stattdessen erlebt würden. Singlefrauen, deren Mutterschaft für sie die Aufgabe eigener Bedürfnisse beinhalten soll. Und die verzweifelte Suche nach einem Partner, weil die vorgebliche Unvollständigkeit auf jeden Fall ein zufriedenes Leben verhindert. Alles Mängelwesen.

Diese Darstellungen sind auch deswegen so furchtbar, weil sie Frauen die Chance verbauen, zu ihren eigenen Bedürfnissen zu stehen. Selber zu beurteilen, wie groß der Kinderwunsch ist. Ob er überhaupt da ist. Oder auszuhalten, dass auch ein Kinderwunsch ganz ambivalent und voller Konflikte sein kann. Wie man damit umgeht. Und ob sie überhaupt einen neuen, festen Partner so dringend brauchen.

Claudia Roth sagt: «Es ist so wichtig, dass die Gesellschaft den Frauen wirkliche Wahlfreiheit gibt und sie nicht moralisch unter Druck setzt. Dass sie selber frei bestimmen können, wie ihr Leben aussieht. Das wäre mein Ziel für die Zukunft: dass sich Frauen so etwas nicht mehr anhören müssen. Weil es unendlich verletzt.» Sie hat recht: Es verletzt, und es nimmt uns die Freiheit.

In Henry James' *Das Bildnis einer Dame* heißt es über die kinderlose Protagonistin Isabel Archer: «Sie ist eine feine Dame, ein freier Geist, aber was sollte sie mit sich anstellen?»

Tja, was fangen kinderlose Frauen mit sich an? Wenn es doch «das einzige» ist, wie Kleist schon gemahnt hatte, das Frauen mit sich anfangen können.

Es ist wichtig, dass wir anfangen, unseren Selbstwert von der Mutterschaft abzukoppeln. Das gilt auch für Singlemütter, die immer wieder darauf reduziert werden. Frauen auf die Mutterrolle zu reduzieren, selbst wenn sie keine Kinder haben, ist nämlich eigentlich eine Platzanweisung. Eine Platzanweisung für Frauen, damit klarwird, dass das erste Parkett nicht für sie vorgesehen ist. Dass sie eben weder wirklich alles haben können noch Anerkennung für die Dinge bekommen, für die Männer wie selbstverständlich gefeiert werden: «Glückwunsch zum Job, und wo sind die Kinder?» «Kinderlos» wird in diesem Zusammenhang zu einem Label, das nicht einfach einen Fakt beschreibt, sondern zugleich eine Charakterstudie mitliefert: Die ist irgendwie egoistisch, wenig warm und herzlich.

Singlefrauen und Singlemütter bekommen jeweils eine Seite derselben Medaille zu Gesicht. Der Selbstwert und die Frage nach dem Ego. Wer sind wir ohne Anhang? Ich möchte es wirklich betonen: Wir sind auch schon selbst genug.

Älter werden, alleine

Seit ich 35 bin, habe ich den Eindruck, dass ich unsichtbar für Männer geworden bin. Kann das sein?», fragt mich Franzi. Ich sage, dass ich mir das nicht vorstellen kann, aber als ich mich von ihr verabschiede und nach Hause radle, frage ich mich, ob da nicht vielleicht doch etwas dran ist. Wie in *Sex and the City*, fällt mir ein, was man ja oft genug denkt. Wie Charlotte, die 35 wird und sich über das «Old Maid»-Spiel ärgert. «Du könntest doch nicht weniger aussehen wie eine Old Maid», beruhigen ihre Freundinnen sie. Aber wie lange wird das noch stimmen?

Alter ist ein Problem für Frauen. Und das hat zunächst nichts mit körperlichen Einschränkungen zu tun. Sondern mit dem Aussehen.

Ich werde immer ein paar Jährchen jünger geschätzt, aber ich bin mir sicher, irgendwann wird es keinen Überraschungsmoment mehr geben, wenn ich nach meinem Alter gefragt werde. Irgendwann wird man mir mein Alter sofort ansehen. Dann steht mir also die Tragik direkt ins Gesicht geschrieben. Und ich darf mich dabei vermutlich fühlen wie der immer-jugendliche Dorian Gray, der Romanheld bei Oscar Wilde, der eines Tages sein Bildnis zerstört, dadurch so alt wird, wie er ist, und tot umfällt. Niemand erkennt seine Leiche.

Ist das das Schicksal alter Singlefrauen? Alleine und unkenntlich verwesen? Angenagt von der eigenen Katze? Und falls es das ist: Sollten wir es daher vielleicht nicht einfach machen wie die Absarokee-Indianer, die, wenn sie merken, dass sie alt und zu einer Belastung für den Stamm werden, einfach den Clan verlassen und sich so weit in die Natur begeben, dass das Ende unausweichlich wird?

Aber wann ist dieser Zeitpunkt für eine Singlefrau gekommen? Merken wir das selbst?

Wir werden alt, aber nicht erwachsen

Lasst uns das Drama von vorne aufrollen. Mit dem Beginn des vierten Lebensjahrzehnts. «Dreißig zu werden, ist wie bei der Reise nach Jerusalem. Die Musik hört auf und jeder heiratet einfach den, auf dem er gerade sitzt», spottet die beste Freundin der Ich-Erzählerin in Holly Bournes *How do you like me now?*.[106] Die Singles hingegen spielen weiter, auch wenn irgendwann gar kein Stuhl mehr da ist. Was also sichtbar ist: ihre Niederlage. Denn sie haben eine Altershürde genommen, ohne dabei zugleich Dinge mitzunehmen, die zu diesem Alter gehören sollen: eine dauerhafte Partnerschaft zum Beispiel. Stattdessen müssen sie weiterlaufen, und zwar immer im Kreis. Immer um sich selbst.

Die 30 ist ein Marker. Wer dreißig wird, macht sich nicht nur Gedanken darüber, wie das Leben denn bislang so gelaufen ist, dem kriecht auch der Gedanke ins Bewusstsein, dass dieses Erwachsenwerden sich wohl jetzt langsam auch durch sichtbare Lebensentscheidungen äußern müsste. Mal woanders Möbel kaufen als bei Ikea. Nicht mehr so oft weggehen. Heiraten. Mit der 30, so heißt es oft, muss mehr Ordnung her. In den Dreißigern müssen die wilden Zeiten vorbei sein. Wer jetzt noch One-Night-Stands hat, der ist definitiv zu spät dran. Wie die britische Journalistin Daisy Buchanan schreibt: Sie ist dem One-Night-Stand entwachsen.[107] Wie die meisten anderen Erwachsenen auch.

Erwachsen. «Wie erwachsen wir auf einmal geworden sind!» Ich bin auf der Einweihungsparty von Freunden und stehe neben B. in der neuen, schicken Einbauküche. D. nickt anerkennend, gratuliert den Küchenbesitzern und erzählt weiter: «B. und ich haben uns zur Hochzeit Geld für ein neues Sofa gewünscht. Und jetzt, wo alles eingerichtet ist, merkt man schon, wie erwachsen wir geworden sind.» Ich nicke, dabei möchte ich eigentlich mit den Augen rollen. Ich bin damals Anfang dreißig und halte mich auch für hinlänglich erwachsen, aber D. hat schon recht: Bestimmte Möbel, Eheringe oder Wohnungen sind Beweise. Und die fehlen mir. Stattdessen bin ich frisch getrennt und wohne mit meiner Freundin Jo in einer WG, in der wir in der Billig-Küche spätabends Popcorn zubereiten und es uns dann auf dem Sofa ihrer Großmutter gemütlich machen. In D.s Augen vermutlich reichlich kindisch. Dass er kurze Zeit später besoffen einen Fahrradunfall baut, deswegen drei Monate ausfällt, und dass das neue, sehr, sehr teure Sofa sich nur für zwei Leute eignet und Besuch immer auf Filzmatten auf dem Boden sitzen muss und das Ungemütlich-auf-dem-Boden-sitzen-Müssen, wie ich finde, überhaupt der einzige Noch-nicht-erwachsen-Marker ist: Geschenkt.

Ich weiß ja trotzdem: Als Single wird man zwar älter, aber nicht erwachsen. Uns fehlen die Initiationsriten wie Hochzeit, Geburt und Taufe – Dinge, die so erwachsen aussehen. Es gibt Singlefrauen, die wollen da aufholen und feiern sich irgendwann einfach selbst. Wie Carrie in *Sex and the City*, die einer Freundin sogar eine Geschenkliste für ihre Selbst-Feier zukommen lässt. Clevere, sehr nachhaltige Idee. Denn mit sich selber bleibt man ja nun wirklich bis zum Schluss zusammen.

Feiern ist schön, aber es hilft nur kurz, denn das Älterwerden ist für Frauen trotzdem besonders tragisch. Denn unsere Zeit läuft ab. Und zwar schon, bevor sie wirklich abgelaufen ist. Wir werden älter, nicht besser, und das sehr schnell. Wie Laurie Penny schreibt: «Wir können die ganze Nacht durchtanzen, aber Mitternacht kommt. Wie bei Aschenputtel läuft auch unsere Zeit ab. Jungzeit läuft nie ab. Männern wird nicht gesagt, dass ihre besten Jahre vorbei sind, wenn sie gerade mal so weit sind zu verstehen, was es heißt, zu leben.»[108]

Wir Frauen werden stattdessen unsichtbar, wir werden tragisch. Vor ein paar Jahren habe ich mal in einer Redaktion Praktikantinnen betreut. Die jungen Frauen erschienen mir und meinen Kolleginnen alle erstaunlich konservativ. Ich wollte das überprüfen und habe eine kleine schriftliche Umfrage gestartet. Auf die Frage, wie wichtig es sei zu heiraten, kam von einer 23-Jährigen folgende Antwort: «Ich weiß schon, dass es nicht so wichtig mehr ist zu heiraten. Aber wenn ich eine 40-Jährige sehe, die noch nicht verheiratet ist, dann habe ich schon Mitleid.»

Panik? Jetzt!

Im Jahr 1986 berichtete das Magazin *Newsweek* von einer Studie über Heiratsstatistiken: «Es ist wahrscheinlicher, von einem Terroristen getötet zu werden, als mit über vierzig noch zu heiraten.» Der Artikel schlug hohe Wellen. Frauen, die über vierzig waren, hatten also ganz offensichtlich den Rubikon überschritten. Vielleicht war es sogar erträglicher, von einem Terroristen umgebracht zu werden, als alt zu vertrocknen.

Doch die Statistik stimmte so gar nicht. Die Studie war auch zum Zeitpunkt des Artikels noch gar nicht veröffentlicht. Eine andere, bereits publizierte Studie kam zu einem gegenteiligen Ergebnis, wie Susan Faludi in *Backlash* eindrücklich zeigt. Die Chance, mit über vierzig noch zu heiraten, liege nicht bei 1,3 Prozent, wie in dem Artikel verbreitet, sondern bei 17 bis 23 Prozent. Also 20-mal so hoch. Alarmismus umsonst, aber irgendwas bleibt ja immer hängen.

Die Statistik schlug sogar so hohe Wellen, dass sie Einzug in die Popkultur hielt. In dem Film *Schlaflos in Seattle* unterhalten sich zwei Charaktere darüber: «Diese Statistik stimmt gar nicht!» «Stimmt, sie ist nicht korrekt. Aber sie fühlt sich so an.»

Frauen, die «alles haben wollen», haben auf das falsche Pferd gesetzt. Sie waren zu raffgierig, zu karrierebesessen, aber zugleich haben sie sich auch wiederum nicht genug angestrengt, sonst hätten sie ja jetzt «alles». Also auch einen Mann. Und Kinder. In *How do you like me now?* überlegt die 32 Jahre alte Bestsellerautorin Tori, ihre unglückliche Beziehung zu beenden: «Aber selbst wenn mein neues Buch zehn Millionen Mal verkauft wird, wird die Tatsache, dass es keinen Mann gibt, der mich liebt, der mich geschwängert hat, als nicht erfolgreich angesehen. ‹Ihr Erfolg hat einen hohen Preis, nicht wahr?›, werden alle sagen. Und tue für keine Sekunde so, als wäre das nicht genau das, was sie sagen würden.»

Erfolg oder Nichterfolg, Tragik oder gerade noch mal Glück gehabt ist für Frauen stark an ihr Alter gebunden. Selbst wenn es nicht mit dreißig oder fünfunddreißig ist, es gibt irgendwann einen Moment, an dem unser Wert kippt, wie die Milch im Kühlschrank. Die Komikerin Amy Schumer hat das mal in einem Sketch umgesetzt: Sie läuft durch eine idyllische Landschaft und trifft auf drei andere Frauen, die ein Picknick machen: Tina Fey, Patricia Arquette und Julia Louis-Dreyfus. Alles auch Schauspielerinnen, alles bekannte Schauspielerinnen, alle spielen sich selbst. Schumer wird zu dem Picknick eingeladen, und es ist ein veritables Fest: Weißwein, Brot, Unmengen Käse, Macarons und Eis. Was es zu feiern gibt? Louis-Dreyfus' «letzten fickbaren Tag».

Louis-Dreyfus ist zum Zeitpunkt des Drehs Mitte fünfzig.

Wie sehe ich aus?

Linda ist sechzig Jahre alt. Sie ist sehr agil, schlank und kraftvoll. Ihre dicken grauen Haare sind zu einem Dutt hochgesteckt. «Für mich war Alter nie so relevant. Als junge Frau hatte ich schon viele ältere Freunde, und jetzt habe ich viele auch ganz junge Freunde», erzählt sie. Auch ihr Exmann war eine ganze Ecke jünger. Die Beziehung habe ihr ziemlich viel Lebensenergie geschenkt, freut sich Linda. Es sei eben etwas Wundervolles, sich begehrt zu fühlen. Körperlich begehrt, auch in ihrem Alter, Linda grinst.

Wir reden über Schönheit, übers Aussehen. Wie blöd sie Falten findet und wie ärgerlich, dass sie seit einigen Jahren etwas mehr Sport machen muss, um nicht zuzunehmen. Und dann erzählt sie von einem Termin beim Zahnarzt. Linda hat einen etwas schiefen Schneidezahn, der sollte gerichtet werden. Der Arzt habe ihr in den Mund geguckt und gesagt: «Sie sehen ja aus wie eine Hexe.» Linda schluckt, als sie mir das erzählt.

Diese Geschichte könnte man abtun als unmöglichen Kommentar eines unmöglichen Arztes. Aber man könnte sie auch sehen, wie Linda sie selbst wahrnimmt, nämlich als Stich in eine ihrer verletzlichsten Stellen. Als Angriff auf ihre Weiblichkeit. Zu einem Zeitpunkt, zu dem sie sich sowieso verletzlich fühlt. Frisch geschieden von einem jüngeren Mann, über sechzig. «Sehe ich aus wie eine Hexe, Gunda?», fragt sie mich. Nein, natürlich sieht sie nicht so aus. Das Problem ist nur, dass es uns so leichtgemacht wird, in Frauen wie Linda Hexen zu sehen. Und weil es nur ist, weil sie eben älter sind.

Als alleinstehende Frau ist unser Aussehen unser Kapital. Wir werden auch oft darauf hingewiesen: «Du siehst doch super aus, ich versteh gar nicht, warum dich keiner will.» Danke für nichts, denke ich bei solchen Sätzen immer. Muss also mein beschissener Charakter sein. Aber solche Sätze funktionieren eben nur so lange, wie uns unser Aussehen abgenommen wird. Solange wir uns gerade noch jung fühlen dürfen. Frauen wie Linda können nicht auf Barmherzigkeit hoffen. «Sie sieht aus wie eine Hexe.» Eine Hexe, eine alleinstehende Frau.

In der Literatur wird die negative Darstellung von alten Frauen als Vetula-Topos bezeichnet. Dabei ist die alte Frau («Vettel») sinnbildlich für den Ekel, der mit der Darstellung hervorgerufen werden soll. Schon der römische Dichter Horaz hat diesen Topos bedient: Alte, unattraktive, übelriechende Frauen, die geil auf junge Männer sind. Aber er findet sich auch bei Herder, Kant und Lessing. Der Literaturwissenschaftler Winfried Menninghaus hat diese Darstellungen von «bejahrte(r) Weiblichkeit als ekelhaftes Maximalübel» beschrieben. Der alte Frauenkörper wird zur misogynen Obsession.[109] Auch in der bildenden Kunst, wo ab dem 16. Jahrhundert das Alter vornehmlich durch die Darstellung nackter weiblicher Körper symbolisiert wird. Und damit, wie die Kunsthistorikerin Stefanie Knöll gezeigt hat, nicht nur die Erotik von Frauen in gewisser Hinsicht gebrochen wird,[110] sondern auch auf die Naturhaftigkeit der Frau hingewiesen wird. Denn dieses Motiv ist letzten Endes auch gekoppelt an das, was Frauen eben «natürlicherweise» von Männern unterscheidet. Frauen sind mehr Gefühl, weniger Intellekt als Männer, wir erinnern uns. Und gerade weil Frauen mehr Gefühl, mehr Natur sind als Männer, sind sie, wenn sie altern, eben nur das: alternde Natur, schlaffes Gewebe, ein biologisches Brachland. Und gerade weil Männern eben auch immer der Geist, ihr Intellekt, ihre Erfahrung als wesentlich zugeschrieben wird, sind sie eben mehr: Sie altern nicht, sie reifen. Am Mann überdauert und gedeiht das, was zählt. Männer überleben im Zweifel, zumindest metaphysisch, denn sie haben ja einen Geist.

«Berühmte Männer werden von der Gesellschaft gefeiert,

wenn sie altern», schreibt Caitlin Moran, «sie werden dann distinguiert und können wie verdammte Magier durch die Gegend laufen. Frauen im gleichen Alter sehen eher zwanzig Jahre jünger aus und müssen sich auf Magazin-Titeln zeigen: ‹Oh! Meine Klamotten … sie sind einfach abgefallen!›»[111] George Clooney sieht auch mit jenseits der fünfzig noch «sexy» aus, ist dann eben der reife Beau. Wenn Frauen altern, dürfen sie nicht altern. Sie müssen aussehen, als seien sie eigentlich viel jünger. Als hätten sie den letzten fickbaren Tag noch vor sich.

Für Singlefrauen ist das Alter extra bedrohlich. Denn Bilder, die wir von älteren, alleinstehenden Frauen haben, sind finster. Linda weiß das. Ihrer Mutter noch wurde nahegelegt, doch nach dem Tod ihres Mannes nur noch Schwarz zu tragen. Da war sie 48.

Frauen altern anders als Männer. Sie altern anders, weil ihr Altern gesellschaftlich anders definiert und bewertet wird. Es ist der Doppelstandard des Älterwerdens, wie ihn Susan Sontag in *The Double Standard of Aging* schon beschrieben hat. Frauen definieren sich über Jugendlichkeit, und wenn diese Jugendlichkeit brüchig wird, wird sie unglaubwürdig, und dann geht es auch mit dem Selbstwert bergab. Denn mit dem Alter hängt vieles zusammen, wie die Publizistin Bascha Mika in ihrem Buch *Mutprobe* umfassend gezeigt hat: unsere Sichtbarkeit, unser Marktwert, Erfolg in der Arbeitswelt, unsere Sexyness. Männer erhalten ihre Sexyness noch bis ins hohe Alter. Virilität ist fast nicht kleinzukriegen, sehr viel jüngere Partnerinnen sind kein Problem. Auch Frauen werden seit einiger Zeit jüngere Partner zugestanden. Auch sehr viel jüngere Partner. Diese Frauen sind dann allerdings «Cougars», also Berglöwinnen, Wesen, die eine imminent übergriffige Sexualität leben und diese aber auch nur sanktioniert leben dürfen, solange die eigene Attraktivität quasi öffentlich verbürgt ist. Demi Moore, Heidi Klum, Brigitte

Macron, Madonna. MILFs – «Mothers I would like to fuck»: Wer hier wen ficken will, entscheidet immer noch der Mann.

Aber auch Cougars haben ein Verfallsdatum. Auch sie werden irgendwann nicht mehr gesehen. Bascha Mika nennt dieses Phänomen die «erotische Tarnkappe» von Frauen. Die Psychologin Eva Jaeggi beschreibt in Mikas Buch, wie sehr dieses Gefühl ins Mark treffen kann: «Es ist besonders schmerzlich, wenn der Blick der anderen ausbleibt. Frauen empfinden es, als wären sie nicht mehr da, als würden sie zur erotischen Unperson. Und dann entsteht bei ihnen das Gefühl, es lohnt nicht, dass ich mich bemühe – was ja letztlich bedeutet: Ich lohne nicht.»[112]

Klar, erotisches Begehren können wir nicht einklagen, nicht wütend mit dem Fuß stampfen, bis es kommt. Aber Begehren ist eben auch keine ganz individuelle Angelegenheit, auch Begehren ist überformt von Bildern, von Geschichten, Körpern, Gerüchen und Formen, die uns vermittelt werden. Und wenn im Zusammenhang mit Frauen hauptsächlich Jugendlichkeit als begehrenswert vermittelt wird, ist das ein gesellschaftliches Problem, denn es zeigt – wieder! –, dass Frauen Anerkennung versagt wird. Auch erotische Anerkennung. Und in der Konsequenz ist diese fehlende Anerkennung auch an den Beziehungsstatus gekoppelt: «… wenn die älter werdende Frau in der Gesellschaft nichts wert ist, wenn sie als unerotisch und wenig begehrenswert abgestempelt wird, beeinflusst das selbstverständlich das Auswahlverhalten von Männern», schreibt Bascha Mika.[113] Die Frau, das Statusobjekt, verliert im Alter an Wert.

Sarah erzählt mir, welche Auswahlkriterien ihre männlichen Singlefreunde beim Online-Dating haben: «Du glaubst es nicht! Der ist 42 und sucht nach Frauen ab 22. Die suchen alle nach viel jüngeren Frauen, ganz selbstverständlich.» Wenig später nach dem Gespräch mit Sarah sitze ich in einem Café, und hinter mir erzählt ein Enddreißiger seinem Freund: «Wenn ich mit 45 noch

Single bin, besorge ich mir einfach eine in ihren Zwanzigern und mache mit der noch Kinder.» Ich schaue mich kurz um und denke nur «Mach du mal», aber ich weiß zugleich, dass genau so die Auswahl funktioniert.

Aber Männer sind ja sozusagen auch nicht «schuld» an alledem, wir Frauen sorgen schon auch selber dafür, dass Alter für uns zum Negativmoment wird: «Denn auch Frauen übernehmen die Gebrauchssicht auf alles Weibliche, bauen diese Sicht in ihr Selbstbild ein und machen sie zum Maßstab für andere Frauen.»[114] Hier braucht es kein Beispiel. Wir alle kennen das Fallbeil unseres inneren Blickes nur zu gut.

Wenn eine Singlefrau älter wird, kann sie also auch ihre Hoffnungen auf eine Partnerschaft durch die Sanduhr des Lebens rieseln sehen. Denn alte Frauen sind nicht begehrenswert. Ganz im Gegenteil: Sie sind sogar lachhaft. Grotesk, bemitleidenswert, aber auch dreist und transgressiv. Zu denken, irgendjemand könnte sie noch attraktiv finden, ist dabei der Gipfel der Lächerlichkeit.

Der antike Maler Zeuxis soll vor Lachen gestorben sein, als eine ältere Dame ihn gebeten hatte, sie für ein Porträt der Liebesgöttin Aphrodite zum Vorbild zu nehmen. Verdient hatte er es.

Dem Leben also entsagen?

Eine weitere Unterstellung, die alleinstehenden Frauen gerne gemacht wird, ist, dass sie alleine ihre Jugend verschenken. Ihre Frische, ihre Sexualität, ihre Gebärfähigkeit. Die Menopause ist in dieser Sicht sozusagen der Horizont des Lebens. Das sieht man in Bildern von alten Jungfern, und man hört es in Gesprächen über ältere Singlefrauen und der Vermutung, die sei ja schon ganz ausgetrocknet.

Ein sehr prägnantes Beispiel dafür findet man in dem Film *Elisabeth* von Shekah Shapur, Cate Blanchett spielte die Hauptrolle. Der Film handelt von der englischen Königin Elisabeth I. – wir müssen also wieder etwas zeitreisen, noch mal zurück ins 16. Jahrhundert.

Dort stellte die Dynastie der Tudors die Könige. Heinrich VIII. war 38 Jahre lang König. Als er starb, war er sechs Mal verheiratet gewesen. Von zwei Frauen hatte er sich scheiden lassen, zwei hatte er köpfen lassen, eine war im Kindbett gestorben, die letzte überlebte ihn.

Bemerkenswertes Eheleben. Aber was Heinrich trotz sechs Frauen nicht geglückt war, war, einen männlichen Nachfolger zu zeugen. Sein einziger legitimer Sohn starb früh, und da auch seine älteste Tochter ohne Nachkommen starb, wurde sein letztes legitimes Kind im Jahr 1558 Herrscher von England. Königin von England. Elisabeth die I. Die Virgin Queen. Die jungfräuliche Königin. Wer Single Shaming und Age Shaming im 21. Jahrhundert verstehen will, der findet im Leben dieser Königin reiches Anschauungsmaterial. Single Shaming avant la lettre sozusagen.

Elisabeth weigerte sich zu heiraten. An Verehrern und möglichen Kandidaten mangelte es nicht. Elisabeth, das weiß man aus Briefen, war sogar ziemlich verliebt in einen ihrer Höflinge, aber eine Heirat mit ihm kam nicht zustande. Der Druck auf die junge Königin muss enorm gewesen sein. England stand außenpolitisch nicht gefestigt da, eine Vermählung mit dem Spross eines anderen europäischen Königshauses hätte für außen- und sicherheitspolitische Stabilität sorgen können. Und natürlich für Nachkommen. Ihre Weigerung zu heiraten wurde von Zeitgenossen als völlig absurd empfunden. Elisabeth war die letzte Tudor, würde sie kinderlos bleiben, würden die Tudors als Dynastie aussterben, die weitere Thronfolge wäre unsicher. Doch Elisabeth wollte nicht heiraten.

Es gibt unzählige zeitgenössische und moderne Darstellungen der jungfräulichen Königin, in der genau dieser Aspekt ihres Lebens zum Thema gemacht wird. Sie hat es auch selbst sehr geschickt zum Thema gemacht. Als Jungfrau, die sich nur ihren Untertanen verschreibt, prägte ihr Singlesein ihre Ikonographie. So auch in dem Film *Elisabeth*, auf den es mir hier ankommt.

In diesem Film wird Elisabeths Entscheidung, eine Virgin Queen zu werden, in einer sehr dramatischen Szene zusammengefasst. Elisabeth bittet darin ihre entsetzten Hofdamen, ihr die Haare abzuschneiden. Wir sehen: bitterlich weinende Frauen, herunterfallende rote Locken und ein versteinertes Monarchinnengesicht. Ihr wird eine Perücke aufgesetzt, ihre rosige Gesichtshaut wird mit weißer Paste überschminkt. Mit dieser radikalen Entscheidung verabschiedet sich Elisabeth aus dem Leben, so will es der Film zeigen. Sie ist jetzt ganz Königin, nimmt ihre Rolle an. War sie vorher noch eine sinnliche, rotwangige Frau, ist ihr offizieller Eintritt in das ewige Singleleben als Virgin Queen gleichbedeutend mit dem Entsagen aller Lebensfreuden. Sie entsagt dem Leben, der Fruchtbarkeit und trägt mit der weißen Schminke zugleich die Einsamkeit auf. Frauen können nicht alles haben. Das stimmte zu allen Zeiten noch mehr als heute. Aber diese Darstellung der historischen Elisabeth ist dennoch ein bestechendes Beispiel für den Doppelstandard des Älterwerdens.

Warum? Weil diese filmische Darstellung schon allein historisch ziemlich verdreht ist. Zum einen, so viel weiß man, hatte Elisabeth mehrere enge Beziehungen zu Männern. Zu Robert Dudley hatte sie bis zu seinem Tod, 29 Jahre nach ihrer Krönung, ein inniges Verhältnis. Zig Briefe geben davon Zeugnis. Und zum anderen kann man die Entscheidung, im 16. Jahrhundert nicht heiraten zu wollen, keine Kinder zu kriegen, auch ganz anders sehen: Eine Frau, die sich gegen die Ehe und somit gegen Kinder entscheidet, entschied sich für das Leben. Tod im Kindbett war die häufigste Todesursache für Frauen im gebärfähigen Alter. Und indem sich Elisabeth gegen eine Ehe entschied, entschied sie sich auch für etwas anderes. Nämlich ihre uneingeschränkte Macht als Königin, die sie mit einem König oder Prinzgemahl nicht uneingeschränkt hätte ausüben können. Auch Kinder hätten ihre Machtansprüche möglicherweise konterkariert, wie sie es bei ihrer Konkurrentin Maria Stuart und deren Sohn James hatte beobachten können. Aber indem sich der Film dafür entscheidet, Elisabeths Jugend und Schönheit in den Mittelpunkt zu stellen, wird sie als Frau mal wieder nur auf diese eine Sache reduziert: Sie hatte keinen Mann. Niemanden also, für den es sich lohnen würde, jung zu bleiben. Niemand, den sie an sich binden will. Niemand, für den sich ihr junges Antlitz rentieren würde. Und sie gibt ihre Jugend freiwillig auf, sie entsagt – sinnbildlich funktioniert das über das Überschminken ihrer roten, also lebendigen Wangen. So ist sie quasi alterslos, aber auch nicht mehr so richtig Frau, nicht mehr so richtig Mensch. Es gibt eben nicht viele Möglichkeiten für Frauen, ohne Mann älter zu werden und irgendwie «normal» zu bleiben.[115]

Und ich muss an meine Großmutter denken – die liebste Frau der Welt mit den absonderlichsten Ansichten. Ansichten allerdings, die sehr typisch für ihre Generation waren. Als ich Kind war, lebte in unserer Nachbarschaft eine ältere Frau, die mit langen, geflickten Kleidern durch die Gegend lief. Sie sah aus, als hätte sie eine Patchwork-Decke zu einem Kleid umgenäht. Es reichte bis zum Boden, sie huschte immer recht schnell an uns Kindern vorbei. Eines Tages lief sie an meiner Großmutter und mir vorbei, und meine Großmutter raunte mir zu: «Die ist geschieden. Seitdem ist sie so. Halt dich von der fern.»

Aha. So wird man also, wenn man sich scheiden lässt und alleine älter wird: seltsam. Ich gruselte mich ein bisschen und ging wieder zurück in mein Kinderzimmer, mit Barbies Hochzeit spielen. Sicher ist sicher.

Hat unser Leben eine Deadline?

Immer noch fühlen sich Frauen erst dann ganz lebendig und existent, wenn sie von Männern wahrgenommen werden», schreibt Bascha Mika.[116] Die Bilder der halbschattigen Frauen geistern also nicht nur durch die europäische Kulturgeschichte. Sie existieren auch in der Selbstwahrnehmung vieler Frauen. Auch hier: die Macht des Bildes und der Erzählung. Ältere Singles werden stärker stigmatisiert als jüngere, das hat sich in einigen Studien gezeigt.[117] Sie werden als einsamer, als unglücklicher wahrgenommen. Und so nehmen sich ältere Singles manchmal selber auch wahr. Das liegt aber auch daran, dass sie ausgegrenzt werden.

Edith ist Mitte siebzig, und sie erzählt, dass sie diese Ausgrenzung belaste. Sie spürt es, und sie kann ganz konkrete Beispiele geben. So sei sie schon ein paarmal bei Bekannten, und sogar bei ihrem eigenen Bruder, nicht zu einer Feier eingeladen worden. «Man will ja dann auch keine Unruhe stiften», sagt sie. Ich verstehe nicht ganz, warum sollte sie Unruhe stiften? «Na, weil ich alleinstehend bin. Da gibt es wohl die Angst, dass ich mich an die Ehemänner ranmachen könnte.»

Und so dürfen sich ältere Singlefrauen nicht nur unsichtbar fühlen, sie werden fast schon verbannt.

Für die meisten älteren Singles ist das Singlesein kein Übergangszustand mehr, sondern irgendwann fühlt es sich endgültig an. Kein Wunder, wer Frauen die Erotik und Lebendigkeit im Alter abspricht, der erstickt Sehnsüchte nach Partnerschaft im Kern. Frausein, mit allen Bedürfnissen, die dazugehören, hat eine Deadline – wer die nicht bemerkt, macht sich lächerlich.

Silke hatte Myome an der Gebärmutter. Die mussten operativ entfernt werden. Ihre Frauenärztin sagte ihr, sie solle doch direkt das ganze Organ rausnehmen lassen. Sie sei doch schließlich schon so gut wie in den Wechseljahren und außerdem single. Silke weigerte sich. «Ich habe schon von Frauen gehört, meiner Tante beispielsweise, die haben dann echte Probleme mit der Blase bekommen. Das will ich nicht. Warum wollen die mir das unbedingt rausnehmen? Das gehört auch zu meiner Weiblichkeit.»

Im Krankenhaus ging es weiter. Der Arzt machte nach der Operation Witzchen: «Na, dann aber jetzt nicht zu schnell schwanger werden!» Haha. Silke war das egal. Sie durfte ihre Gebärmutter behalten.

Die Entfernung der Gebärmutter, die sogenannte Hysterektomie, wurde lange Zeit wie selbstverständlich auch ohne ernsthafte Erkrankung durchgeführt, erklärt die Gynäkologin Barbara Ehret-Wagener vom Arbeitskreis Frauengesundheit. Immer noch werden zu viele Gebärmütter medizinisch nicht indiziert entfernt. Eine entfernte Gebärmutter beuge schließlich Krebs vor, ist dabei oft zu hören. Dass es zu Komplikationen kommen kann, dass eine Entfernung langfristige medizinische Probleme bereiten kann, dass auch die emotionale Bedeutung des Organs eine Rolle spielt, scheint wenig vermittelt zu werden. «Ich glaube, dass die Gebärmutter bei den Gynäkologen nicht sehr viel Respekt genießt», sagt Ehret-Wagener.[118]

Als wären Frauenkörper nichts anderes als Gebrauchsgegenstände, die irgendwann ihren Sinn verlieren. Ähnlich wird auch die Menopause gesehen. Vera erzählt von ihrer Schwester, die einen zehn Jahre jüngeren Mann geheiratet habe. «Da hat mein Onkel gesagt: ‹Und was ist, wenn die dann mal in die Wechseljahre kommt? Dann will ihr Mann noch Sex und sie aber nicht mehr. Ob das gutgeht!›» Ob das mal gutgeht. Die Annahme, dass die

Lust der Frau mit den Wechseljahren versiegt, ist weit verbreitet. Und auch sie stimmt so nicht. Die Wechseljahre gelten zwar landläufig als wahres Füllhorn an körperlichen und seelischen Beschwerden, zu denen auch sexuelle Lustlosigkeit gehört, aber ein Forscherteam des Uni-Klinikums Dresden hat herausgefunden, dass lediglich Hitzewallungen ein typisches Phänomen der hormonellen Umstellung sind. «Eine allgemeine Deutung dieses Lebensabschnitts als krankhaft und eine vorschnelle Zuschreibung der Symptome ist nach den Ergebnissen der Studie nicht haltbar», erklärt Kerstin Wediner, die die Studie geleitet hat.[119]

Frauen leben übrigens auch, bis sie sterben.

Gloria Steinem hat mit 66 Jahren geheiratet. Neulich erzählte mir eine Bekannte, dass ihre Großmutter noch mit 79 jemanden kennengelernt hätte. «Und sie hat noch nicht mal Internet!» Wir haben sehr gelacht. Liebe hat keine Deadline. Auch wenn sie Glückssache ist.

«Es ist halt wirklich einfach Glück», meint Edith. Ihre Freundinnen glauben, sie sei zu wählerisch. Eine Frau, die geliebt werden will, soll ihre Standards senken. Das ist die kulturelle Erwartungshaltung. Aber Edith wollte sich nie einfach so zufriedengeben. Sie wollte immer schon eine «schöne Beziehung», wie sie es nennt. Eine Beziehung, in der es auch um ihre eigenen Interessen gehe. Sie habe niemanden getroffen, mit dem sich das habe erfüllen lassen. Sie möchte auch immer noch eine Beziehung, «das geht nicht weg», sagt sie. Aber sie weiß eben, dass es Zufall ist, Glück. Eine Frage des richtigen Menschen, zum richtigen Zeitpunkt, in der richtigen Stimmung. «Ich frage mich schon, ob ich den einen hätte ziehen lassen dürfen», sagt sie, «aber irgendwie war es der nicht.»

Wer Liebe findet, hat Glück. Der hat nicht nur Glück, der ist auch privilegiert. Denn jemanden zu finden, hat auch etwas mit den Möglichkeiten zu tun, die einem das Leben bietet. Und das Leben bietet nicht allen die gleichen Möglichkeiten. Wenig hilfreich sind da Sprüche von der Sorte «Der wäre es gewesen». Denn wer auch immer «der» gewesen sein mag, er ist weg. Und er ist als Person, der wir hinterhertrauern mögen, also vor allem kein Mensch mehr, an dem sich Partnerschaft abgleichen ließe, sondern ein Bild. Etwas, das wir gerne hätten. Eine Imago. In der Antike waren die Imagines übrigens Wachsmasken, mit denen Leichen auf dem Forum Romanum ausgestellt wurden. Dieses Bild hilft mir immer dabei zu verstehen, was Verklärung ist, Idealisierung. Sie kann nur ungestört vonstattengehen, wenn das Objekt nicht mehr da ist.

Alt, alleine, Ende

Ich habe eine Bronchitis. Ich liege im Bett und spüre, wie sich die Luft mühsam in meinen Lungen verteilt. Einatmen, ausatmen. Angst. Ich frage mich, wer für mich da sein wird, wenn ich als ältere Frau eine schwere Krankheit bekommen sollte. Wer fährt mich ins Krankenhaus? Wer stellt mir einen Tee ans Bett, wenn ich nicht mehr selber hochkomme? Wer bestellt die Trauerkarten?

Und was, wenn es jetzt schon so weit ist? Ich spüre meine Lunge. Ich frage mich, ob ich einer Freundin noch schnell eine Nachricht schreiben soll und sie bitten, morgen mal nach mir zu fragen und im Zweifel jemanden vorbeizuschicken. Wie lange würde ich wohl unentdeckt bleiben, wenn mir etwas zustoßen würde? Solche Nachrichten liest man doch normalerweise nur von wirklich alten Menschen.

Also sage ich nichts und suhle mich in meinem Elend, statt meine Freundinnen einzuweihen, die mir ja *wirklich* gern geholfen hätten, wenn ich ihnen denn mal was gesagt hätte, was ich aber nicht habe, was – aus freundschaftlicher Perspektive – auch nicht besonders nett von mir war, denn wenn ich schon sterbe, dann erwarten sie zu Recht einen angemessenen Abschied. Ganz so, als würde ich schon mal für die Alterseinsamkeit üben, mit Mitte dreißig.

Diese Ängste lassen sich nicht auf Dauer wegschieben. Elisa sagt: «Ich frage mich, was mit mir sein wird, wenn meine Eltern nicht mehr da sind. Aber wer macht sich schon gerne Gedanken übers Alter?» Die meisten machen sich diese wahrscheinlich eher gezwungenermaßen erst dann, wenn es da ist, das Alter. Edith ist 74. Sie denkt auch nicht gerne darüber nach, aber sie nimmt sich das jetzt wirklich mal vor, sagt sie mir – eine Patientenverfügung auszustellen. Denn wer kümmert sich um sie, wenn sie pflegebedürftig wird? Sie hat ihren Vater gepflegt, als der zum Pflegefall wurde. Aber wird ihr Neffe das für sie auch tun? Nein, meint Edith. Der hat ja schließlich seine eigenen Eltern. Und ob auf ihn Verlass sein wird, wenn sie beispielsweise einen Schlaganfall hat und ins Krankenhaus kommt und sich die Ärzte fragen, ob sie ins Heim muss? Wird er dann da sein und ihr die Möglichkeit geben, sich vielleicht noch mal zu berappeln und etwas Eigenständigkeit zu bewahren?

Wer single ist und in einem gewissen Alter, der wird sich um solche Fragen kümmern müssen. Aber auch verpartnerten älteren Menschen geht es nicht anders. Frauen sind in der Regel etwas jünger als ihre Ehepartner. Und Männer sterben früher. Die Wahrscheinlichkeit, dass man als Frau den Ehepartner überlebt, ist hoch. Und Kinder ziehen weg und sind auch nicht immer bereit, sich zu engagieren. Eine Absicherung gegen Einsamkeit im Pflegeheim ist eine Beziehung nicht.

Sarah macht sich ebenfalls ihre Gedanken über das Leben im Alter, aber sie macht sich keine Sorgen: «Alle alten Singles, die ich kenne, scheinen eigentlich ziemlich zufrieden. Ich habe keine Angst. Ich habe schließlich meine Nichten und meine Schwester.» Das wird schon, meint sie.

Edith hätte zwar am liebsten eine «schöne Beziehung», aber auch sie ist mit ihrem Singledasein nicht unzufrieden: «Mein Leben ist zwar anstrengender, aber es ist auch vielfältiger.» Es ist anstrengender, weil Singles erst mal alles allein machen müssen. «Gerade als Frau meiner Generation, ich kann wirklich gerade mal einen Nagel in die Wand schlagen, für alles andere brauche ich einen Handwerker.» Und dann sind da auch noch die vielen Entscheidungen im Alltag. «Soll ich jetzt das Badezimmer doch noch mal streichen lassen oder nicht? Es sind auch einfach so viele kleine Fragen, bei denen mir niemand die Entscheidung abnehmen kann. Da braucht man gute Freunde für.»

Gute Freunde braucht man auch sonst im Alltag, Edith möchte manchmal einfach nur mal kleine Ärgernisse loswerden. Dinge, die man selbstverständlich einem Partner erzählen würde, die einem aber manchmal zu lächerlich vorkommen, um sie jemand anderem zu erzählen. «Ich mache das trotzdem», meint sie, «aber ich rufe dann jedes Mal eine andere Freundin an, nicht, dass die sonst denken, ich wäre was bekloppt.»

Aber das Singlesein ist auch vielfältiger, weil Edith ihr Leben vielfältig genießt, genießen kann. Sie war lange im Tennisverein, sie singt im Chor. «Ich habe eine gute Speckschicht», sagt sie und meint damit ihre Freundinnen und das Leben, das sie sich aufgebaut hat: «Ich denke manchmal, was wäre denn, wenn ich zwar geheiratet hätte, aber mich dann hätte scheiden lassen. Dann wäre ich jetzt alt und geschieden und hätte womöglich viel weniger Rente. Eigentlich kann ich ja noch von Glück reden.»

«Guck mal, so stelle ich mir uns vor», sagt Evi, als wir hinter drei alten Damen herlaufen, die sich mit Rollator über die Straße bugsieren. Anne und ich grinsen. Ja, so stellen wir uns das auch vor. Und dann besprechen wir, wie das später sein wird. Welche

Frisuren wir im Alter wohl haben werden. «Ich möchte ganz kurze Haare», rufe ich. «Evi hat dann weiße Haare. Bis übern Hintern», meint Anne. Und wir sehen uns alle auf einer Parkbank zusammen sitzen und in unsere Schnabeltassen kichern.

Das ist alles eine sehr schöne Vorstellung. Ob wir drei die gemeinsam erleben werden, wissen wir nicht. Aber fest steht, dass wir anders alt werden können als noch unsere Großmütter. «Wir haben schließlich Smartphones», meint Anne, «und wir sind doch richtig gut im Im-Kontakt-Bleiben. Das können wir doch schon besser als unsere Eltern, überleg mal!» Ja, wir haben das ganz anders gelernt. Und wir wissen, wie wichtig diese Netzwerke sind. Wenn wir etwas können, dann Beziehungen. Nicht unbedingt romantische, aber Beziehungen.

Die Serie *Golden Girls* hat das schon in den Achtzigern gezeigt. Im Alter können Freundschaften noch mal ganz anders aufblühen. Vielleicht gerade im Alter. Wie auch das Bild der «lustigen Witwe» zeigt, ausnahmsweise mal ein positiv besetztes Bild einer älteren Singlefrau. Für eine Frauengeneration, für die Scheidung keine Option war, war der Tod des Partners oft eine Befreiung. So schlimm es klingt. Eine Befreiung aus einer unzufriedenstellenden Beziehung, aber auch eine Befreiung von den Zwängen des Frauseins. Schön sein, sich benehmen, sich um alle kümmern. Meine Urgroßmutter hatte acht Kinder. Nachdem sie verwitwet war, saß sie oft stundenlang allein im Park. Als meine Mutter sie mal fragte, ob sie traurig sei, sagte Oma Margarete zu ihr: «Nein, Kind. Ich genieße nur die Ruhe.»

Eine sehr ähnliche, aber etwas derbere Anekdote kommt von Silke. Sie erzählt von einer Freundin ihrer Mutter, die, im Alter von 80 Jahren verwitwet, ihren neuen Beziehungsstatus so kommentierte: «Mir furzt keiner mehr ins Bett!»

Die Frauenrechtlerin Susan B. Anthony sagte mal zu einem Reporter: «Ich habe nie den Mann gefunden, der zu meinem

Glück notwendig gewesen wäre. Mir ging's immer gut so, wie ich war.»

Aber uns fehlen eben oft Vorbilder wie Susan B. Anthony. Vorbilder, die zeigen, dass es auch ohne Mann geht. Auch ganz gut geht. Vorbilder, die zeigen, dass Frauen auch im Alter ein sattes, volles Leben führen. Die sichtbar sind und Dinge tun, die mit einem Mann sogar vielleicht ganz unmöglich gewesen wären.

Willa erzählt, dass ihr mit dem Auszug ihres Sohnes klargeworden wäre, dass sie nun auf sich allein gestellt sei. Und es sei ein längerer Weg gewesen, sich ihrer Wertigkeit, wie sie es nennt, wieder bewusst zu werden – «etwas für mich zu tun». Doch dann habe sie es immer besser gekonnt. Neulich war sie sogar in Asien unterwegs, alleine: «Als ich in Thailand war, mit ein paar Flaschen leckerem Bier ausgestattet, die halbe Nacht im Dschungel vor meinem Zelt saß, da war ich mir so nah. Da war es, die Wärme, die Zufriedenheit, dieses innere Strahlen.» Da war sie sich selbst so nah.

Als Frau wird man im Alter unsichtbar. Als Singlefrau erst recht. Die Anerkennung wird genommen, Scham wäre angebracht. Wir brauchen also andere Geschichten und andere Bilder. Sichtbarkeit und Stolz.

Willa hat mir noch ein Bild aus ihrem Asien-Urlaub geschickt. Da steht sie neben einem Elefanten im Fluss und strahlt wie nur Menschen strahlen, die von ihrem eigenen Mut gerade glücksangetüdelt sind. Ich nehme mir dieses Bild mit, in Gedanken. Ich nehme auch andere Bilder mit. Die Vorstellung von Evi, Anne und mir im Altersheim. Und das meiner Großtante Anneliese, die eine sehr glückliche Ehe geführt hat, aber dreißig Jahre Witwe war. Sie ist kurz vor ihrem 94. Geburtstag gestorben. Auf der Trauerkarte sieht man Anneliese im Jahr vor ihrem Tod. Sie hat ein Sektglas in der Hand, sie prostet der Kamera fröhlich zu.

Hin zur Freiheit

«Ist die Freiheit denn ein Lehrstoff?
Aber ja, ich wüsste keinen größeren und
schwierigeren.»
Peter Härtling, Hölderlin

«I need no permission, did I mention?»
Beyoncé, «Single Ladies (Put A Ring On It)»

Alles besser, als alleine zu sein?!

Florence und Chet wollen sich scheiden lassen. Die Richterin bittet das Paar zum Gespräch an einen Tisch. Sie will wissen, was hinter dem Scheidungswunsch steckt. Was war gut an der Ehe, was war schlecht? Schließlich fragt die Richterin: «Was haben Sie sich denn von der Ehe erwartet?» Und Florence sagt: «Was ich nicht bekommen habe.» «Zum Beispiel?» «Na, ich dachte immer, das Einzige, was ich dann nie mehr sein werde, ist einsam.»

Diese Szene ist aus einer Hollywood-Komödie, die fast 70 Jahre alt ist.[1] Aber diese Szene ist nicht gealtert, sie ist sogar sehr heutig. Und sehr witzig. Und sie ist vor allem deswegen so witzig, weil dieses Gefühl uns ziemlich bekannt vorkommt, oder? Wer eine Trennung hinter sich hat, der zieht unwillkürlich Bilanz. Und stellt womöglich fest, dass beim Erwartungsabgleich einige kahle Stellen bleiben. Was hat man sich erwartet? Mehr Nettigkeit, mehr Aufmerksamkeit, mehr Sex, mehr Restaurantbesuche, mehr überraschende Erkenntnisse? Was ist geblieben? Lieblingstassen, eine neu gefundene Abneigung gegen eine bestimmte Band, Erinnerungen an den schönsten Urlaub aller Zeiten, vollgeschnäuzte Taschentücher?

«Was haben Sie sich denn von der Ehe erwartet?» «Was ich nicht bekommen habe.»

Dieser Dialog ist witzig, aber er ist auch bemerkenswert. Denn er spricht Bände von der Liebesüberhöhung, die wir betreiben. Ich habe es bereits beschrieben: Wir idealisieren die Liebe. Wir trauen ihr alles zu. Aber wir erwarten es eben auch von ihr. Liebe als Abo auf das Rundum-sorglos-Paket: Sie soll uns ganz machen, unsere Identität absichern, uns erfüllen, unseren Geist erweitern, nachts wärmen und im Alter die Hand halten. Wer solche Erwartungen hegt, vergisst allerdings, dass die Liebe auch nur ein Mensch ist. Ein anderer Mensch. Und da gehen in der Regel nicht nur die Freuden, sondern auch die Probleme los.

Wir beladen einen anderen Menschen mit überirdischen Erwartungen, er soll aber bitte schön unter diesem Erwartungs-Päckchen nicht zusammenbrechen. Wir wollen glücklich gemacht werden, und wir wollen glücklich machen. Und zwar exklusiv. Manchmal klappt das. Manchmal klappt es nicht: Wir bekommen nicht immer das, was wir uns ersehnen. Ausgesprochen werden solche Enttäuschungen dann eben vor Scheidungsrichtern oder irgendwo anders, nach dem dritten Glas Merlot.

Wer die Liebe überhöht, der kann eigentlich nur scheitern. An den Menschen, aber auch am Ideal selbst. Einem Ideal kann man sich nähern, man kann es aber nicht erreichen. Das lässt sich ganz praktisch illustrieren: Wenn man nur lang genug ein Ereignis herbeisehnt, wird es selten so überwältigend wie erhofft. Ich nenne es das Silvester-Phänomen. Die von langer Hand geplanten, teuren, aufwendigen Partys sind meistens ziemlich lahm. Trotz allen Aufwands, trotz aller Vorfreude. Wem es aber gelingt, irgendwie eigentlich nichts groß vorzuhaben, der hat eine gute Chance auf eine denkwürdige Nacht.

Theodor W. Adorno hat dieses Phänomen auch mal beschrieben. Es gebe Träume, so der Philosoph, die ließen sich nicht gut erfüllen. Wenn sie wahr werden, fühle man sich ernüchtert. Sogar gelangweilt: Man fühle «sich dann fast immer durch die Erfüllung der Wünsche um den Inhalt der Wünsche betrogen [...], wie in dem Märchen, wo dem Bauern drei Wünsche freigegeben sind und er in dem ersten – ich glaube – seiner Gattin eine Wurst an die Nase wünscht und einen zweiten Wunsch dazu benutzen muß, diese Wurst von der Nase wieder wegzuwünschen».[2]

Das ist auch schon wieder witzig, oder? Ich finde dieses Bild von der Wurst an der Nase aber auch so passend, weil es nicht nur witzig, sondern auch tragisch ist und so das Liebesleben gut zusammenfasst. Wie es eben so laufen kann: Manchmal gehen einem die Wünsche aus, und die metaphorische Wurst an der Nase lässt sich nicht mehr entfernen. Aber manchmal gibt es auch Menschen, die sich lieber mit Wurst an der Nase durchs Leben schlagen als zuzugeben, dass das vielleicht nicht exakt das war, was sie wollten.

Was ich sagen möchte: Es gibt viele Menschen, die sind lieber in einer schlechten Beziehung als in gar keiner.

Wenn das mal nicht tragisch ist.

Was wäre, wenn?

Wenn ich Schluss machen würde, wäre ich dann für immer alleine? Gut, er hasst meine Klamotten. [...] Aber was ist mit der Liebe?»[3] Lena Dunham ist sehr unglücklich in ihrer Beziehung. Ihr Freund macht sich über Dinge lustig, die ihr wichtig sind. Er gibt ihr nicht das, was sie sich wünscht. Dabei hat sie es durchaus versucht, wie sie in ihrer Autobiographie Not That Kind of Girl beschreibt: «Wir verbrachten gewundene Wochenenden mit dem Versuch, zusammen zu brunchen oder ins Kino zu gehen, wie Leute, die sich eigentlich gut kennen. Aber er fand meinen Vater nicht lustig genug, und ich habe nicht verstanden, was so cool an seinem Freund Leo war, dem Puppenspieler.»[4] Was hier bissig erzählt wird, klingt auch witzig, aber es ist zugleich auch wieder tragisch. Die Beziehung macht sie nicht glücklich, sie und ihr Freund kommen nicht zueinander, obwohl sie es probieren. Sie merkt das. Doch tragischerweise reicht dieses Empfinden nicht aus, um sich zu lösen, aus Angst: «Wäre ich dann für immer alleine?»

Wäre das denn so schlimm? Lena trennt sich schließlich. Aber es gibt genug Frauen, die das nicht schaffen oder die das nicht so schnell und so konsequent schaffen. Denn für viele ist das Singlesein eine so bedrohliche Vorstellung, dass sie sich lieber an einen Zustand klammern, der ihnen zumindest Zugehörigkeit verspricht. Der zumindest von außen so aussieht, als wäre da ein Paar, das zusammengehört. Irgendjemand, der irgendwie da ist, scheint besser als die Vorstellung, alleine auf zwei Beinen zu stehen.

Doch das ist nicht so.

Auch wenn es schwerfällt, das zu erfahren. Wer sich schon mal aus einer unglücklichen Beziehung gelöst hat, wird wissen, wie traurig, bitter und – mit Verlaub – beschissen ein solcher Prozess ist. Die Erkenntnis, dass keine Beziehung wirklich immer besser ist als eine schlechte Beziehung, wird mit Tränen bezahlt. Diese Erkenntnis ist keine Plattitüde, genug Menschen verharren in solchen Beziehungen.

Keine Beziehung überlebt auf Dauer mit Feuerwerk und rosaroter Brille. Keine. Also wirklich keine. Genauso wenig wie eine Beziehung ohne Krisen überlebt. Keine. Das ist aber auch nicht gemeint, wenn ich von unglücklichen Beziehungen rede. Gemeint sind die Beziehungen, die einem eine Art der Unzufriedenheit bieten, die nur die Einsamkeit zu zweit für einen bereithält. Eine Einsamkeit, die sich wie ein schwerer Mantel über die Schultern legt und einen gerade auch deswegen so verzweifeln lässt, weil es doch ganz anders gedacht war.

Und dann gibt es da noch einen Typus, schlimmer als die Einsamkeit: Beziehungen, die von einem so starken Machtgefälle geprägt sind, dass man dabei schon fast sichtbar zerschmettert wird. Beziehungen mit Menschen, die sich so offensichtlich nicht für unser Wohl interessieren, dass unser gesamter Freundeskreis – wenn wir ihn denn mal befragen würden – «Lauf!»

schrei en würde. Und wir harren stattdessen aus. Vielleicht ändert er sich ja noch. Vielleicht müssen wir uns ja ändern. Alles besser, als ohne ihn zu sein.

Laut der Psychologin Ursula Nuber sind Frauen in unglücklichen Ehen dreimal häufiger depressiv als Männer, fast die Hälfte aller unglücklich verheirateten Frauen sei depressiv.[5] Partnerschaftsstörungen sollen das Risiko einer Depression um 30 Prozent erhöhen. Beziehungen können das Gegenteil dessen sein, was wir erwünschen.

Und doch ertragen wir die Einsamkeit zu zweit oder eine anderweitig unglückliche Beziehung oft lieber, als Konsequenzen zu ziehen. Dafür gibt es viele Gründe. Es hat etwas mit Single Shaming zu tun, mit der Sorge, was das Umfeld denkt, mit der Sorge, keinen mehr «abzukriegen», alleine zu bleiben, komisch angeguckt zu werden, den ganzen Dating-Zirkus wieder von vorne anfangen zu müssen, der Sorge, es nicht genug probiert zu haben, nicht zu merken, dass er doch der Richtige ist, der Sorge, vielleicht überhaupt nie sonst jemanden zu finden, der nur annähernd genug bereit wäre, zumindest irgendwie «da» zu sein. Es hat mit dem Stellenwert zu tun, den wir der romantischen Zweierbeziehung einräumen. Und es hat zu tun mit der Bereitschaft von Frauen zu leiden.

Wie es die Autorin Heike-Melba Fendel beschreibt: «Weil für sie immer noch ganz entscheidend ist, a) überhaupt einen Partner zu haben, b) ihn um jeden Preis zu halten, und c) wenn man keinen hat, darunter zu leiden und diesen Zustand möglichst schnell beenden zu wollen. Und um diese drei Dinge zu erreichen, schlucken Frauen sehr viel – auch diejenigen, die im Beruf tough und erfolgreich sind. Ich kann einen Konzern leiten und trotzdem dulden, dass mein Mann mich betrügt und ich mich täglich damit quäle.»[6]

Alles besser, als alleine zu sein?

Franzi spricht sehr bestimmt, als ich sie darauf anspreche. «Ich war bis vor einem Jahr in einer Beziehung, die mich nicht sonderlich glücklich gemacht hat. Aber ich dachte immer, ich müsste halt in einer Beziehung sein», sagt sie. «Doch dann ist mir aufgefallen, wie beschissen ich mich gefühlt habe. Ich habe es probiert, dabei wusste ich, dass es nichts wird. Ich habe anderthalb Jahre meines Lebens für diese Erkenntnis verschwendet.»

Sarah hat in den letzten Jahren viel gedatet und ein paar kürzere Beziehungen gehabt. «Ich bin dabei immer wieder auf mich selber reingefallen, mittlerweile frage ich mich, was ich mir dabei nur gedacht habe! Immer diese Typen, die ich zwar nicht sooo toll fand, für die ich aber dann alles gemacht habe. ‹Sarah, kommst du bei mir vorbei?› ‹Ja, aber natürlich!›», äfft sie sich selbst mit hoher Stimme nach. «Und ich bin immer vorbeigefahren, hab ihm zugehört, war nett, und dann der Typ so: ‹Ach, weißt du, ich bin nicht sicher, ich glaub, ich muss erst mal mit mir selber klarkommen.› Und ich dann sofort: ‹Ja, klar. Kein Problem. Aber lass uns doch Freunde bleiben.›» Sarah schlägt sich an die Stirn und flucht. «Ich habe so viel mit mir machen lassen, obwohl ich immer wusste, dass es nicht so toll war.»

Vera spricht auch von ihren letzten Beziehungs- und Halbbeziehungs- und Nenne-es-bloß-nicht-Beziehungserfahrungen und ist sehr bestimmt dabei: «Mein Bedarf an Idiotentum ist gedeckt. Ich habe auch so viel mit mir machen lassen, ich mache das nicht mehr mit.» Die Journalistin Sarah Ratchford beschreibt dieses Gefühl so: «Frauen werden immer besser darin, f*ckboys zu erkennen, und haben zunehmend keinen Bock mehr auf Dating. Viele hetero Cis-Frauen, die ich kenne, haben sogar Sex aufgegeben. Sie wählen stattdessen das Katze-und-Vibrator-Modell. Eigentlich eine der traurigsten Tropen. Aber es hat einen Grund: Es ist verlässlicher als ein Mann.»[7]

Bevor man sich mit irgendjemandem abgibt, der, wie Rebecca

Traister es so schön beschrieben hat, Hauptsache «Penis und Puls» hat, ist Singlesein ausnahmslos: besser!

Manchmal sind die Typen das Problem. Aber das ist natürlich zu kurz gedacht. Denn Frauen, die bei unverlässlichen Typen bleiben, sind ihr eigenstes allergrößtes Problem. Und doch scheint dieses Problem strukturell schauerlich fest verankert. Man mag es ja oft nicht glauben, aber man kennt die Geschichten: Frauen, die sich Dinge gefallen lassen, bei denen sie selbst jeder Freundin raten würden, die Beziehung ganz schnell zu beenden. Weil sie mehr wert sind, als sich so etwas bieten zu lassen. Aber sie selber sehen ihren eigenen Wert nicht. Es hat etwas Liebloses sich selbst gegenüber, sich alles gefallen zu lassen. Aber der Beziehungswunsch ist stark. Das Bedürfnis, von einem Mann irgendwie anerkannt zu werden, ist stark. Wie die beiden Freundinnen, die sich in einer Bar neben mir unterhielten. «Und dann hat er zu meiner Unterwäsche gesagt, damit würde ich ihn ja nun nicht gerade anmachen.» «Waaas? Und was hast du gemacht?» «Mir neue Unterwäsche gekauft.» «Ernsthaft? Dem hätte ich drei Sekunden gegeben, um seine Sachen zu packen, und dann hätte ich ihm aus dem Fenster noch meine alte Fernsehröhre auf den Kopf geworfen.»

Aber es gibt leider wirklich viele Frauen, die nicht zur Tür zeigen, wenn sie verletzt werden. Die im Alltag selbstbewusst sind, bei anderen Menschen schlechte Beziehungsmuster gut erkennen können, aber bei sich selber scheitern. An sich selber scheitern. Wie Bine.

«Ich war halt auch wirklich noch jünger, aber ich bin auch heute noch erschrocken darüber, was ich alles habe mit mir machen lassen. Unsere Beziehung war schwierig. Nichts konnte ich ihm recht machen. Ich habe mich oft genug gefragt, warum er überhaupt an mir festhielt, wenn ich ihm so wenig genügte. Die meisten meiner Freunde fand er läppsch, mein Studium langweilig, und über meine Klamotten hat er sich auch mal lustig gemacht. Er hat mich eigentlich ständig abgewertet. Und weißt du was? Ich fand ihn trotzdem toll. Dann hat er mich mal gebeten, während er beruflich weg war, die Pflanzen in seiner Wohnung zu gießen. Dabei habe ich einen handschriftlichen Brief auf seinem Schreibtisch entdeckt. Es war eine Frauenhandschrift, das habe ich sofort gesehen. Ich habe den Brief gelesen. Sie schrieb, wie sehr sie ihn vermisse, wie sehr sie vermisse, in seinen Armen zu liegen.» Bine atmet tief ein. «Mir ist schlecht geworden. Kalt und heiß und fast schwarz vor Augen. Ich wusste genau, wann das passiert sein musste. Wir hatten die ganze Zeit telefoniert. Aber weißt du, was ich dann gemacht habe?» Ich schüttele mit dem Kopf. «Nichts. Ich habe den Brief wieder genau so hingelegt. Habe seine Pflanzen gegossen und ihn nicht darauf angesprochen. Ich kann mir heute nur noch schwer vorstellen, warum, aber er war ja schließlich wieder bei mir. Und das wollte ich nicht gefährden. Ich habe einfach alles mit mir machen lassen. Das habe ich dann noch mehr als ein Jahr ausgehalten.»

Auch Edda kann eine ähnliche Geschichte erzählen. Eine Geschichte vom Alles-Hinnehmen. Die Vierzigjährige fasst sich mit den Händen an die Oberarme, während sie erzählt, als wolle sie sich umarmen und nachträglich trösten für das, was sie durchgemacht hat. «Ich war Anfang dreißig und mit jemandem zusammen, den man nur als wankelmütigen Egomanen bezeichnen kann. Er hat mich behandelt wie ein Stück Dreck, so sehe ich das zumindest im Nachhinein. Damals habe ich das überhaupt nicht erkannt, weil ich so dringend wollte, dass er weiter in meinem Leben bleibt. Er hat sich in regelmäßigen Abständen von mir getrennt, es sei nicht ‹genug› zwischen uns, sagte er immer. Das hat mich dann jedes Mal total fertiggemacht, und doch war ich immer überglücklich, wenn er wieder ankam. Mit mir konnte er es ja machen, das hat er irgendwann fast von mir erwartet. Ich habe einfach alles hingenommen. Und dann wollten wir sogar zusammenziehen. Warum ich das für eine gute Idee hielt, weiß ich leider überhaupt nicht mehr. Auf jeden Fall war der Mietvertrag schon unterschrieben, da verkündete er, er könne das doch nicht machen. Und ließ mich auf den Kosten der Kaution sitzen.» Edda nimmt einen Schluck Wasser, und ich sehe ihr an, dass die Geschichte noch weitergeht. «Und dann kam das Beste. Einen Monat später, ich hatte mittlerweile eine neue Wohnung, schellte es nachts bei mir an der Tür. Da stand er wieder auf der Matte. Er hätte mich vermisst. Und dann blieb er ein paar Tage. Dass ich ihn überhaupt reingelassen habe, ärgert mich bis heute. Na ja, und irgendwie war dann klar, er wollte jetzt eben in meine neue Wohnung ziehen. Und da ist dann endlich der Knoten geplatzt. Ich habe alle Kraft zusammengenommen und ihm gesagt: ‹Das war's.› Und ihm nie mehr die Tür aufgemacht.»

Hauptsache, Beziehung

Angst ist ein mieser Ratgeber und ein noch schlechteres Bindemittel. Ich kenne das auch. Wenn ich mich nicht so genau erinnern würde, mein Tagebuch würde mir dabei helfen. Dort habe ich damals Tag für Tag für Tag das Gleiche hineingeschrieben: «Es ist vorbei.» Doch getrennt habe ich mich nicht.

Ich war in einer Beziehung. Schon jahrelang. Wir hatten uns in einem Alter getroffen, in dem die meisten, so auch wir, anfangen, sich etwas aufzubauen. Sich gemeinsam etwas aufzubauen, wie A. es immer betonte. Das heißt, zusammenziehen und zwei verschiedene Leben langsam und stetig so miteinander zu verknoten, bis sie so fest ineinanderstecken, dass man gar nicht mehr weiß, wie man sie entknoten sollte. Oder ob das überhaupt noch geht.

Aber wir wollten auch nichts entknoten, wir wollten zusammen sein. Zusammenbleiben. Und in hoffnungsfrohen Momenten, Eis schleckend, an Sommerabenden in Südfrankreich, sprachen wir sogar von Hochzeit und Kindern und versprachen uns, das erst mal für uns zu behalten, weil es sich zu kostbar anfühlte, um es in die Welt zu posaunen. Wir wollten zusammenbleiben, aber wir sind nicht zusammengeblieben. Irgendwann wollten wir beide nicht mehr. Wir hatten uns so weit voneinander entfernt, wie es nur zwei Menschen, die sich mal etwas anderes versprochen hatten, können. Wir hatten probiert, uns wieder anzunähern. Wir hatten es auch dann noch probiert, als es längst vorbei war. Ich war dabei sehr einsam und sehr wütend, traurig und rasend verzweifelt. A. ging es vermutlich ganz ähnlich.

Ich starrte nachts vor dem Einschlafen immer öfter an die Wand. Und fragte mich, was passieren würde, wenn wir uns trennten. Ich war Anfang 30. Ich ging in Gedanken alle meine männlichen Freunde, Bekannten und Kollegen durch, und das war genug Empirie für mich, um zu ahnen: Ich werde dann wohl lange Single bleiben. Denn die meisten sind längst in festen Beziehungen. Haha, in «festen» Beziehungen. Das dachten andere wohl auch von unserer Beziehung. Das hatte ich von unserer Beziehung auch mal gedacht. Falsch gedacht. Und nun hatte ich Angst, nach der Trennung alleine zu bleiben. Richtig große Angst. Es passte so gar nicht in den Plan, den ich für mein Leben ausgetüftelt hatte. Was, wenn ich niemanden treffen würde, der mit mir zusammen die Frage klärt, ob ich nicht doch ein Kind haben möchte? Was, wenn ich niemanden treffen würde, der mir zeigt, dass Liebe doch ein bisschen ist wie in Filmen? Was, wenn ich niemanden treffen würde, der sich so richtig für mich interessiert?

Und außerdem: Wie würde dann M. reagieren, die ständig von ihrem Freund erzählte und mich damit wahnsinnig nervte? Was würden P. und B. sagen? Dass sie es doch die ganze Zeit geahnt hätten? Was würden die Leute sagen? Ja, darüber habe ich tatsächlich auch nachgedacht.

Außerdem hatte ich Angst, dass A. meine letzte Chance auf all diese klassischen Träume war, auf meine Kinderträume vom Heiraten, auf die Sicherheit des Jemanden-Habens und darauf, den Single-Katzentisch auf Familienfeiern zu umgehen. Und Abend um Abend fielen mir daher die Augen zu, ohne dass ich mir eingestehen konnte, was trotz allem sehr offensichtlich war: Alleine ist besser.

«Ich habe Standards!»

Doch wir haben es anders verinnerlicht: Eine Beziehung ist besser als keine. Das haben wir so sehr verinnerlicht, dass wir uns um unsere eigentlichen Bedürfnisse nicht mehr scheren. Eine Beziehung ist besser als keine – das meinen auch diejenigen, die Singles immer vorwerfen, sie hätten zu hohe Ansprüche. Freundinnen, Familie, man kann es aber auch in den Medien nachlesen. Oder man lässt es bleiben, die Anzahl der Artikel dazu ist ehrlich gesagt sowieso viel zu groß. Stattdessen sollten wir uns zu Herzen nehmen, was Sarah gesagt hat, als ich sie darauf angesprochen habe: «Ich kenne das so gut! Immer heißt es, ich sei zu wählerisch. Zu wählerisch! Wenn du jemanden suchst, mit dem du dein Leben teilen möchtest, wie kann man dann zu wählerisch sein?! Ich kann doch niemanden daten, nur weil der zu haben ist. Ich habe Standards!»

Jemanden daten, nur weil der zu haben ist. Eben. Das ist nicht so ein toller Grund. «Denn was ist mit der Liebe?» Um noch mal Lena Dunhams Frage aufzugreifen. Auf der einen Seite wird uns nahegelegt, die Liebe sei etwas so existenziell Umwerfendes, dass wir auf jeden Fall den «Richtigen» suchen sollten und uns dann der blinden Leidenschaft hingeben; auf der anderen Seite geht es auf einmal doch um die eigene Wahl – also nix mehr mit Amors Pfeil, sondern ein Akt der Verzweiflung. Als Bild stelle ich mir das so vor: Wer als Single im Eismeer rumtreibt und alle Rettungsboote verpasst hat, soll also nicht hoffen, dass doch noch eine Boje vorbeischippert, sondern sich zur Not auch an einer Plastiktüte festhalten. Dass das nix bringt? Sei doch nicht so anspruchsvoll!

Vielleicht ist es aber auch nicht als Akt der Verzweiflung gemeint, sondern schlicht als Eingeständnis an die Vernunft. Irgendwann verringert sich der Pool der Kandidaten, wir haben es gesehen, und dann müssen halt die Standards dran glauben. Dann mögen sich Singlefrauen doch bitte alle an Queen Victoria und den Rat an ihre Töchter erinnern, die Augen schließen und dabei an irgendetwas Schönes denken – kann doch nicht sein, dass wir zu wählerisch sind.

«Zu hohe Ansprüche! Das muss man sich mal vorstellen», schnaubt deswegen auch Vera, als ich sie darauf anspreche. «Was sagt das denn bitte über die Beziehung von denen aus, die so was sagen?» «Und außerdem», fügt sie hinzu, «habe ich natürlich hohe Ansprüche. Aber die habe ich ja auch an mich selbst. Abgesehen davon ist es aber auch nicht so, als hätte ich die Wahl. Es gibt gerade auch einfach niemanden. Da könnte ich meine Standards senken, so viel ich wollte!» Sie muss lachen.

Schlechte Beziehungen sind richtig schlecht

Frauen bekommen immer zu hören, dass Beziehungen besser sind. Frauen bekommen immer zu hören, sie sollten nicht so schnell aufgeben, es doch noch mal versuchen. Aber wie unglücklich schlechte Beziehungen machen, darüber reden wir vermutlich zu wenig.

Schlechte Beziehungen machen unglücklich. Und schaden uns mehr, als es das Singlesein an sich je könnte.

Fangen wir mal mit der Gesundheit an. Auf einer Konferenz der Internationalen Vereinigung für Beziehungsforschung (International Association for Relationship Research) wurden Studienergebnisse vorgestellt, die zeigen, dass sich eine Beziehung mit viel Konflikten negativ auf die Gesundheit auswirkt.[8] «Viele Konflikte und Streit in einer Beziehung sind schlecht für die Gesundheit, so wie Rauchen und Trinken», erklärt Rosie Shrout, eine der beteiligten Wissenschaftlerinnen. Mehr Stress, Entzündungen, negative Auswirkungen auf das Immunsystem können die Folge sein. Nicht eine Beziehung tut gut, nur eine *gute* Beziehung tut es.

Dass unglückliche Beziehungen nachhaltig das Wohlbefinden beeinträchtigen, lässt sich aber auch an anderen Studien zeigen. Zum Beispiel im «World Happiness Report», einem von den Vereinten Nationen herausgegebenen Bericht zur weltweiten Lebenszufriedenheit. Dort heißt es: «Menschen, die in einer Ehe von [selbsterklärter] schlechter Qualität sind, sind weniger glücklich als nicht verheiratete Menschen.» Und weiter heißt es: «Britische, amerikanische und deutsche Erhebungen zeigen, dass eine Person, die sich scheiden lässt, im Durchschnitt schon ein Jahr nach der Trennung glücklicher ist als in den drei Jahren zuvor.»

Keine Beziehung ist besser als eine schlechte.

Sicher, die Beziehungslobby wird jetzt einwenden, dass aber dafür eine glückliche Beziehung auf jeden Fall besser sei als keine. «Wer verheiratet ist, lebt länger», «Ehe macht glücklich», «Ehe: Wie Sie das Leben verlängern können» – sehr zuverlässig werden solche Schlagzeilen produziert. Wer heiratet, also sich in eine feste, dauerhafte Zweierbeziehung begibt, tut sich etwas Gutes, so die vorherrschende Meinung. Und so auch das Ergebnis vieler Studien und Umfragen, die zu dem Thema herangezogen werden. Bei diesen Studien scheint zuverlässig herauszukommen, dass verheiratete Menschen allen anderen – wie Geschiedenen oder Singles – einige Glückspunkte voraushaben. Die Sozialpsychologin Bella DePaulo hat sich allerdings mit solcherlei Erhebungen beschäftigt und dabei festgestellt, dass sich dieses Resümee so nicht aufrechterhalten lässt.[9]

Um zu verstehen, wie die Interpreten dieser Studien argumentieren, hat sie folgendes Gedankenexperiment angestellt: Ein Team von Wissenschaftlern testet für einen Pharmakonzern ein neues Medikament, das Menschen glücklicher und gesünder machen soll. Nennen wir es Mogelox. Unterschiedlichen Probanden wird das Medikament angeboten. Zu Forschungszwecken werden sie in vier Gruppen eingeteilt. Die erste Gruppe nimmt das Medikament während der gesamten Studie; die zweite Gruppe – warum auch immer – entscheidet sich dagegen, das Medikament zu nehmen; die dritte Gruppe fängt zunächst an, Mogelox zu nehmen, aber entscheidet sich dann – warum auch immer –, damit wieder aufzuhören; und die vierte Gruppe beginnt, Mogelox zu nehmen, doch die Einnahme wird unfreiwillig beendet.

Alle Probanden müssen folgende Frage beantworten: «Wie glücklich fühlen sie sich gerade?» Vier Punkte bedeutet «sehr glücklich», drei Punkte «ziemlich glücklich», und «nicht so glücklich» ist man bei zwei Punkten. Dabei stellt sich heraus, dass die erste Gruppe die glücklichste ist, sie erhält einen Glückspunktestand von 3,3, die zweite Gruppe von 3,2, die beiden anderen von jeweils 2,9. Die Ergebnisse scheinen eindeutig. Die Leute von der Pharmaindustrie jubeln also, denn klar: Das Medikament wirkt. Diejenigen, die es durchgängig nehmen, sind am glücklichsten.

Doch das Problem mit einem solchen Studienergebnis, wie DePaulo schreibt, ist, dass es nicht diejenigen beachtet, die aufgehört haben, das Medikament zu nehmen. Denn diejenigen hat es ja offensichtlich gerade *nicht* glücklicher gemacht. Man kann also nicht behaupten, das Mogelox Menschen glücklicher mache. Fast die Hälfte derjenigen, die das Medikament genommen haben, haben damit wieder aufgehört!

Aber DePaulo geht noch einen Schritt weiter. Sie schreibt: «Nehmen Sie an, dass Sie das Medikament vertragen. Sie sind sich sicher, dass Sie es weiter nehmen werden und dass es Ihnen niemand wieder wegnimmt. Dafür haben Sie zwar keine wissenschaftliche Basis und auch keine Kontrolle, aber Sie glauben es trotzdem.» Wer dabei in der ersten Gruppe lande, habe eine Glückspunktzahl von 3,3, im Vergleich zu denen, die es nie genommen haben, mit 3,2. «Statistisch gesehen, sind Sie in der besseren Gruppe. Aber realistisch gesehen: Würden Sie behaupten, dass Mogelox Ihr Leben umgekrempelt hat?» Schließlich sind beide Gruppen nah dran an «ziemlich glücklich».

Aber sicher, ein kleiner Glücksunterschied von 0,1 Punkten lässt sich nicht wegdiskutieren. Aber vielleicht waren die Mogelox-Leute von Anfang an glücklicher? Dann hat Mogelox sie nicht glücklicher gemacht, sie waren es schon. Wenn man also wirklich wissen wollte, was Mogelox mit Menschen macht, dürfte man ihnen nicht die Wahl lassen, es zu nehmen. Man müsste sie zwingen.

Diese hypothetische Studie, die DePaulo so beschrieben hat, ist leicht als wissenschaftlich nicht sonderlich valide zu durchschauen. Doch sie basiert in der Tat auf einer echten Studie zur Zufriedenheit von verheirateten Menschen. DePaulo hat lediglich die Ehe mit dem Medikament Mogelox ausgetauscht.

Viele Studien, die sich mit Ehe beschäftigen, funktionieren ähnlich. Wer ihre Ergebnisse verstehen will, so DePaulo, müsse sich daher vor allem eines klarmachen: «Auf der Grundlage solcher Daten wäre es gar nicht falsch zu sagen, verheiratete Menschen seien im Schnitt glücklicher als diejenigen, die gerade nicht verheiratet seien – solange man sich zugleich klarmacht, dass der größte Unterschied zwischen den Verheirateten und den ehemals Verheirateten liegt und dass, auf einer Vier-Punkte-Skala, die Single-Gruppe nur ein Zehntel eines Punktes von den aktuell Verheirateten unterscheidet.»

Und selbst wenn man die Daten so beschreibt, lässt sich immer noch nicht behaupten, die Ehe mache Menschen glücklicher. Denn sie war schließlich nicht besser für diejenigen, die sich haben scheiden lassen, so DePaulo.

Studien zur Lebenszufriedenheit von Eheleuten zeigen regelmäßig, dass eine Heirat zunächst einen positiven Effekt auf das Wohlbefinden hat. Aber dieser kleine Glücksschluckauf verpufft nach einiger Zeit, und diese Menschen sind im Schnitt wieder so gut dran wie vorher. Eine Beziehung macht also nicht glücklich. Was sich daher sagen lässt, ist, dass niemand von der Ehe ein Glücks-Abo erwarten sollte. Wer nicht schon zufrieden ist, wird es von der Ehe nicht werden. Und wer Single und zufrieden ist, darf es bleiben, ohne Angst zu haben, ins Unglück zu stürzen.

Eine stabile Erkenntnis aus solcherlei Studien bleibt allerdings: «Wenn man die Unzufriedenheit in allen Gruppen vergleicht, gibt es niemanden, der so unglücklich ist, wie die unglücklich Verheirateten – nicht die Geschiedenen, nicht die Verwitweten und nicht die Dauer-Singles.»[10] Eine schlechte Beziehung ist schlechter als keine Beziehung.

Glückliche Menschen sind glücklicher als weniger glückliche Menschen. Gute Beziehungen machen froh. Und Küssen stärkt die Abwehrkräfte. Aber es gibt halt auch Paare, die rauchen.

Ablehnung ist der Anfang, frei zu sein

Als ich mit A. frisch zusammengezogen war, bekam ich eine Panikattacke. Wegen eines Kleiderschranks. Der Kleiderschrank war bis dato das teuerste Möbelstück, das ich mir jemals gekauft hatte. Und nun stand er in unserer Wohnung, in unserem Schlafzimmer, und mir war es, als würde er auf mich drauffallen. Und ich darunter ersticken. Was, wenn wir uns trennen würden, wohin dann mit dem teuren Teil? Dieses Ungetüm an Möbel erschien mir wie eine Zwangsverpflichtung zum Zusammensein. Ein Menetekel des «Wir bauen uns etwas auf».

«Ach, Gunda, ist doch egal», meinte A., «dann verkaufst du das Ding halt wieder, wenn wir uns trennen.» Ich war ihm dankbar für die beruhigenden Worte. Aber ich merkte auch, was es alles sein kann, was Menschen aneinander bindet. Es kann so vieles sein. Die schöne Wohnung, die man sich nicht alleine leisten kann. Der Hauskredit. Der doofe Kleiderschrank. Wer schon einmal mit einem Partner zusammengezogen ist und wieder auseinandergezogen, weiß, was das bedeutet. Es sind auch die wohnlichen Annehmlichkeiten, die ein Leben zu zweit bietet. Die Einrichtungsgegenstände, die man sich teilt. Der Urlaub, den man automatisch zu zweit plant. Das Auto, das sich alleine nicht lohnt.

Oder die Familie des Partners, die man liebgewonnen hat. Ein Freundeskreis. Ich hatte mal einen Freund, der hatte einen ganz wunderbaren Freundeskreis. Der hatte auch eine ganz wunderbare Familie. Und selbst die hatten wunderbare Nachbarn, mit denen ich mich gut verstand. Ich verbrachte einen Sommer im Haus seiner Eltern und genoss jeden Tag. Immer kam jemand vorbei, wir grillten. Ich liebte die Terrasse und die Farbe der Wände im Wohnzimmer. Ich mochte es, dazuzugehören, Teil dieser Familie zu sein. Seine Mutter war Schulleiterin und hatte in ihrem Arbeitszimmer die Dankeskarte einer Schülerin hängen. «Ich bin so froh, dass ich bei Ihnen sein darf», stand dort. Ich fühlte genauso.

T. und ich beendeten ein Jahr später unsere Beziehung. Ich hätte mich gerne noch von seiner Familie verabschiedet, von seinem Freundeskreis. Die ich wohl nicht mehr wiedersehen würde, da er in einer anderen Stadt lebte. Aber dazu kam es nicht, es war vorbei.

Jahre später, und ich sehe Fotos von ihm auf Facebook. Italienurlaub mit der ganzen Familie. Fünfzehn fröhliche Menschen an einem langen Tisch auf einer Steinterrasse in der Abendsonne. Seine Frau und seine zwei Kinder. Seine Schwester, ihr Mann. Seine Eltern. Hätte ich da sitzen können? Ich weiß es nicht, es ist auch egal. Aber wenn ich diese Fotos sehe, vermisse ich sie immer noch. Ein kleines bisschen.

Wer sich etwas aufgebaut hat, scheut sich, es wieder abzubauen. Denn nach dem Einreißen droht die Leere. Nichts, das hält. Was wird? Nur Fragen. Kurz bevor A. und ich uns trennten, traf ich meine alte Grundschullehrerin. Sie fragte mich, wie es mir ginge, ich erzählte kurz und fing dabei unwillkürlich an zu weinen. Sie sprach mir gut zu. Was sie genau sagte, habe ich vergessen. Aber zum Abschied griff sie meinen Arm: «Nur Mut, Gunda, nur Mut.»

«Nur Mut» ist leicht gesagt und schwer bewiesen. Beziehungen beenden sich leichter mit zwanzig, mit fünfundzwanzig. Aber ab dreißig wird es kritisch. Können wir in den Zwanzigern noch glauben, dass da auf jeden Fall noch einer auftauchen wird, wird diese Hoffnung ab Mitte dreißig von den altbekannten Statistiken zerdrückt. Wer davor Angst hat, dem hilft gutes Zureden auch nur bedingt. Aber vielleicht das Gedankenexperiment, das Dolly Alderton in ihrem Buch *What I Know About Love* beschreibt: Stelle dir vor, alles, was du tun müsstest, um dich zu trennen, wäre, in einen leeren Raum zu gehen und dort auf einen roten Knopf zu drücken. Es gäbe kein Drama, keine Gespräche, keine Wer-behält-was-Fragen. Einfach nur ein Knopf. Würde man ihn drücken? Da ist die Antwort.

Es ist wichtig zu sehen, dass wir auch alleine glücklich sein können. Dass nicht irgendeine Beziehung es wert ist, dafür das Singlesein aufzugeben. «Ich habe gemerkt, dass ich auf viele Dates nur gegangen bin, weil der Typ interessiert schien. Aber das ist keine gute Basis.» Sarah hat recht.

Jutta ist verheiratet, seit zwei Jahren. «Ich habe Sebastian neulich angeschaut und mich gefragt, ob ich mit diesem Mann wirklich bis ins hohe Alter zusammenbleiben will», seufzt sie. «Du hast es gut, du kannst dich noch mal verlieben.» Lucy, die Freundin, auf deren Hochzeit ich so komisch angeguckt worden war, erzählt mir von einer Bekannten, die gerade schwanger mit dem zweiten Kind sei und ihr gestanden habe, sie denke über Scheidung nach. Da sagte Lucy: «Haha, beim zweiten Kind erst? Das ging bei mir in den Flitterwochen los.»

Singlesein kann toll sein. Singlesein kann doof sein. Es gibt sehr glückliche Beziehungen. Es gibt sehr unglückliche Beziehungen. Und es gibt vieles dazwischen. Eins allerdings stimmt immer: In einer Beziehung zu sein, sagt nichts über den Glückszustand der Beteiligten aus. Singles sollten sich nicht einreden lassen, dass alles besser ist als das, was sie haben.

Jeder, der denkt, Singles seien auf jeden Fall schlechter dran, verdrängt die Einsamkeit, die einen in einer unglücklichen Beziehung befallen kann. «Einsamkeit ist nur schön, wenn man sie jemandem sagen kann», heißt es in *Der liebe Augustin*. Andersrum gilt: Einsamkeit ist am schlimmsten, wenn sie erst zu zweit entsteht. Anton Tschechow riet: «Wenn du Angst vor Einsamkeit hast, dann heirate nicht.»

Ich schlage einen anderen Rat vor. Den Satz von Germaine

Greer: Ablehnung ist der Anfang, frei zu sein. Diesem Satz muss man ein wenig nachschmecken, um zu merken, was er bedeutet, was er hier bedeutet: Wir müssen nicht in einer Beziehung sein. Wir müssen nicht heiraten. Wir müssen keine Kinder kriegen. Wir müssen keine Partnerschaft erdulden, die uns nicht froh macht. Wir müssen auch nicht daten. Wir müssen nicht warten, bis er sich meldet. Wir müssen das alles nicht. Hinter diesen vielen «nicht müssen» stecken, wie wir gesehen haben, Jahrhunderte an ganz anderer Geschichte. Es ist unsere neue Freiheit, nicht zu müssen.

Aber diese Freiheit wird nur behauptet und ausgebaut, wenn wir zu ihren Lobbyisten werden. Zu den Lobbyisten unserer eigenen Grenzen, unserer eigenen Standards. Was auch immer diese sind. Und ob dabei eine Beziehung entsteht oder nicht.

Ich muss dabei an Sarah denken, die sehr anschaulich beschreibt, worum es geht: «Don't settle for shit.» In anderen Worten: Weil wir es uns wert sind, jetzt mal in echt.

Wie gut, dass wir uns haben –
Freundschaften

Es war 12 Uhr 57 an einem Tag im Oktober. Das weiß ich noch so genau, weil ich beim Auflegen nach unserem Gespräch auf das Telefondisplay starrte. «12:57» stand da, kurz vor 13 Uhr also. Fast sechs Jahre Beziehung. Und die waren jetzt vorbei.

Ich war unendlich traurig, unendlich erleichtert und unendlich traurig. Ich lief in mein Zimmer, ich ging zurück in den Flur, setzte mich ans Fenster. Und dachte: «Scheiße, C. hat gerade Theaterproben.»

C. Die Freundin, mit der ich das jetzt alles bereden wollte.

Ich hinterließ ihr also eine Nachricht auf der Mailbox und setzte mich wieder ans Fenster. Jetzt musste ich nur noch die nächsten Stunden durchhalten, nach ihrer Probe würde sich C. sofort melden, und alles würde besser.

Und dann rief C. endlich an: «Gunda, ich eile!» Wenig später rannte sie auf mich zu und drückte mich fest. «Wir kochen dir jetzt erst mal was. Was möchtest du denn?» Sie redete weiter auf mich ein, während sie mich durch den Supermarkt schob: «Schau mal, Linguine oder Spaghetti? Welche Nudeln möchtest du?» Und ich sagte: «Zigaretten.» Dann rief sie Marc an, und wenig später saßen wir alle bei ihr in der Küche, aßen Nudeln, und ich erzählte und rauchte und erzählte. Irgendwann ging es mir besser, ich ging nach Hause, weinte wieder eine Runde und dachte noch mal an C.: «Wenn was ist, rufst du sofort an. Versprochen?» «Versprochen.»

Beziehungen, das große Glück

Kann man ohne Freunde leben? Wer weiß. Ich kann es jedenfalls nicht. Die wenigsten können es. Beziehungen sind das Wichtigste im Leben. Beziehungen zu Familie, Liebhabern, Kindern. Und Freunden. Freundschaften sind eines der ältesten Themen der Menschheit, aus gutem Grund. In der Philosophie, der Literatur. Freundschaften sind da, wo Menschen sind. Und wo sie fehlen, kann es düster werden. Das wissen auch Sozialwissenschaftler, Psychologen, Politiker. Das wissen wir vermutlich alle. Denn wer keine stabilen Sozialkontakte hat, dem kann es körperlich und seelisch sehr schlechtgehen. Diese Risiken sind mittlerweile gut bekannt. Einsamkeit, also das Gefühl, wenn sich jemand Kontakt wünscht, ihn aber nicht haben kann, ist vergleichbar mit den Risiken, die Fettsucht mit sich bringt.[11] Ähnlich sogar wie manche Risiken, die das Rauchen mit sich bringt oder zu wenig Sport. Einsamkeit ist eine echte Bedrohung, so echt, dass es in Großbritannien mittlerweile sogar eine Ministerin gegen die Einsamkeit gibt. Mehr als 14 Prozent der britischen Bevölkerung sollen darunter leiden.

In der «Harvard Women's Health Watch» heißt es: «Dutzende Studien haben gezeigt, dass Menschen, die zufriedene Beziehungen mit der Familie, mit Freunden und ihrer Umgebung haben, glücklicher sind, weniger gesundheitliche Probleme haben und länger leben.»[12] Diese Menschen haben auch weniger psychische Probleme, wie Emma Seppala vom Stanford Center for Compassion and Altruism erklärt: «Menschen, die sich mehr mit anderen verbunden fühlen, haben weniger Ängste und Depressionen. Darüber hinaus haben Studien gezeigt, dass sie außerdem höheres Selbstbewusstsein haben, mehr Empathie für andere, sie sind vertrauensvoller, kooperativer, und, als Konsequenz, andere vertrauen auch ihnen mehr.»[13]

Ich weiß nicht, wie es mir gegangen wäre, wenn ich damals nicht C. und Marc gehabt hätte. Und Jo und Paul und Andi. Freunde eben.

Seit ich mich von A. getrennt habe, ist mein Freundeskreis gewachsen. Er hat sich erweitert, er hat sich auch vertieft. Die Sozialwissenschaftlerin Bella DePaulo hat gezeigt, dass Singles oftmals verbundener sind mit Familie, Freunden, Nachbarn und Kollegen. Singlesein hat ontologisch nichts mit Einsamkeit zu tun. Die meisten Singles, die ich kenne, sind sozial ausgesprochen gut vernetzt. Gut vernetzt und sehr rührig. Es ist nicht selten, dass man von Pärchen genau das Gegenteil hört. Eine Freundin erzählt mir von einem Freund, der nun eine Partnerin hätte. Sie sagt: «Seitdem sterben die den Pärchen-Tod auf dem Sofa.» Paarsein kann zu zweit vereinzeln, verzweien. Seit ich Single bin, bin ich eine viel bessere Freundin geworden. Und egal, was noch passiert: Ich möchte eine bessere Freundin bleiben.

Singles müssen also nicht einsam sein, im Gegenteil. Aber so ganz kommt es bei vielen nicht an. Sie fragen sich insgeheim immer noch: Können Freundschaften allein denn wirklich glücklich machen? Sind sie nicht vielmehr Ersatz und Lückenbüßer für das, was zwischenmenschlich wirklich wichtig ist: eine romantische Zweierbeziehung?

Diesen Fragen, diesen auch manchmal unausgesprochenen Unterstellungen sieht sich Vera oft ausgesetzt: «Man muss als Single Überzeugungsarbeit leisten, dass man glücklich und zufrieden ist. Das glaubt einem keiner. Keiner sagt mal in die Runde: ‹Ach Mensch, Vera, toll, was du alles machst, dass es dir so gutgeht.› Die denken wahrscheinlich alle, dass ich mich mit dem, was ich tue, ablenke von meiner Einsamkeit. Die Arme, die muss jetzt jedes Wochenende weg. Dabei bin ich einfach total gerne unterwegs! Ich bin so froh, dass ich meine Freunde habe. Ich hab halt zu Hause keinen, mit dem ich über meine Arbeit rede, also gehe ich raus, das heißt aber nicht, dass ich zu Hause sonst deprimiert bin.»

Das heißt es nicht. Es heißt erst mal nur, dass sich Vera bei ihren Freunden holt, was sie braucht. Wir brauchen Menschen, mit denen wir über die Arbeit reden. Über den Alltag. Kleinigkeiten. Was die Verkäuferin beim Bäcker Lustiges gesagt hat und wie der eine Typ im Fitnessstudio immer so verdammt laut stöhnt. An der Beinpresse. Und immer nur an der Beinpresse. Wir brauchen Menschen, mit denen wir auch Intimes teilen können. Intimstes. Gedanken austauschen, Gedanken ausprobieren. Menschen, denen wir Dinge anvertrauen, die wir selbst in einer Zweierbeziehung nicht zur Sprache bringen würden. Weil sie uns peinlich sind, weil wir den anderen nicht verletzen wollen. Freunde sind solche Menschen. Und sie machen glücklich. Aber sie werden eben, im Gegensatz zur Zweierbeziehung, nicht auf ein Podest gestellt. Sie bekommen keine rosa Herzchen, keine Feuerwerke, keine Brautsträuße und keine steuerlichen Vorteile. «Jeder braucht Freunde, aber unsere Kultur sieht sie nicht als zentralen Bestandteil eines glücklichen Lebens. Es gibt keine Liebeslieder im Radio, die für die Freundschaft gedacht sind. Es gibt keine öffentlichen Zeremonien für Freunde. Niemand fragt nach, wie wohl eine Freundschaft verläuft. Niemand fragt, ob es mit einer Freundschaft ‹ernst› wird», schreibt Sasha Cagen in *Quirkyalone*.[14]

Das sollten wir ändern. Ich möchte zeigen, wie elementar Freundschaften für unser Leben sind. Auch und besonders für Singlefrauen. Jill Filipovic schreibt in *The H-Spot* über Frauenfreundschaften: «Sie haben größere Auswirkungen auf Gesundheit und Glück als so gut wie alles andere in einem Frauenleben, und sie können Schmerzen verursachen so schlimm wie Herzschmerz.»[15] Ja, das können sie. Wer Single ist, dem kann zwar unterstellt werden, dass er beziehungsunfähig sei. Aber jeder

Freund und jede Freundin, die man hat, ist der lebendige Gegen-
beweis dafür.

Die Autorin Dolly Alderton beschreibt ein Gespräch, das sie
mit ihrer besten Freundin hatte, als sie sich bei ihr beklagte, sie
hätte gar keine Ahnung, wie sich langfristige Beziehungen an-
fühlten:

«‹Aber du kannst doch langfristige Liebe. Du kannst es besser,
als jeder, den ich kenne.›

‹Wie das denn? Meine längste Beziehung hat zwei Jahre ge-
dauert, und die war vorbei, als ich 24 war.›

‹Ich rede von dir und mir.›»[16]

Frauenfreundschaften

Eine kleine Anekdote: Meine Freundin Jacqui und ich waren
auf der Hochzeit einer ehemaligen Kommilitonin eingeladen. Wir buchten uns gemeinsam ein Hotelzimmer. Auf dem
Junggesellinnenabschied sagte die Braut zu uns: «Als meine
Mutter die Hotelliste gesehen hat, fragte sie sofort: ‹Sind die jetzt
lesbisch geworden?›»

Das war nicht nett gemeint. Es sollte uns abwerten. Als Singlefrauen. Als «Nur»-Freundinnen. Und dass es zugleich Lesben
abwertet, war vermutlich eher unbewusst, aber damit auch nicht
besser.

Solche Anekdoten sind wie kleine diskursive Schluckaufs aus
vergangenen Zeiten, die zeigen, wie nachhaltig selbst veraltete
Bilder noch wirken können. Denn die Darstellung von Frauenfreundschaften war nicht immer so positiv wie in *Sex and the
City*, *Friends*, *Gilmore Girls* oder *Orange is the New Black*. Sie war
schon mal deutlich negativer. Die Autorin Rebecca Traister zeigt
in ihrem Buch *All the Single Ladies*, wie sich die Darstellungen

von Frauenfreundschaften im Verlauf der letzten 150 Jahre verändert haben. Wie sie von Bildern unschuldiger und harmloser Freundinnen geprägt waren und sich dann wandelten und Frauenfreundschaften in den Ruf gerieten, sexuell zweifelhafte «Lesben» zu verbergen. Schließlich kulminierten diese Bilder in einer Vorstellung von Freundschaft unter Frauen, die sich schon gar nicht mehr wirklich ernst nehmen lässt. Weil sie spröde und gefährdet zugleich ist. Weil das Band, das Freundinnen eint, im Nu von einem Mann getrennt werden kann. Vom Kampf um einen Mann. Von Eifersucht und Missgunst. Auftritt: die Zicke. In dieser Vorstellung sind Frauen in letzter Konsequenz gar nicht zu dauernden Freundschaften fähig, weil sie im Zweifel immer einem Mann hinterherlaufen und die Freundin im Regen stehen lassen. Oder sie kriegen sich sprichwörtlich gegenseitig in die Haare: «Catfights», Frauen die zu fauchenden Katzen werden, die sich gegenseitig die Augen auskratzen. Am besten natürlich halbnackt, dann haben auch die Männer etwas davon. Zickige Frauen wie in *Denver Clan*, *Melrose Place* und *Girls*. Frauenfreundschaft? Nur die Liebe zählt.

Aber wir kennen diese Geschichten auch aus der eigenen Erfahrung: «Diese Stereotypen von hinterhältigen Frauen waren nicht immer fern der Realität: Machtstrukturen sind schon immer, zumindest zum Teil, auf der Energie machtloser Menschen aufgebaut, die sich gegenseitig belauern, um eine kleine Chance auf Verbesserung zu erhaschen», erklärt Rebecca Traister.[17] Wie gesagt: Wir sind nie ganz unschuldig.

Doch auch dafür gibt es Gründe.

Es kommt womöglich nicht von ungefähr, dass die Abwertung von Frauenfreundschaften historisch gesehen mit der romantischen Aufladung der Zweierbeziehung korreliert. Schließlich ist die Mann-Frau-Beziehung als gesamtgesellschaftliches Projekt mit einem Vorfahrtsrecht ausgestattet. Wir erinnern uns: Die

Zweierbeziehung hat eine Funktion, die Industriegesellschaft ist auf die Rollenverteilung innerhalb der Kleinfamilie angewiesen. Im Kontext dieser Entwicklung kann man die Romantik als – vielleicht nicht ganz stimmig, aber dennoch passend – Gleitmittel verstehen, mit dem die Zweierbeziehung besser klappen sollte. Frauen sollen sich nicht auf andere Frauen, sondern auf Männer verlassen. Verlassen und einlassen. Und als Lockmittel winkt nicht nur die Liebe, sondern das Rundum-sorglos-Paket. Jemand, der immer für einen da ist, Intimität, interessante Gespräche, persönliche Weiterentwicklung, Sorge, Freude, Leidenschaft. Dass sich all diese Dinge besser auf mehrere Menschen verteilen lassen? Dass es zu viel ist, von einem Menschen all das – und zwar permanent – zu verlangen? Das wird in der Huldigung der exklusiven Liebe ausgeklammert, es würde nicht ins Bild passen.

Kayleen Schaefer schreibt in ihrem Buch über Frauenfreundschaften: «Freundschaften zu priorisieren kann oft schwierig sein; denn die Gesellschaft legt Frauen nahe, dass sie nicht auf demselben Level wie andere Beziehungen stehen, wie die mit unseren romantischen Partnern, unseren Kindern oder sogar unseren Jobs.»[18] Schaefer zeigt, in welchen Geschichten sich diese Priorisierung auch heute noch zeigt. In romantischen Komödien zum Beispiel: «Der Star einer Rom-Com hatte in der Regel eine beste Freundin, aber, anders als beste Freundinnen im wahren Leben, haben diese beiden immer und ausschließlich über den Typen gesprochen, in den der Star verschossen war. Die beste Freundin war ausschließlich damit beschäftigt, dem Star dabei zuzuhören.»[19] Und am Ende des Films bekommt der Star den Typen. Und die beste Freundin ist in der Regel aus dem Plot verschwunden. In Filmen wie *Schlaflos in Seattle, 27 Dresses, The Wedding Planner* und *Pretty Woman*. Schaefer schreibt: «Es war ein Sieg der besten Freundin, aber kein Sieg für Frauenfreundschaften. Unsere besten Freundinnen, geht es nach Hollywood, waren nur dazu da, uns bei der Lieb,essuche zu helfen, und verschwanden danach.»[20]

Freundschaften, auch nicht für immer

Es ist schon wirklich lange her. Da traf C. auf einen Bekannten, der sich länger nicht mehr bei einer gemeinsamen Freundin gemeldet hatte. «Was ist denn los? Ihr wart doch so eng befreundet», fragte C. «Dinge ändern sich», sagte S.

Das erzählte mir C. damals entsetzt: «Aber das muss doch nicht sein, oder!?», meinte sie. Sie empfand das als faule Ausrede. Wir haben oft über diesen Satz gesprochen. Wieso Freundschaften versanden. Wie man dafür sorgen kann, dass sich Dinge nicht ändern. Und irgendwann hatten sich die Dinge dann bei uns geändert.

Freundschaften können auch zerbrechen. Bei C. und mir hatten sich Missverständnisse angehäuft. Wir hatten uns zu einer Aussprache am Weiher verabredet, wo dann mein Ärger und mein Unverständnis irgendwann herausbrachen und ich nur noch schluchzen konnte: «Aber du weißt doch, wie wichtig du mir bist.» Diese Frau zu verlieren, wollte ich mir nicht vorstellen. Wir umarmten uns. Aber irgendwie waren wir seitdem angeknickst. Und dann zog ich in eine andere Stadt, und wir telefonierten nicht mehr, sondern mailten nur noch. Ich fand ihre Erwartungshaltung zu viel, sie mein Engagement zu wenig. Irgendwann gab es nur noch Geburtstagsgrüße und eine Karte zu Weihnachten. Und irgendwann nicht mal mehr das.

Ob ich meinen Exfreund A. noch einmal treffen möchte, frage ich mich manchmal. Wie das wohl wäre, bei einem Kaffee zusammenzusitzen, worüber würden wir uns unterhalten? Die letzten Jahre, den Job, die Familie? Ich habe keine Angst, A. über den Weg zu laufen, aber ich wüsste auch nicht, was wir uns noch zu sagen hätten. Vor einer Begegnung mit C. hingegen habe ich Angst. Dabei weiß ich, worüber wir reden würden. Ich hätte ihr nämlich unendlich viel zu erzählen.

Freundschaften sind nicht immer und nicht zu jeder Zeit stabil und stabilisierend. Manchmal ist Schluss. Es ist wie in jeder Beziehung: Manchmal ist man wütend, manchmal verletzt und gekränkt. Manchmal fühlt man sich ausgenutzt. Manchmal nervt der andere.

Aber wie andere Beziehungen auch machen Freundschaften uns auch immer wieder sehr stabil. Freunde sind da, wenn uns Dinge zustoßen, bei denen uns die Münder vor Schreck aufbleiben. Sind da, wenn der dämliche Alltag auf einen kracht wie ein staubiges Bücherregal. Oder wenn wir unsicher sind, ob uns jemand Bestimmtes mag. Denn das kann im Zweifel nur jemand beantworten, der das ganz sicher tut. Eine gute Freundin, ein guter Freund.

Freunde sind wie Lebensleitungen: Wie war die Tagung? Wie war dein Wochenende? Bist du noch auf die Party gegangen? Hast du Fußball gesehen? Ich denke an dich. Schade, dass du nicht dabei warst. Ich drücke dich.

Als Single ist man auf Freunde aber auch anders angewiesen als in einer Paarbeziehung. Lena erzählt, wie sich neulich ein kleiner Vogel in ihre Wohnung verirrt hatte und sie nur schreien und weinen konnte, weil sie nämlich kleine, verzweifelte Tiere nicht erträgt, und ihre Freundin Laura sie am Telefon geduldig durch die notwendigen Rettungsschritte dirigierte. Freunde sind für die «Jobs» zuständig, die man ansonsten selbstverständlich von einem Partner erwarten würde. Als ich nach München gezogen bin, fuhr Paul den Umzugswagen. Als ich nach Berlin zog und von der Frage, wo ich meine Bilder aufhängen sollte, überfordert war, kam Sandy zu Hilfe. Seit A. nicht mehr in meinem

Leben ist, habe ich gelernt, Fahrradreifen zu flicken. Wer also mal einen Platten hat, kann sich bei mir melden.

Der Großteil meiner engsten Freunde lebt in anderen Städten. Wir führen die meiste Zeit eine Fernbeziehung. Aber wir kriegen das ganz gut hin: Ich erlebe etwas Lustiges und überlege mir noch währenddessen, wie ich es Anne erzähle. Ich buche ein Zugticket nach Köln und schreibe Astrid: «Was machst du am Freitag?» Der Tag, an dem Marc endlich ein funktionstüchtiges Smartphone bekommen hatte, war ein guter Tag.

Der Podcast *Call your Girlfriend* zeigt auch eine solche Beziehung. Ann und Amina sind beste Freundinnen, aber sie leben in großer räumlicher Distanz zueinander. Sie unterhalten sich am Telefon über ihr Leben. Wir können ihnen dabei zuhören. Und sie sprechen auch davon, dass ihre Freundschaft etwas leistet, was sie in Zweierbeziehungen nicht erlebt haben. Wie Ann über Amina sagt: «Mit dieser Freundschaft habe ich gefunden, was ich nicht von Beziehungen zu Männern bekommen habe: jemand der wollte, dass ich besser werde, ohne dabei ständig von mir enttäuscht zu sein.»[21]

Freunde und was sie von uns halten

Freunde sind die Menschen, die uns annehmen für das, was wir sind. Sie haben sich uns ausgesucht. Dabei kamen keine Hormone, kein geiler Sex, keine tickende Uhr und kein Single Shaming in die Quere. Klar, die Umstände haben uns zusammengewürfelt. Und wäre ich woanders aufgewachsen, zur Uni gegangen, würde ich woanders leben, hätte ich wohl andere Freunde. Und trotzdem wählt man sich seine Freunde aus, viel mehr als die, in die wir uns verlieben. Freunde sind so da. Auch das macht sie so wertvoll.

Aber mit engen Freunden teilen wir auch eine Vergangenheit. Wir haben gemeinsam Dinge erlebt, das schweißt uns aneinander. Gutes wie Schlechtes. Wir haben Erinnerungen, die nur durch sie entstanden sind.

Warum wir sie so sehr mögen? Wegen dieser Vergangenheit, aber auch um ihrer selbst willen. Das klingt auf den ersten Blick wie eine eher unbefriedigende Antwort. Wie eine Verlegenheitsantwort, wenn einem kein besseres Kompliment einfällt. Der Kulturwissenschaftler Alexander Nehamas hat in *On Friendship* erläutert, warum das eben keine unbefriedigende Antwort ist. Und was es heißt, Freunde «ihrer selbst wegen» zu mögen, und was gemeint ist, «unserer selbst wegen» gemocht zu werden. Denn es berührt den Kern von Freundschaft. Es hat etwas damit zu tun, wie wir uns selber sehen. Wie wir uns selber sehen wollen.

Was wir an Freunden so lieben, ist nämlich auch unser eigenes Selbst. Und zwar das Selbst, das wir noch werden können, in der Zukunft, und zwar genau wegen dieser Freundschaft: «Was irgendjemand von uns in der Zukunft werden kann, ist in der Gegenwart noch nicht klar. Und diese Bindung an eine noch unbekannte Zukunft, die nicht beschrieben werden kann, ist, was jeder Versuch, warum wir jemanden lieben, immer auslässt.»[22] Wir können tausend Gründe aufzählen, was wir an einer Freundin so toll finden und was so besonders an ihr ist. Aber was wir dabei nicht aussprechen können, ist das, was noch nicht passiert ist: die Zukunft, die gemeinsame. Der Wunsch, dieses Unausgesprochene zu erfüllen, ist das, was uns an Menschen bindet. Der Wunsch, eine gemeinsame Zukunft zu erleben, weil uns diese Zukunft auch die Chance gibt, uns selber weiter zu entfalten. Beziehungen geben uns einen Raum für diese Hoffnung. Für alles Unausgesprochene, von dem wir hoffen, es noch sein zu können. Wie wir sein können, wenn wir für uns selbst geschätzt werden.

Machen wir es konkret, noch eine kleine Geschichte: Ich war

mal so sehr in einen missmutigen Filmstudenten verschossen, dass ich heimlich Stunden damit verbrachte, Filme seines französischen Lieblingsregisseurs anzuschauen, und sogar in der Uni-Bibliothek Aufsätze über Jean-Luc Godard bestellte, nur um vor diesem Menschen den Eindruck einer interessanten Person zu vermitteln. Obwohl ich Godard-Filme absolut nicht leiden kann. Doch es half natürlich nicht viel. Mit dem Missmutigen lief es zwar noch eine Weile weiter, aber er machte auch immer wieder klar, dass ich nicht ganz seinen Ansprüchen genügte. Das war eine tolle Beziehung, Sie können es sich vorstellen.

Keiner meiner Freunde hat mir jemals das Gefühl gegeben, nicht genug zu sein.

Apropos «Selbst». Wir erlangen unseren Wert durch Beziehungen. Er wird uns verliehen, er wird spürbar, im Miteinander, im Austausch, in Reaktionen auf uns. In der Sorge, die Menschen um uns haben. In dem Spaß, den wir gemeinsam erleben. Und in dem, wer unsere Freunde sind. Unsere Freunde definieren uns. Sie sind kein Zufall, nicht mehr ab einem gewissen Alter.

Vor einiger Zeit, ich hatte gerade einen neuen Job angefangen, überkam mich die Sorge, wie ich wohl auf andere Menschen wirke. Wer war ich denn? War ich gut? Gut genug? Ich fühlte mich wenig erkannt. Doch dann dachte ich: Ach, aber es gibt schließlich einige rasend tolle Menschen, die mich auch toll finden. Dann bin ich es ja vielleicht auch. Freunde können uns mehr Sicherheit geben als jedes Schaumbad. Als jeder missmutige Kerl. Sie zeigen: Wir sind genug.

Und ich möchte an Helena und Hermia, die beiden Frauen aus Shakespeares *Ein Sommernachtstraum* erinnern. Die beiden Frauen, die wie wahnsinnig zwei Kerlen hinterhergelaufen und sich dabei fast an die Gurgel gegangen sind. Dabei waren Helena und Hermia eigentlich beste Freundinnen. Wie Helena es beschreibt: «So wuchsen wir / Zusammen, einer Doppelkirsche gleich, / Zum

Schein getrennt, doch in der Trennung eins; / Zwei holde Beeren, einem Stiel entwachsen, / Dem Scheine nach zwei Körper, doch ein Herz.»[23]

Zwei Körper, ein Herz. Man fragt sich, was passiert wäre, hätten sie die beiden Kerle einfach alleine in den Wald ziehen lassen.

Nichts ist besser

In Hanya Yanagiharas Roman *Ein wenig Leben* geht es um eine innige Männerfreundschaft. Jude sagt dort: «Warum war Freundschaft nicht so gut wie eine Beziehung? Warum war sie nicht sogar besser? Es waren zwei Leute, die beieinanderblieben, Tag für Tag, nicht durch Sex oder körperliche Anziehung oder Geld oder Kinder oder Besitz zusammengehalten, sondern nur durch den gemeinsamen Entschluss weiterzumachen, den beiderseitigen Einsatz für eine Verbindung, die sich niemals kodifizieren ließe.»[24]

Eine romantische Beziehung gilt als das Nonplusultra einer Beziehung. Dabei stellt Rebecca Traister eine sehr gute Frage: «Welche Kriterien wenden wir auf eine ‹echte› Partnerschaft an? Müssen zwei Leute regelmäßig Sex haben und voneinander körperlich angezogen sein, um als Paar zu gelten? Müssen sie sich regelmäßig sexuell befriedigen? Sind sie sich treu? Nach diesen Kriterien würden viele heterosexuelle Ehen nicht zählen.»[25]

Ich will Beziehungsformen nicht gegeneinander ausspielen. Ich will keine Hierarchie aufstellen. Aber was ich betonen will, ist, dass Freundschaften unendlich viel wert sind. Und dass wir das oft nicht erkennen, weil unser Bild der romantischen Beziehung so übergroße Glitzerschatten auf alles andere wirft. Die romantische Beziehung ist überladen. Sie soll ja mittlerweile nicht nur Liebe liefern, sondern beste Freundschaft obendrein. «Wenn noch mal jemand davon spricht, dass sie jetzt ihren besten Freund heirate, kotze ich», schreibt Holly Bourne in ihrem Roman. Nicht genug, dass das Ideal der Zweierbeziehung auf dem hyperromantischen Podest der metaphysischen Vervollkommnung auf uns bedauernswerte Singles hinabblickt, sie reklamiert jetzt auch noch die «beste» Freundschaft für sich. Sie kann halt einfach alles. Nur, wenn sie dann nicht mehr so viel kann, sind es Freunde, die da sind.

Dabei können Freundschaften auch Dinge, von denen es gemeinhin heißt, sie seien der Zweierbeziehung vorbehalten. Sie sind nämlich auch durchaus romantisch. Intim, voller Sorge für den anderen: «Diese Freundschaften sind gekennzeichnet durch alle Merkmale romantischer Beziehungen, aber sie sind halt platonisch. Dabei sind sie Liebesgeschichten, mit unvergesslichen Abendessen, und jeder Menge Versicherungen darüber, wie großartig man sich findet», schreibt Kayleen Schaefer.[26]

Paare haben Kennenlerngeschichten. Freundinnen auch. Anne und ich müssen heute noch über unsere erste Facebook-Nachricht lachen. Die wir, für uns beide mittlerweile unfassbar, jeweils mit «liebe Grüße» beschlossen.

«Vielleicht könnten wir unsere eigenen Seelenverwandten sein?», fragte Charlotte in *Sex and the City*, als Carrie wegen ihres Singleseins traurig ist. Die Autorin Caroline Donofrio schreibt: «Meine Freunde sind der Ehemann, den ich dachte, mittlerweile zu haben.»[27] In der Serie *Grey's Anatomy* werden die beiden Ärztinnen Christina und Meredith als beste Freundinnen gezeigt. Christina erzählt Meredith, sie habe eine Person als Notfallkontakt in der Klinik angeben müssen: «Du bist meine Person.»

Du bist meine Person. Es ist wirklich schwer, Freundschaften zu überschätzen.

Was auch noch wichtig ist: Sex

D ann hat er mich so», Bine dreht ihre Schultern zurück, «und dann, ah warte …», sie guckt schnell nach links und rechts und setzt sich kurzentschlossen auf den Boden, «dann saß ich quasi so auf ihm drauf, seine linke Hand hatte er hier», Bine fasst sich an den Schritt, «seine rechte hier», Bine fasst sich an die Brust, «und dann …» Neben uns geht die Tür der Bar auf, und Bine zieht sich schnell an mir hoch. Sie grinst. «Na ja, kannste dir ja jetzt irgendwie vorstellen. So viele Stellungen habe ich jedenfalls noch nie ausprobiert. Wahnsinn! Zu schade, dass das nur ein One-Night-Stand war.»

Ich freue mich für Bine. Wir stehen an einem warmen Aprilabend vor einer Münchner Eckkneipe und reden über Sex. Den Sex, den sie vor ein paar Tagen hatte. Und ich muss an Laurie Penny denken, die mal geschrieben hat, dass es wichtiger sein kann, wie man über Sex redet, als wie man Sex hat.

Wir sollten nicht unterschätzen, was Lust mit uns machen kann. Wir sollten nicht unterschätzen, wie wichtig sexuelle Bedürfnisse sein können. Und dazu gehört eben auch zu wissen, dass das für Singlefrauen ganz genauso gilt.

Wer mit Singles über Sex und ihre Bedürfnisse spricht, der hört daher viele Geschichten, Geschichten von Sex. Und von dem Sex, den man gerne hätte. Von One-Night-Stands, Affären, Sex mit dem Ex und Freundschaft Plus. Von Selbstbefriedigung, Sex Toys und unbefriedigenden Phasen, die so lange bereits andauern, dass man schon vergessen hat, was einem abgeht.

Die Tatsache, dass Singlefrauen Sex haben, davon sogar im öffentlichen Raum erzählen dürfen, dass es darüber Bücher gibt und Serien, erscheint uns selbstverständlich, dabei ist das eine der revolutionärsten Entwicklungen der letzten hundert Jahre. Doch Sex haben und über Sex reden sind zwei unterschiedliche Dinge. Denn beim Sex geht es ja nicht nur um Stellungen, um Körpersäfte, um Gelegenheiten. Es geht immer auch um Geschichten und Geschichte, um Vor-Geschichten und Nach-Geschichten und um Unausgesprochenes mitten im Akt. Und es geht ums Frausein. Um Gender, unsere Geschlechtsteile. Für Singlefrauen hat das eine besondere Relevanz, den Singlefrauen – unverheirateten Frauen – wurde irgendein sexuelles Erleben jahrhundertelang überhaupt nicht zugestanden. Und auch von diesem Verbot gibt es noch Nachwehen, selbst wenn wir die an bierseligen Aprilabenden gerne mal vergessen.

Dass wir Frauen von Sex so wie Bine schwärmen können, dass wir unsere eigene Lust behaupten können, dass wir körperlich integer und sozial nicht geächtet aus Einmal-Abenteuern hervorgehen, das ist radikal neu. Dass wir unsere Körper so halbwegs kennen, dass wir verhüten können, vor ungewollter Schwangerschaft und vor Krankheiten, dass wir eine Chance bekommen, «nein» zu sagen, das ist auch alles neu. Doch dass wir fröhlich erklären können, wie Bine es tut, dass unser Herz dabei nicht gebrochen wurde, das gilt immer noch als unglaubwürdig.

Denn Frauen, diese Annahme ist sehr stabil, können gar keinen Sex ohne Gefühle haben. Frauen haben Sex, um einen Mann an sich zu binden. Frauen verlieben sich dabei automatisch. Frauenkörper sind so konstruiert, dass es beim Sex mit ihnen immer ganzheitlich zugeht – und es daher gar keine Trennung zwischen Lust und Liebe geben kann. Frauen haben deshalb auch ganz andere sexuelle Bedürfnisse als Männer, so die Schlussfolgerung aus solchen Annahmen. Und deswegen wollen sie «es» grundsätzlich auch weniger. Diese Annahmen sind historisch gewachsen, und sie gedeihen auch in der Jetzt-Zeit noch munter vor sich hin.

Wie die Journalistin Emily Witt in *Future Sex* schreibt: «Was Männer von Sex wollen, so die Annahme, ist Sex. Was Frauen vom Sex wollen, ist überhaupt kein Sex. Es ist gar kein Sex, sondern eher eine Beziehung. Eine Struktur, in der Sex passiert. Der Konsens darüber, was junge Männer vom Sex wollen – und zwar viel davon, mit vielen –, hat keine weibliche Entsprechung.»[28]

Für unser eigenes Begehren gibt es keine Entsprechung, die uns meint. Wenn wir Sex also anders wollen, als es die Rolle vorgibt, orientieren wir uns an anderen Rollen, an männlichen: «Ich hatte Sex wie ein Mann», behauptet Carrie in *Sex and the City* von sich. Sie meint, dass sie Sex aktiv gefordert hat. Dass sie keine Gefühle danach hatte. Sex nicht wie eine Frau, sondern wie ein Mann. Das ist schön für Carrie, aber bezeichnend für den sexuellen Doppelstandard, den es nach wie vor gibt. Sie hatte Sex wie ein Mann. Aber wie hat man als Frau Sex wie eine Frau? Und: Ist alles dazwischen reine Utopie?

Singles sind insbesondere von diesem Doppelstandard betroffen, weil der schützende Beziehungsmantel nicht auf ihren Schultern liegt. Ihr Sex ist irgendwie öffentlich. Er ist entweder abwesend, wie es das Stereotyp der vertrockneten Jungfer nahelegt, oder aber er ist tendenziell problematisch. Die Dildo-Damsell, Tinderella, die Sich-Zierende. Sex als Single und die Frage, was wir damit machen wollen. Wie wir uns selber sehen. Wie uns andere dabei sehen. Was geht? Was geht nicht? Anders: Geht etwas nicht? Und: Wie kriegen wir das alles hin?

Von Unterschieden

Alles geht, um eine Antwort vorwegzunehmen. Das macht die Antworten auf die anderen Fragen aber nicht leichter. Ich will niemandem die Laune verderben, aber auch – gerade! –

unser Untenrum ist tendenziell nicht so frei, dass das einfach eine Frage der persönlichen Einstellung wäre. Jahrhunderte sind nach der Erfindung von Keuschheitsgürteln vergangen, aber dass Frauen sich «die Hörner abstoßen» sollen, «Druck auf dem Kessel haben» oder «sich austoben», hört man höchstens im Zusammenhang mit sexuell pathologisch veranlagten Frauen.

Sex ist, wie Teile der Wirtschaftspolitik, mittlerweile dereguliert. Und doch erleben wir nach wie vor zwei ganz unterschiedliche Strategien in der öffentlichen Wahrnehmung, hübsch nach Geschlechtern getrennt: diejenigen, die exklusiven Sex haben wollen, und diejenigen, die seriell Sex haben wollen. Beziehungssex versus Casual Sex. Die Casual-Sex-Fraktion ist im klaren Vorteil, da sie – wie beim Dating – emotional nichts investiert und sich so auch einen Machtvorteil sichert. Wer sich hingegen als gefühlig und anhänglich präsentiert, der bekommt bestenfalls Mitleid und eine WhatsApp: «Sorry, ich habe einfach gar keine Zeit mehr in diesem ... Leben.» Und da Frauen als Hauptzielgruppe der Liebe mehr darauf angewiesen sind, bei unserem Investment Erfolg zu haben, ist unsere schlechtere Marktposition sozusagen auch sexuell gefestigt. Und daran können wir auch nichts ändern, wenn wir nun auch wie «die Männer» Kerben in unsere Bettpfosten schlagen. Denn die weibliche Lust gilt als minderwertig.

Vera sagt: «Also oft gehe ich nicht direkt mit einem Date ins Bett. Aber wenn es passt, dann denke ich mir ‹Warum nicht?›. Ich mein, ich hab halt auch Bedürfnisse! Und wenn ich einen One-Night-Stand hatte, fühle ich mich in der Regel richtig gut. Das sind schöne Momente.» Bine erzählt von einer Freundin, die habe mal so sehr Sex gebraucht, sie habe einfach alle Typen, mit denen sie mal etwas hatte, auf WhatsApp angeschrieben: «Hey, was machst du gerade? Kann ich vorbeikommen?» Zwei hätten sich gemeldet, zu dem einen wäre sie dann gefahren. «Bewundernswert» findet Vera das. Selbst Lena hat einen anderen Zugang zu ihren körperlichen Bedürfnissen gefunden. «Neulich war ich auf einer Party, und da habe ich mit dem Kollegen einer Freundin geknutscht, mehr nicht. Das wäre mir früher total peinlich und unangenehm gewesen. Was sollen die anderen denken, mag er mich, wie soll ich reagieren, wenn wir uns noch mal sehen? Heute denke ich: Ach, hat Spaß gemacht. Und ich habe das gebraucht. Ist doch nicht schlimm.»

Es ist auch nicht schlimm. Überhaupt nicht schlimm. Aber es macht natürlich auch nicht immer Spaß, davon kann Vera ebenfalls berichten. Davon können eigentlich alle Frauen berichten, mit denen ich über One-Night-Stands gesprochen habe. Und Männer auch, klar. Denn manchmal ist es krampfig, lustlos, nur-so-halb-gewollt oder einfach erschütternd schlecht.

«Am schlimmsten sind die Typen, die so tun, als wollten sie mehr als Sex und dann noch ganz viele persönliche Fragen stellen, als seien sie wirklich an einem interessiert, und die melden sich dann eh nicht mehr. Dann gehen bei mir die Lampen an, denn diese Masche kennt doch mittlerweile jeder», meint Bine. «Wie der Typ neulich, der mich gefragt hat, ob ich denn länger in Köln wohnen bleibe, und ich dachte nur ‹as if› und gleich willst du mich heiraten, oder was?» Tja. Es gibt halt Männer, die sind versiert in den Strategien der sexuellen Machbarkeit: Es gibt halt Frauen, die kriegt man eher rum, wenn man ihnen Interesse an einer Beziehung vorgaukelt. Wie gesagt: sexueller Doppelstandard. Ein Kollege erzählte mir mal, dass Männer in seinem Bekanntenkreis jetzt immer bis zum zweiten Date mit dem Sex warten, da das mittlerweile der sicherste Weg sei, eine Frau «rumzukriegen». Die Frauen seien dann immer total begeistert: «Finde ich super, dass du nicht sofort mit mir schlafen wolltest.» Oje.

Aber noch mal eine Geschichte zu den Mann/Frau-Unterschieden: Begehren wir nun auf Augenhöhe oder nicht? Beim letzten meiner insgesamt drei Tinder-Dates saß ich einem Typen gegenüber, mit dem ich eine Art Meta-Gespräch über das Daten führte. Was wollen Männer, was wollen Frauen, spaltet Tinder die Geschlechter und überhaupt: Mars oder Venus? «Männer haben einfach viel mehr Lust auf Sex», sagte mein Gegenüber, als er sich eine Zigarette drehte. «Frauen wollen genauso Sex», entgegnete ich. «Aber ihr denkt niemals so oft an Sex wie wir!» «Wie oft denkst du denn an Sex?» «Wenn ich ein Plakat sehe mit 'ner schönen Frau drauf, wenn ich aus dem Haus gehe, auf jeden Fall mehrmals am Tag.» Ich musste an Bine denken. An Vera, an die meisten Frauen, die ich kenne. «Frauen auch», erklärte ich. «Das könnt ihr euch gar nicht leisten», sagte der Zigarettendreher. Hmm.

Ein theoretisches Sex-Battle im Kölner Spätsommer, dabei hätte ich dem guten Mann auch einfach Daniel Bergners Buch *What Do Women Want* in die Hand drücken können. Bergner ist Autor und Journalist und hat mit vielen Sexualwissenschaftlern, Biologen und Psychologen gesprochen, sich die neuesten Forschungsergebnisse zu weiblicher Lust, bei Tier wie bei Mensch, erläutern lassen und ist dabei zu folgendem Schluss gekommen: «Eine unserer liebsten Annahmen, beruhigend für Männer, aber akzeptiert von beiden Geschlechtern, dass der weibliche Eros viel besser zur Monogamie passt als die männliche Libido, ist nichts weiter als ein Märchen.»[29] Dass weibliche Lust passiver sei, wird oftmals durch Umfragen belegt, in denen sich zeigt, dass Frauen sich zurückhaltender auf One-Night-Stands einlassen. Doch eine Studie der University of Michigan, die Bergner erwähnt, hat gezeigt, dass sich die Geschlechter annähern, sobald das Stigma entfernt wird. «Männer sind nicht grundsätzlich mehr dazu bereit, Casual Sex mitzumachen als Frauen», erklärt Terri Conley, eine der beteiligten Wissenschaftlerinnen.[30] Man könnte also auch sagen: Frauen mögen Sex, auch Casual Sex. Aber sie werden nicht gern dafür stigmatisiert.

Die neue Freiheit

Wenn meine Großmutter noch leben würde, sie könnte kaum glauben, was uns alles offensteht. Ihre Tochter gehörte zur ersten Generation, die mit der Pille verhüten konnte, ihre Enkelin kann in einer Petition zur Aufnahme des Wortes «Vulvalippen» in den *Duden* aufrufen, ohne dafür gesellschaftlich geächtet zu werden.[31] Wir haben Freiheiten. Endlich! Wir sind befreiter noch, als unsere Mütter es waren, aber wie frei wir wirklich sind, auch darüber sollten wir noch mal reden. Denn die Frage nach der Freiheit lässt sich nicht von der Frage des Willens abtrennen. Wer nicht weiß, was er will, ist der wirklich frei? Was ist Freiheit wert, wenn wir sie nicht auch denken können? Auf Sex bezogen: Wir dürfen alles machen, aber wenn wir nicht wissen, was wir wollen, was nützt die Freiheit ... in Gedanken? Was ist Freiheit wert, wenn sie nicht wirklich bewusst, wenn sie nicht verinnerlicht wird? Alles geht, nichts muss. Das ist der sexuelle Standard der Gegenwart. Aber wie bitte, komme ich zwischen diesem Allgemeinplatz an den Sex, der mir taugt?

Was wollen wir also? Und diese Frage ist nicht im Sinne Freuds gemeint, der berühmterweise einmal bemerkte, dass selbst jahrzehntelange Forschung für ihn nicht näher hätte klären können, was Frauen denn nun wirklich wollen. Wir sind keine inhärent mysteriösen Wesen, wir sind nicht irrationaler als Männer, und wir sind auch nicht grundsätzlich missverständlich. Aber als Frauen sind wir eben Menschen, deren Sexualität historisch gesehen schon immer nicht nur Politikum, sondern Schlachtplatz war. Weibliche Sexualität wurde eingehegt, verdrängt, schlicht negiert. Und da das nicht möglich ist, mussten immer wieder Gewalt und Unterdrückung her.

Genau deswegen hat unser Wille etwas mit unserer Freiheit zu tun. Denn bei Sexualität geht es auch um Autonomie, darum, was wir dürfen und wer darüber bestimmt. Wir selbst? Das ist letzten Endes auch eine Frage der Macht. Wer darf mitreden, wer darf mitentscheiden? Deutungshoheit über Körper und wer was mit ihnen machen darf. Wem das jetzt alles zu diskursiv überhöht vorkommt, wer denkt, Sex sei halt Sex und man habe entweder Bock drauf oder keinen, dem möchte ich eine Analogie ans Herz legen: Sex ist genauso wenig natürlich wie Essen / Nahrungsaufnahme. Es entspricht zwar einem körperlichen Bedürfnis, aber alles andere ist kulturell überformt. Oder glaubt irgendwer, dass zwischen dem reinen natürlichen Menschheitsbedürfnis des Hungers und der Entwicklung von Sushi, grünen Smoothies oder Molekularküche rein gar nichts mehr passiert ist? Wir haben keinen Sex ohne Geschichte. Ohne Geschichten. Ohne Bilder. Unser allergrößtes Sexualorgan steckt nämlich – bei Männern wie bei Frauen – zwischen den Ohren. Und auch unser Gehirn entscheidet nicht aus freien Stücken, was denn nun geil ist und was nicht.

«Selbst wenn man sich als Frau theoretisch sexuell befreit fühlt, lauern doch oft unbewusste und deshalb umso tiefer verankerte gesellschaftliche Werturteile über weibliche Sexualität in den meisten von uns: Schlampig, prüde, nuttig, verklemmt – es gibt viele Adjektive, die Frauen in ihrer Sexualität diskriminieren, hemmen oder ausbeuten und sie unmissverständlich in ihre Schranken weisen», schreibt die Psychologin Sandra Konrad in *Das beherrschte Geschlecht*.[32]

Werturteile über weibliche Sexualität sind zwar alt, aber sie sind nicht totzukriegen. Lasst uns also noch mal kurz zeitreisen. Tertullian, einer der Kirchenväter, schrieb über Frauen bzw. Eva:

«Du bist es, die dem Teufel Eingang verschafft hat, du hast das Siegel jenes Baumes gebrochen, du hast zuerst das göttliche Gesetz im Stich gelassen. Du bist es auch, die diejenigen betört hat, dem der Teufel nicht zu nahen vermochte. So leicht hast du den Mann, das Ebenbild Gottes, zu Boden geworfen.» Wer bei solchen Zitaten vielleicht ein wenig grinsen muss, weil er diese Ansichten für veraltet hält oder denkt, das sei höchstens noch in einigen radikal-muslimischen Kreisen Teil der Weltanschauung, der sollte sich vor Augen führen, dass solche Auffassungen die Geschlechtertheorie und -praxis des gesamten Okzidents maßgeblich geprägt haben.

Nur als Beispiel: Anfang des 20. Jahrhunderts wurden auch in Europa noch Klitorisbeschneidungen von jungen Mädchen durchgeführt, um sie von Masturbation und Hysterie zu «heilen». Weibliche Sexualität galt es zu unterbinden, denn sie war gefährlich. Teuflisch, roh, manipulativ. Das zeigt sich in Darstellungen von Maria, Muttergottes, als «Maria vom Siege» oder «Mondsichelmadonna», wie sie auf einem Erdball steht und mit dem Fuß den Kopf der Schlange – Symbol der Erbsünde – niederdrückt. Immaculata, die Unbefleckte. Das zeigt sich im Topos der Scham, im Kodex der männlichen Ehre und der weiblichen Schande. Die abjekte weibliche Sexualität (oder: die Verworfenheit von weiblicher Sexualität) wird von einer gut geölten Diskursmaschine am Leben gehalten. Teleologisch macht die weibliche Lust zwar, laut Freud, wenig Sinn, aber sie ist nun mal da.[33] Wir können schließlich heutzutage sogar Dildos in Drogeriemärkten kaufen. Noch mal: Wie frei sind wir?

Was wir wollen, was wir wollen

Freiheit ist nicht gleich Selbstbestimmung, das zeigt Sandra Konrad in ihrem Buch eindrücklich. Das zeigt sich auch in unserem Alltag, wenn wir zwar mit Freundinnen locker über Sex reden, aber irgendwann die Frage «Und er hat sich nicht noch mal gemeldet?» überwiegt. Oder die Frage, ob wir das denn nötig hätten. Die Angst, vielleicht doch ein wenig schlampig zu sein. Ob Männer Casual Sex haben oder Frauen, da besteht ein Unterschied, immer noch.

Hier sind wir also wieder bei den Singlefrauen und ihrem sexuellen Dilemma: Wie hat man als Single Sex? Wie sehr darf man Sex wollen? Dürfen wir Sex «konsumieren»? Wozu hat man überhaupt Sex? Um die eigene Lust zu befriedigen, Dinge auszuprobieren, einen Mann anzulocken und, bitte, bitte, doch irgendwie zu binden? Wozu haben wir Sex? Der Lust wegen oder der potenziellen Anbandlung wegen? Wer dringend eine Beziehung möchte, nimmt im Zweifel auch den Sex mit. Wer weiß, Güterabwägung. Von der Tinderella zur Frau des Märchenprinzen ist es ja vielleicht doch nicht so weit. Vom Casual Sex hin zur festen Beziehung vielleicht auch nicht. Nur, wie läuft dann der Sex dabei? Studien zeigen immer wieder, dass Frauen Orgasmen regelmäßig vortäuschen.[34] Ein Grund dafür ist: Frauen haben es nicht richtig gelernt, ihre Lust zu kommunizieren.[35] Wir trauen uns nicht. Wir trauen uns nicht, einem Mann den Kopf in Richtung Vulva zu drücken. Andersrum eine unmissverständliche Geste. Bei uns schambesetzt. Aber wir haben ja auch gelesen, dass man Männer nicht über Sex an sich bindet. Also man kann sie dadurch ködern, aber nicht halten. Ratschläge der Sorte «Schlaf bloß nicht beim ersten Date mit ihm» sollen es uns erleichtern, mit Sex richtig umzugehen, aber sie verstärken vielmehr die Angst. Die Angst, uns wegzugeben, ein Gut wegzugeben. Die Angst vor unserem Sex als Gebrauchsgegenstand. Statt eines wachsenden, lebenden, pulsierenden Empfindens. Wir geben etwas weg und bekommen es nur beschmutzt zurück. Das, zumindest, ist die Angst.

Eine andere Angst ist die Angst vor unseren Gefühlen. Gefühle, die wir nicht zulassen wollen beim Ad-hoc-Techtelmechtel, stattdessen halten wir lieber die Fassade der Frau, die «Sex wie ein Mann» hat, aufrecht. Zu viel Lust ist nicht gut, Gefühle besser auch nicht. Wir können nichts richtig machen.

Was wollen wir? Mit der Nachforschung sind wir immer noch nicht fertig. In der Sexualwissenschaft geht man nach wie vor davon aus, dass Dank der Sozialisation jungen Frauen der Zugang zu ihrem Körper und der eigenen Sexualität erschwert wird.[36] Wir müssen uns ja nur mal eines vergegenwärtigen: Die tatsächliche anatomische Größe der Klitoris wurde erst im Jahr 1998 von der Urologin Helen O'Connell entdeckt.[37] Unser wichtigstes Sexualorgan, das einzige menschliche Organ, das ausschließlich der Lust dient, wurde erst in dem Jahr richtig erforscht, in dem *Sex and the City* zum ersten Mal ausgestrahlt wurde. Als ich einer Freundin davon erzählte, kommentierte sie: «Ach was. Und ich bin sicher, der Penis hingegen ist schon seit Jahrtausenden penibel vermessen, und in so gut wie jeder Kultur mit Malerei und Dichtung verehrt worden.» Sie hat geraten, aber sie hat natürlich recht.

Die Größe der Klitoris ist also erforscht, aber wo sie liegt, wissen viele Frauen immer noch nicht. Nach einer Umfrage einer britischen Krebshilfeorganisation konnte nur die Hälfte der befragten 1000 Frauen weibliche Geschlechtsteile wie Vagina und Uterus auf einer Graphik korrekt zuordnen.[38] Eine Bekannte von mir arbeitet als Psychologin in der Sex-Beratungsstelle eines Klinikums. «Ich habe einmal wöchentlich Sprechstunde, und mindestens einmal pro Sprechstunde schicke ich eine Frau mit einer Aufgabe nach Hause: Nehmen Sie sich einen Spiegel und schauen Sie sich unten an.» Das seien ältere und jüngere Frauen, Singles, verheiratete Frauen und sogar mehrfache Mütter.

Wir dürfen alles, aber was nützt das, wenn wir nicht wissen, was wir machen können? Wir sollen und dürfen Sex haben, und zugleich berichten Frauenzeitschriften, Freundinnen, Sextoy-Verkäufer, Pornos und Sexpartner noch von Phänomenen wie dem vaginalen und dem klitoralen Orgasmus. An jedem Orgasmus sind klitorale Nerven beteiligt – aber weil Männer wie Frauen viel zu wenig über den weiblichen Orgasmus wissen, wird der Sex zum Wettbewerb der Einäugigen. Wenn das Bild nicht so anzüglich wäre, könnte man sagen, in puncto weiblichem Orgasmus stochern Männer wie Frauen oft noch im Dunkeln. Aber vielleicht ist es auch nicht anzüglich, sondern leider einfach wahr.

Wenn wir über Singles reden, müssen wir also über Sex reden. Über unsere Körper. Ich möchte nicht, dass es eine Frau gibt, die glaubt, sie hätte noch nicht «den Richtigen» gefunden, weil sie keinen vaginalen Orgasmus bekommen kann.

Wir müssen über Sex reden, und wenn ich höre, dass schon zu viel über Sex geredet werde, dann frage ich mich, von welchem Sex «zu viel» die Rede ist? Von echtem Sex kann nämlich nicht die Rede sein. Margarete Stokowski beschreibt es in *Untenrum frei*: «Wir sind [...] scheinbar von unglaublich viel Sex umgeben, von Nacktheit und Brüsten und Pornos und Plakaten mit Sexspielzeug: Aber das ist kein Sex. Es ist ein diffuses Versprechen einer Möglichkeit, die mit tatsächlichem Sex nur sehr wenig gemeinsam hat.»[39] Auf der einen Seite so viel Sex überall, dass Frauenzeitschriften schon die Angst nähren, man könne auf dem Sterbebett liegen und womöglich eine sexuelle Praktik versäumt haben, wie Katja Grach es schreibt.[40] Auf der anderen Seite eine Wissenschaftstradition, die noch im Jahr 1878 – ein paar

Jahre nach Erfindung des Telefons – debattierte, ob ein Schinken schlecht werden könne, wenn ihn eine menstruierende Frau anfasse.[41] Das ist zwar sehr lustig, aber leider kein Scherz.

Ach. Es ist alles nicht so einfach, es ist sogar eher schwer. Wir könnten uns verstricken und schwindlig reden in diesem Kosmos. Und wir müssten es eigentlich, aber wir wollen halt auch unser Leben meistern. Und dabei Fragen klären wie: Was mache ich denn nun mit Sex als Singlefrau? Wie komme ich außerhalb einer Beziehung an Sex? Was ist mit Gefühlen?

Sex, konkret

Berlin im Sommer, der nicht enden wollte. Paulita und ich sitzen an eine Hauswand gelehnt, mit ausgestreckten Beinen auf zwei Bierbänken. Paulita Pappel ist Regisseurin, Pornoproduzentin, Performerin und Kuratorin. Paulita kennt sich mit Sex aus. Und sie redet völlig schamfrei darüber. Ich frage sie: «Was würdest du einer Singlefrau raten, die Sex haben will?» «Sie muss erst mal die Frage klären, was für eine Art Sex sie will», meint Paulita. Will sie etwas ausprobieren, was will sie ausprobieren und mit wem? Wie man dann dazu komme, da gebe es viele Wege. «Zuerst Dating-Apps. Da gibt es so viele mittlerweile. Für Casual Sex sind die wirklich gut. Man kann ja auch im Profil schon klarstellen, an was man interessiert ist. Ich habe das mal eine Zeitlang gemacht, da hatte ich ‹Nur ONS› dort stehen.» Ich muss lachen. Hat das funktioniert? «Klar. Die Männer waren manchmal überrascht, dass ich wirklich nicht reden wollte. Aber es hat gut funktioniert.»

Ex und hopp müsse aber auch nicht sein, mit Dating-Apps ließen sich ja auch Affären oder lose Beziehungen eingehen. Und noch? Paulita überlegt kurz. «Man könnte sich auch für

Sex-Workshops anmelden. Tantra-Workshops beispielsweise. Auch Workshops, an denen nur Frauen teilnehmen, wenn das angenehmer ist. Da erfährt man auch Nähe und Lust, aber der Rahmen ist geschützter», meint sie. «Und wer abenteuerlustiger ist, der sollte ruhig mal sexpositive Zirkel auskundschaften, entsprechende Partys oder andere Veranstaltungen besuchen.» «Hmm, das klappt in Berlin aber besser als woanders, oder?» Paulita stimmt mir zu und seufzt: «Kennst du Schwulenneid?» Ich weiß genau, was sie meint. «Die haben eine richtig gute Infrastruktur für Casual Sex, für Frauen ist das viel schwieriger. Daher finde ich auch, wir sollten Dating-Apps anders nutzen: als Darkroom für Frauen!»

Als sie das sagt, fällt mir ein, was Foucault mal über die Liebe gesagt haben soll: Der beste Moment der Liebe sei im Taxi danach. Und mir fällt auch Lena wieder ein, die mir von dem ersten Sex nach ihrer langjährigen Beziehung erzählte. Wie sie lange keinen Sex mehr gehabt hätte und dann mit dem Bekannten einer Freundin abgestürzt sei und am nächsten Tag mit dem Rad durch Schnee und Eis nach Hause geradelt wäre und vor Glück hätte singen mögen: «Das hat so unfassbar gutgetan. Als wäre ich wieder lebendig.»

Wir sollten nicht unterschätzen, was Lust mit uns machen kann. Man sollte die Lust daher auch ausleben, meint Paulita. Rausgehen, flirten und sich von niemandem Scham einreden lassen. Außerdem könne man sich ja auch selber sehr gut befriedigen. Ich erzähle Paulita davon, was die Journalistin Caitlin Moran mal über Selbstbefriedigung geschrieben hat: «Ich bin ehrlich zu euch – in den ersten fünf Jahren meines Erwachsenenlebens wurden fast alle Entscheidungen von meiner Hose getroffen. [...] Wenn ich die Masturbation nicht entdeckt hätte, hätte ich die meiste Zeit auf irgend'nem Dach gehockt und wie eine räudige Katze den Mond angejault. Wenn eine junge Frau nicht verrückt werden soll, ist Masturbation ein nützliches Hobby ... und was für ein Hobby! Es kostet nichts, es macht nicht dick, und man kann in fünf Minuten damit fertig sein ...» Paulita nickt lachend. Selbstbefriedigung wird unterschätzt, auch als Möglichkeit, den eigenen Körper besser kennenzulernen.

Zurück zu One-Night-Stands. Ich erzähle Paulita von einem Gespräch mit einem Sexualtherapeuten, das ich mal vor ein paar Jahren für einen Artikel geführt habe. Der hatte dabei Casual Sex als «Fastfood-Sex» bezeichnet und gemeint, dieser Sex sei grundsätzlich nicht intim und daher auch nicht so wertvoll und echt wie Sex in Beziehungen. Wie Fastfood eben, man würde es sich zwar reinwürgen, aber man sei hinterher weder wirklich satt noch wirklich zufrieden. An der Stelle dreht sich eine Frau vom Nachbartisch zu uns um: «Tut mir leid, aber da muss ich mich einschalten. Das ist so ein Blödsinn! Ich hatte erst vor einer Woche den besten Sex meines Lebens bei einem One-Night-Stand.» Ich gucke die Frau an. «Ja, und ich bin 35!» Sie lacht. «Wenn ich so was höre, entwertet das alle meine Gefühle. Das war total schöner Sex, das war ein supernetter Kerl, und das Erlebnis war total respektvoll und voller Zuneigung.» Paulita nickt wieder, und ich muss an Bine denken, die vermutlich auch bestätigen würde, dass der vermeintliche Fastfood-Sex sie sehr wohl ziemlich satt gemacht hätte. «Und außerdem», die Frau vom Nachbartisch ist noch nicht fertig, «als wäre Beziehungssex immer so toll! Warum gibt es denn in jeder Buchhandlung kilometerlang Ratgeberliteratur, wie es in Beziehungen sexuell wieder besser läuft?» Nun lacht auch der Kellner, der uns zugehört hat. Und mir fällt eine Bekannte ein, die vom Sex in ihrer Ehe mit den Worten erzählte: «Ach, das waren noch Zeiten – Sex unter der Woche!» Wir schmunzeln also alle und sind uns einig, dass man Sex außerhalb von Beziehungen nicht abwerten sollte.

«Bei One-Night-Stands sind halt andere Fähigkeiten gefordert», meint Paulita. «Sex und Liebe müssen nicht zusammenkommen, auf keinen Fall. Aber wer guten Sex außerhalb einer Beziehung will, muss das auch gut kommunizieren können. Sex ist wie eine Sprache, eigentlich kann man Sex daher auch wie ein Gespräch begreifen. Und wer da nicht radikal offen kommuniziert, der bekommt auf keinen Fall das, was er will. Der bekommt nur Missverständnisse und hat nicht den Eindruck, auf Augenhöhe kommuniziert zu haben.» Ich stimme Paulita zu und weiß zugleich, dass das leicht gesagt ist. Wir wissen schließlich, wie das mit Frauen und der Lust ist: eher nicht so einfach, Stichwort Stigma, Stichwort Single Shaming. «Ja», meint Paulita, «ich kenne dieses Stigma auch. Das kann sogar von Freundinnen kommen, wenn man als Singlefrau Casual Sex hat. Irgendwie bekommt man dann den Ruf der Nichtvertrauenswürdigen. Das sind so typische Vorurteile: Die hat Bindungsangst, die ist irgendwie pathologisch, die ist unzuverlässig. Tja. Eine Primärbeziehung schafft eben Privilegien», seufzt sie. Sex innerhalb einer Beziehung ist sakrosankt. Da fragt in der Regel keiner nach.

Aber noch eine andere Schwierigkeit bei Casual Sex sind ja nun mal die Gefühle, die Enttäuschung, die sich einstellen kann, wenn man mit der eigenen Erwartungshaltung in Konflikt gerät. Wenn man vielleicht hofft, dass er sich doch noch meldet. Wenn man sich vielleicht ein bisschen verknallt hat. «Es ist okay, enttäuscht zu sein», meint Paulita. «Gefühle haben doch überall Platz, die kann man doch nicht ausstellen. Aber das ist dann eben ein kurzes ‹Autsch›. Man kennt die Person ja auch gar nicht richtig. Tut kurz weh, aber so ist das Leben!» Wir haben eben leider keine Bilder im Kopf für das Begehren ohne Bindungslust. Könnte man nicht mal einen Film drehen, in dem genau das gezeigt wird? Und in dem dann die Personen eben nicht doch zusammenkommen? Wer Enttäuschung nicht irgendwie einkalkuliert, der könne sich ja auch überhaupt auf nichts wirklich einlassen.

«Aber letzten Endes», sagt Paulita, «ist jeder Mensch sowieso sexuell anders. Ich kenne auch Menschen, die sind demisexuell.» «Demisexuell?» «Ja, das sind Menschen, die können niemanden sexuell begehren, den sie nicht gut kennen. Für die ist es eine Voraussetzung, dass sie gemocht werden und jemandem sehr vertrauen, anders haben die keine Lust. Für die käme ein One-Night-Stand überhaupt nicht in Frage.»

Irgendwann verabschieden Paulita und ich uns. Auf dem Heimweg hallt unser Gespräch noch in meinem Kopf nach: Jeder Mensch ist sexuell anders. Und guter Sex ist subjektiv. Man kann ihn nicht erzwingen. Es gibt Möglichkeiten, sich ihm zu nähern, aber ohne zu wissen, was wir wollen, was wir begehren, bekommen wir ihn sicherlich nicht. Und mir wird klar: Das ist natürlich nicht einfach, aber einfacher wird's auch nicht.

Es ist auch deshalb nicht einfach, weil es eben auch eine Frage der Freiheit ist. Und Freiheit kann in dem Zusammenhang bedeuten, sich vom sexuellen Glücksversprechen der Zweierbeziehung freizumachen und Sex als autonomes Begehren zu verstehen. Und nicht als Mittel zum Zweck. Als Mittel, einen Typen zu bekommen. Auch das wäre ziemlich radikal, aber es würde bedeuten, unsere eigene Lust ernst zu nehmen. Ganz egal, ob das in einer Beziehung endet. Denn wir dürfen wirklich alles.

Die einzig wahre Liebe

Als Kinder haben wir ein Ballspiel gehabt, das ging so: Man stellte sich im Kreis auf und warf einem der Mitspieler den Ball zu. Wenn man den Ball nicht richtig fing und fallen ließ, war man «verliebt». Wenn man ihn erneut fallen ließ, war man «verlobt». Beim nächsten Mal «verheiratet». Beim vierten Mal hatte man «ein Kind». Beim dritten Kind war man ausgeschieden. Gewonnen hatte, wer als Letzter übrig blieb.

Als Kind ist man Rebell, ohne es zu begreifen. Vielen Konventionen wird einfach ein «Nein» entgegengeschleudert. Erwachsenen kommt das oft verspielt vor, aber als Kind fühlt sich ein «Nein» überlebensnotwendig an: Nein, ich esse das nicht. Nein, ich ziehe das nicht an. Nein, ich will auf keinen Fall so werden wie du. Nein, nein, nein! Aggressionen im Dienste der Ablösung nennen Psychologen das. So auch die Ablehnung von Ehe und Kindern: Ihhhhh, bloß nicht! Und dann spielten wir trotzdem wieder Hochzeit. Als Kinder haben wir eben vieles ausprobiert: Erwachsene nachmachen und sich über Erwachsene lustig machen. Wir hatten noch keine Ahnung, was wir dabei ausprobierten oder wogegen wir uns dabei wehrten. Wir spielten uns einfach in die Welt hinein. Was die Welt für uns bereithielt? Staunen erst mal. Die ganze Zukunft, unser ganzes Leben war lediglich eine diffuse Ahnung am Horizont, bei der es trotz aller Neins vornehmlich darum ging, das Leben zu führen, das wir kannten. In noch besser. Wie man ein Leben führt? Das kriegten wir allmählich heraus. Wir lernten träumen über Geschichten, wir lernten leben über Geschichten.

«Wenn du mal groß bist ...» – so gingen die Träume los. Und alles, was wir als Großsein wahrnahmen, webten wir schon mal ein in unsere Geschichte. In all diesen Geschichten begann das kindliche Nein zu verblassen. «Wenn du mal groß bist, wirst du auch Kinder haben.» «Wenn du mal groß bist, hast du selber ein Auto.» «Wenn du mal groß bist, trägst du auch mal so ein schönes Kleid.» Und irgendwo da, hinter dem schönen Kleid, lag dann das Happy End. Das glückliche Ende. Wie im Märchen war das glückliche Ende dabei auch deutlich zu sehen: Erst war da ein Prinz, und dann war da das schöne Kleid. Es war sonnig, Luftballons stiegen in den Himmel, und alle freuten sich für uns. Schluss.

Ich habe diese Luftballons ordentlich angepikst in diesem Buch. Nicht weil ich Ballons so gerne platzen lasse, ich fürchte mich nämlich vor dem Geräusch, sondern weil ich Platz machen möchte für neue Geschichten, für andere Geschichten. Für Lebensmöglichkeiten letzten Endes. Und deswegen werde ich jetzt noch mal ein wenig weiterpiksen, denn nur, weil dieses Buch zu Ende geht, sollen nicht auch die Geschichten enden.

Hier soll nichts beschlossen werden, hier soll freigesetzt werden. Schlussendlich auch die Liebe – das war doch klar, oder?

Mit der Liebe werden nämlich leider oft genug Geschichten ausgebremst, gehen unter, werden still. Noch mal Shakespeare. Noch mal *Ein Sommernachtstraum*. Nachdem Hermia und Helena mit Lysander und Demetrius verheiratet werden, verstummen die beiden Frauen. Sie haben keine einzige Zeile, kein Wort mehr zu sagen. Den ganzen letzten Akt lang. Ring dran, Klappe zu. Frauen, die nach der Hochzeit verstummen, in der Ehe verschwinden, werden nicht nur bei Shakespeare dargestellt. Dieses Bild kommt auch nicht von ungefähr. Und obwohl es sehr verblichen ist, ist es nicht verschwunden. Ich denke, das habe ich oft genug gezeigt: Dinge verschwinden nicht einfach. Und wenn es hierzulande bis in die siebziger Jahre hinein Gesetze gab, die es Männern erlaubten, Frauen ihr Arbeiten zu untersagen, ist das genau diese Tradition.

Mit der Liebe werden allerdings nicht nur Geschichten ausgebremst, es werden auch oft genug Geschichten romantisch überhöht. Die Liebe wird dabei zum süßlichen Klebstoff, der eine Struktur zusammenhält, die Frauen noch immer benachteiligt. Auch das habe ich gezeigt. Die Liebe wird überhöht, um Mängel zu verdecken, die so eklatant sind, dass kein Mensch – vermutlich noch nicht einmal Frauen – darauf käme, sie freiwillig in Kauf zu nehmen. Wenn es nicht die Liebe gäbe.

Es geht dabei um strukturelle Nachteile, die die konventionelle Zweierbeziehung zwischen Männern und Frauen für Frauen bereithält. Um wirtschaftliche Nachteile. In Bezug auf Mehrarbeit, Care-Arbeit, Altersarmut. Und zugleich bekommen Frauen für all das weder die Unterstützung noch die Anerkennung, die ihnen zusteht. Sie haben ja die Liebe, das muss reichen. Und für die Liebe bekommen sie auch ihre Anerkennung. Für die anderen Sachen? Da ist Luft nach oben. Laurie Penny schreibt: «Männern wird zugestanden, ihre Arbeit, ihre Tätigkeiten zur zentralen Romanze ihres Lebens zu machen».[42] Wenn wir Frauen versuchen, woanders als im Glück zu zweit unsere Lebensmitte zu finden, heißt es immer wieder: Wir kompensieren.

Wenn Frauen also endlich auch selber entscheiden könnten, was sie für Glück halten, hätten wir viel gewonnen. Dass dieses Glück auch außerhalb der romantischen Zweierbeziehung zu haben ist zum Beispiel. Aber der weibliche Klammergriff um das Zweisam-Glück ist hartnäckig. Und wer als Frau dennoch selber eine andere Vorstellung davon entwickelt, der wird selbst von Mit-Frauen gerne eines Besseren belehrt.

Der schönste Tag des Lebens?

Ich scrolle auf Instagram. Ich sehe ein Bild der Hochzeit einer Bekannten, welches sie mit dem Aufruf «Traut euch, es ist der schönste Tag des Lebens, heiratet!» gepostet hat. Ich rolle mit den Augen. Muss ich mir ja jetzt nur noch fix einen Mann backen, dann noch eine Hochzeitstorte hintendrein und – zack! – habe ich auch den schönsten Tag meines Lebens. Aber möchte ich den schönsten Tag meines Lebens schon so bald hinter mir haben? Kann das ein Lebensziel sein? Und überhaupt: Warum postet niemand mal das Bild eines Exfreunds mit dem Aufruf «Traut euch! Macht Schluss! Es war der schönste Tag meines Lebens!»?

Ich schaue mir das Hochzeitsbild und die Kommentare dazu an. Und dann sehe ich, was jemand anderes dort über die eigene Hochzeit geschrieben hat: «Natürlich bin ich der wichtigste Mensch in meinem Leben. Aber mein Leben ergibt erst Sinn, weil mein Mann, der auch mein bester Freund ist, mein Leben liebt und schätzt.»

Puh. Das wird ja immer doller, denke ich. Denn logisch lässt sich nur eine Konsequenz aus diesem Satz ziehen: Singles können sich zwar auch selber am wichtigsten sein, aber sie erfahren dabei keinen Sinn, weil sie keinen Partner haben, der diese Erfahrung validiert. Ohne Stempel kein Glück.

Das ist natürlich Blödsinn. Wer sein Leben auf eine andere Person wie eine Art Jenga-Turm baut, der zusammenbricht, wenn dann doch ein Steinchen fehlt, der hat vermutlich nicht ganz so viel Sinn erfahren, wie er behauptet. Und auch nicht so viel Selbstliebe. Eine Beziehung kann nun mal in die Brüche gehen. Das ist sogar gar nicht unwahrscheinlich. Im Jahr 2016 wurden in Deutschland 162 397 Ehen geschieden. Die Scheidungsquote betrug 39,56 Prozent. Statistisch gesehen macht das 0,4 Scheidungen pro Eheschließung. Eine 0,4-Quote auf den Sinn des Lebens?

Ich rate ab. Es ist nicht sehr sinnhaltig, sich darauf zu verlassen, dass eine romantische Zweierbeziehung einem den Sinn des eigenen Lebens dauerhaft frei Haus liefert. Der Versuch, von sich aus im eigenen Leben Sinn zu finden, ist nachhaltiger. Und damit ist weder gemeint, dass es sich nicht durchaus manchmal so anfühlen kann, als wäre eine andere Person die Sonne des Universums. Und damit ist noch nicht mal gemeint, dass man nicht heiraten sollte. Damit ist nur gemeint, dass wir die Liebe endlich ernst nehmen und ihr nicht mehr bleischwere rosa Herzen an den Hals hängen sollten. Oder Liebesschlösser, unter denen dann alles wegrostet.

Wer die Liebe ernst nimmt, überhöht sie nicht. Wer sie ernst nimmt, gesteht sich ein, dass dieses Liebesideal, die exklusive, dauerhafte, romantische Zweierbeziehung, dieses Dreamteam mit dem besten Freund und der hochgelobten Intimität, auch nur eine Art ist, das Leben zu gestalten. Eine Möglichkeit. Kein Endziel. Und erst recht kein Garant für die Erfüllung aller Liebesversprechen.

Und doch, ich habe es hinlänglich gezeigt, wird diese Lebensweise als die einzig wahre gefeiert. Sie wird – in Form der Ehe – staatlich bezuschusst, mit Konfetti beworfen, beglückwünscht und besungen. Als Paar hat man es geschafft. Man ist angekommen, gehört dazu. Die offene Flanke des Singleseins ist geschlossen. So soll es sein. Das zeigen Hochzeitsfeiern, das zeigen solche Instagram-Posts von glückstrunkenen Bräuten, das zeigen die Privilegien, die Paare vor den Singles genießen. Nicht nur die finanziellen Privilegien. Auch das Privileg des sakrosankten, des kompletten Lebens. Pärchen genießen oft den Habitus der lebenstechnischen Überlegenheit, wie es das Zitat der Braut zeigt. Es ist schwer, als Single gegen diesen Habitus anzuerzählen. Es ist ein Habitus, der an das erinnert, was Didier Eribon in seinem Buch *Rückkehr nach Reims* im Zusammenhang

mit «kultivierten Personen» beschreibt: «Dieses Überlegenheits-
gefühl, das aus ihrem ewig diskreten Lächeln ebenso spricht wie
aus ihrer Körperhaltung, dem kennerhaften Jargon, dem osten-
tativen Wohlgefühl. [...] In all diesen Dingen kommt die soziale
Freude darüber zum Ausdruck, den kulturellen Konventionen
zu entsprechen und zum privilegierten Kreis derer zu gehören,
die sich darin gefallen, dass sie mit ‹Hochkultur› etwas anfangen
können.»[43]

Bei Pärchen geht es nicht so sehr um Hochkultur, aber dennoch um die soziale Freude der Zugehörigkeit. Körperhaltung,
kennerhafter Jargon, ostentatives Wohlgefühl. Wir kennen das,
und dazu braucht es noch nicht mal einen Instagram-Account.
Natürlich ist das nicht bei allen Paaren so. Aber oft genug: Seht
her, wir haben es geschafft. Das ist auch nicht deswegen ein Problem, weil ich Paaren die Liebesfeier nicht gönne. Im Gegenteil.
Ich habe zwei gute Freunde in einer freien Trauung sogar schon
selber verheiratet; ich weine auf jeder Hochzeit, immer, aus
Rührung. Ich freue mich auch nicht, wenn andere Lebenspläne
kaputtgehen. Aber das Über-Feiern der Liebe, es ist deswegen ein
Problem, weil es andere Geschichten so marginalisiert. Weil es
dabei den Finger zeigt auf Frauen, die single sind, und ihnen mit
spitzer Geste deutlich macht, was so alles fehlt in ihrem Leben.
Sinn, zum Beispiel.

Das beste Leben

Daher: Wir brauchen Vorbilder. Wir brauchen andere Geschichten, und wir brauchen auch Mut. Viele berühmte
Frauen haben nie geheiratet: Florence Nightingale, Ann und
Emily Brontë, Emily Dickinson, Condoleezza Rice, Oprah Win-
frey, Coco Chanel, Jane Austen, Greta Garbo, Elisabeth I., Har-

per Lee. Rebecca Traister schreibt: «Das heißt nicht, dass sie nicht sexuelle oder häusliche Beziehungen oder lange, liebevolle Bindungen zu Männern oder Frauen hatten. [...] Es heißt, dass sie nicht die gesellschaftlichen Erwartungen erfüllt haben, indem sie in eine Institution eintraten, die auf männlicher Autorität und weiblichem Gehorsam gebaut wurde.»[44] Gesellschaftliche Erwartungen lassen sich aber nicht lautlos ändern. Ein Leben gegen solche Erwartungen muss verteidigt werden, auch das habe ich gezeigt. Vera sagt: «Es ist schon eine Stärke, jedes Mal zu sagen: Mit mir ist nichts falsch. Kein Mensch ist perfekt, aber wir Singles sind nicht falscher als die anderen. Wir sind tolle Frauen, und wir fühlen uns wohl mit dem, was wir machen. Manchmal auch nicht, aber das ist das Leben.»

Und was für ein Leben. Ich sitze mit einer Freundin im Görlitzer Park auf einer Bank, ein Sommerabend, das Licht ist kurz davor, in die Dämmerung zu brechen. Wir sprechen über unsere Mütter, über unsere Großmütter. Über die Freiheiten, die wir haben. «Frauen haben so viel in so kurzer Zeit erreicht, und es ärgert mich, dass uns immer wieder eingeredet wird, wir dürften das nicht genießen. Wir haben so viele Freiheiten, und das soll nicht ausnahmslos toll sein?!»

Vielleicht weil Frauen, die anders lieben wollen, ob in einer festen Beziehung oder nicht, so letzten Endes auch das große Ganze in Frage stellen. Und dann geht es längst nicht mehr nur um Liebe, um Dating, um Mr. Right, sondern ums Ego, um Rechte, um Sex, um Geld, um Freiheit.

Die einzig wahre Liebe? Wie wäre es mit dem eigenen Leben? Dazu gehört allerdings auch, dass dieses eigene Leben endlich nicht mehr als mangelhaft abgestempelt wird. Das dieses gelingende eigene Leben nicht mehr mit einem Mindesthaltbarkeitsdatum versehen wird und abhängig davon ist, wie viel Falten sich zeigen, ob die Gebärmutter zum Einsatz gekommen ist oder

wie oft und ausdauernd man es denn nun versucht hat mit der
Beziehung. In der das gelingende Frauenleben ein Leben wird,
das selber, aus uns heraus, gelingen kann. Wir sollten uns daher
nicht länger die Selbstbezogenheit zum Vorwurf machen lassen.
Wir sollten uns nicht länger anhören, dass ein Frauenleben nur
in der Aufopferung, in der Liebe, in der Mutterschaft, im Nicht-
Ich zur Erfüllung kommt. Wir sollten uns stattdessen die Selbstbezogenheit zu eigen machen, sie sogar feiern. Und zwar richtig.
Rebecca Traister träumt auch davon. Sie sieht darin sogar ein
neues Zeitalter begründet: «Ein echtes Zeitalter der weiblichen
Selbstbezogenheit wäre ein Zeitalter, in dem Frauen ihre eigenen
Bedürfnisse in dem Maße erkennen und priorisieren, wie ihnen
die Bedürfnisse anderer Menschen als das Wichtigste antrainiert
worden sind. Das wäre dann auch ein aufgeklärtes Korrektiv zu
Jahrhunderten an Selbstaufopferung.»[45] Dem ist nicht viel hin-
zuzufügen.

Neue Möglichkeiten

Ein Tag Ende Juni, mein Geburtstag. Ich bin in einem Spa,
liege im Bademantel auf einem Korbsessel, habe ein Buch
auf dem Bauch und bin dezent verkatert. Ich habe reingefeiert,
wie schon letztes Jahr, mit Anne, per Skype. Jetzt tut mein Kopf
weh, aber der Bademantel ist weich, unter dem Buch in meinem
Bauch gluckert Maracujaschorle, ich wippe zufrieden mit den
Zehen, neben mir flipfloppt jemand vorbei. Sonst ist es fast still.
Ich versuche, ein bisschen Geburtstagsbilanz zu ziehen. Wie war
das letzte Jahr, wo geht es im nächsten Jahr hin? Ich betrachte
also meine Geschichte. Das ist so ein Moment, in dem ich daran
denke, wie es mal war, noch vor ein paar Jahren. Mit Freund und
gemeinsamer Wohnung. Wie es war, als ich noch dachte, meine

Geschichte erfüllt sich im Naheliegenden. Wie es war, als ich wie selbstverständlich dachte, ich hätte eine Geschichte. Und wie ich dann irgendwann merkte, dass ich nunmehr lose Enden einer alten Erzählung in den Händen hielt und erst lernen musste, was ich damit mache.

Wie unwahrscheinlich mir mein Weg manchmal vorkommt. Wie zufrieden ich bin.

Ich gucke in die Baumwipfel, die vor mir hin und her wiegen, und ich weiß: Hinter den Baumwipfeln liegen auch bedrohliche Dinge. Dinge, die noch passieren werden, die mir den Boden unter den Füßen wegziehen können. Die all dessen spotten werden, was ich selbstbestimmtes Leben nennen möchte. Auch die eigene Geschichte schreibt sich immer wieder neu. Soll sie. Ich klappe den Kragen des Bademantels hoch und lege mir die Arme um die Schultern. Die Blätter oben in den Bäumen rascheln, sie drehen sich ganz schnell im Wind, von Grün auf Silber, Silber auf Grün. Glynnis MacNicol schreibt: «Und einfach so habe ich es geschafft, die Welt so weit zu kippen, dass neue Möglichkeiten reinfließen.»

Singles und sie selber

Singles denken viel über sich nach. Alle Singles, die ich kenne, verbringen viel Zeit damit, über ihre Beziehungen, ihre vergangenen Erlebnisse nachzudenken. Was sie möchten, was sie nie wieder erleben wollen. Singles sind oft sehr aufmerksam sich selbst gegenüber. Sehr genau. Als Single entwickelt man ein ziemlich gutes Gespür für die eigenen Bedürfnisse, aber auch für die anderer Menschen.

Anja und ich sind gleich alt. Wir sitzen in einem Biergarten, sie trägt eine sehr schöne Sonnenbrille und stimmt mir zu, als wir darüber reden, wie es ist, sich als Single gut kennenzulernen. «Manchmal denke ich», gestehe ich ihr, «dass ich mittlerweile eine richtig tolle Beziehung führen könnte, ich habe schon so viel über alte Fehler und Muster nachgedacht.» Sie lacht: «Manchmal denke ich, jeder müsste mal eine Zeitlang Zwangssingle sein nach einer Beziehung, um die Chance zu haben, sich besser kennenzulernen und zu reflektieren, was die eigenen Bedürfnisse sind.» Als Single verbringt man eben viel Zeit mit einer Person. Sich selber. Und wer sich mag, wird diese Zeit auch genießen können. Auch wenn man das oftmals erst lernen muss.

Anja und ich reden übers Reisen, über das Alleine-Reisen. Wie oft sie sich anhören muss, dass es so wahnsinnig mutig sei, alleine zu verreisen. Und das nicht etwa, weil sie in besonders gefährliche Regionen reist, sondern weil sie sich das Alleinsein zutraut, als Frau. Anja verreist wahnsinnig gerne alleine. Vor einiger Zeit war sie gemeinsam mit einer Freundin unterwegs – in Spanien, kleine Insel, Restaurant am Hafen, Abendsonne. Neben den beiden saß eine ältere Dame allein am Tisch und ließ es sich gutgehen. Vorspeise, Hauptspeise, Nachtisch. Wein dazu. Als sie gegangen war, sagte Anjas Freundin: «Die hat mir schon leidgetan.» «Leid?!» Anja schüttelt den Kopf. «Die hat mir überhaupt nicht leidgetan, im Gegenteil. Ist doch großartig, wenn man das so genießen kann. Die hat es sich richtig feingemacht. Leid tun mir eher die Frauen, die sich nicht aus dem Haus trauen, weil sie sich schämen vor Leuten, die denken, sie müssten ihnen leidtun!»

Ich kenne so viele Frauen, im Übrigen nicht nur Singlefrauen, die geradezu vom Alleine-Reisen schwärmen. Was man dabei entdecken kann, wie man Menschen kennenlernt, wie man auch Männer kennenlernt. In anderen Worten: «Was der Mensch doch nicht alles erfährt, wenn er sich einmal hinterm Ofen hervormacht.» Das ist aus der Novelle *Aus dem Leben eines Taugenichts* von Joseph von Eichendorff, das haben wir in der Schule gelesen, und an diesen so vergnügt daherkommenden Satz muss ich seitdem oft denken. Man muss sich als Single hinter dem Ofen hervormachen. Dazu gehört nicht nur, alleine zu reisen, dazu gehört auch schon, alleine in einem Restaurant zu essen. Die Journalistin Elisa Doucette hat für einen Artikel über das Alleine-Essen etliche Frauen interviewt und dabei herausbekommen, dass viele davor regelrecht Angst haben. Sie selber kann das nicht nachvollziehen. Es gibt schließlich zig Dinge, die man dabei tun kann, ohne sich seltsam vorzukommen: an der Bar sitzen, Gespräche mit Tischnachbarn oder Kellnern anfangen, zum Smartphone greifen, zum Buch, zur Zeitschrift. Doucette schreibt: «Gibt es etwas Schlimmeres als einen ‹Tisch für einen›? Klar. Und zwar, an die Vorstellung zu glauben, dass das überhaupt schlimm sein könnte.»[46]

Ich gehe gerne alleine essen. Aber noch lieber gehe ich alleine ins Kino. Alleine ins Kino zu gehen, ist überhaupt eine meiner feierlichsten Lieblingsbeschäftigungen. Keine Kompromisse bei der Filmauswahl, kein Popcorn-Sharing, kein «Ich sitze aber nicht so gerne weit vorne». Große Klasse!

Aber, darauf hat Simone de Beauvoir schon hingewiesen, es ist durchaus beängstigend, sein Leben alleine in die Hand zu nehmen. Und das zeigt sich eben schon beim Restaurantbesuch. Man muss es lernen. Es ist nicht einfach, dieses Alleine-irgendwo-Sein. Zu Beginn meines Soziologie-Studiums hat uns ein Professor von einem Experiment erzählt, das er als junger Student mal machen sollte. Sie sollten Leute auf der Straße beobachten und schauen, wie diese sich verhielten, wenn sie warteten. Also alleine waren. Es stellte sich heraus, dass es ganz erstaunlich ist, was Menschen alles tun, nur um nicht «alleine» zu erscheinen. Sie tun so, als würden sie etwas suchen. Sie schauen ständig auf die Uhr, um allen zu signalisieren, dass sie warten. Sie schütteln mit dem Kopf und schimpfen leise vor sich hin, um deutlich zu machen, dass die andere Person verspätet ist. Klar, mit Smartphones muss keiner mehr «warten». Die Angst vor dem Allein-Wirken ist allerdings immer noch da. Und wir müssen uns zudem klarmachen, dass es gerade für Frauen noch gar nicht so viele historische Vorgängerinnen gibt, die in der Öffentlichkeit überhaupt etwas «alleine» tun konnten, ohne schräg angeguckt zu werden. «Was sollen die Leute denken» ist ein Satz, mit dem unsere Großmütter noch selbstverständlich aufgewachsen sind. Und auch heute noch wachsen Menschen mit diesem Satz auf.

Wir brauchen nicht nur andere Geschichten über Beziehungen, über Mutterschaft oder Liebe, sondern auch andere Geschichten von und über Singlefrauen. Fröhliche statt tragische. Selbstbestimmte statt mitleiderregende.

Sylvia Plaths Roman *Die Glasglocke* spielt in den fünfziger Jahren. Aber er spricht auch heute noch zu uns. Die Protagonistin Esther hatte Folgendes über Beziehungen gelernt: Der Mann sei wie ein Pfeil, der in die Welt schießt, während die Frau der sichere Ort ist, von dem dieser Pfeil abgeschossen wird. Esther denkt: «Das Letzte, was ich will, ist unendliche Sicherheit oder der Ort zu sein, an dem ein Pfeil losgeschossen wird. Ich will Veränderung und begeistert sein und selber in alle möglichen Richtungen losschießen, wie die farbigen Pfeile eines Feuerwerks.»[47]

Was wir selber wollen, ist eben oft eine andere Geschichte.

Entzieht euch!!!

Die Autorin und Filmemacherin Nora Ephron hielt im Jahr 1996 eine Rede für Absolventinnen an ihrer alten Universität, dem Wellesley College in den USA, einem reinen Frauen-College. Ephron war dreimal verheiratet, hatte zwei Kinder, und sie war beruflich sehr erfolgreich. Sie gehörte allerdings einer Frauen-Generation an, für die eine eigenständige Karriere nicht selbstverständlich war. Ephron erzählte von früher: «Wir sollten keine Zukünfte haben, wir sollten sie heiraten. Wir sollten keine Politik vertreten, keine ernstzunehmenden Karrieren haben oder Meinungen oder eigenständige Leben; wir sollten sie heiraten. Wenn du Architekt sein wolltest, hast du einen Architekten geheiratet.»[48]

Ich weiß, das klingt so überholt. Das haben die Frauen 1996 vielleicht auch gedacht. Aber so weit überholt ist es nicht. Nora Ephron hätte die Mutter der Absolventinnen sein können. Wenn wir unsere eigenen Mütter fragen, sie werden uns vermutlich Ähnliches erzählen können. Unsere Großmütter kennen es ganz sicherlich noch: die Erwartung, dass eine Frau im Leben eines Mannes aufzugehen hat. Die Annahme, dass eine Frau in einer Partnerschaft Erfüllung findet. Und zwar nur über eine Partnerschaft. Diese Erwartungen haben überlebt, mindestens in Teilen, ich habe es beschrieben. Sie zeigen sich in Kleinigkeiten, in alltäglichen Bemerkungen, sie zeigen sich im großen Ganzen, in dem, was Frauen alles tun, um in einer Beziehung zu sein, und was sie dann alles tun, um in ihr zu bleiben.

Ich habe mit vielen Singlefrauen für dieses Buch gesprochen. Das waren ganz unterschiedliche Frauen. Frauen mit einem starken Partnerwunsch. Frauen mit großer Lust am Singlesein.

Frauen, die einfach mal wieder gerne ein Date hätten. Frauen, die nur gerne eine Beziehung hätten, wenn sie wirklich, wirklich toll wäre. Aber was mich überrascht hat, war, was sie alle geeint hat: der Wunsch, es anders zu machen. Der Wunsch, keine klassische Beziehung zu führen, der Wunsch zwar nach einem Partner, aber vor allem nach einem eigenen Leben. Das Besondere ist: Wir können es anders machen. Wir können anders Beziehungen führen. Wir sind so weit. Wir halten ein kleines Fünkchen zwischen den Fingerspitzen, und wenn wir es anhauchen, wird vielleicht ein Feuer draus. Wir haben eine Freiheit. Aber wir bekommen sie nicht geschenkt.

Nora Ephron sagte weiter: «Unterschätzt nicht, wie viel Gegenwind Frauen immer noch bekommen und wie viele Menschen es gibt, die sich wünschten, wir könnten die Uhr zurückdrehen. Eine der Sachen, die Leute einem immer sagen, wenn man verletzt wurde, ist: ‹Nimm es nicht persönlich!› Im Gegenteil: Ihr solltet genau hinhören, und vor allem, ich flehe euch an, nehmt es persönlich! Ihr müsst verstehen: Jede Attacke gegen Hillary Clinton, wenn sie sich wieder nicht zu fügen weiß, ist eine Attacke gegen euch. Alle diese Attacken haben unterschwellig eines gemeinsam: Zurück mit euch, zurück dahin, wo ihr einmal hingehört habt.»

Wir sollten es nicht unterschätzen. Wir sollten nicht unterschätzen, was hinter Single Shaming steckt. Was hinter den Vorwürfen steckt, zu egoistisch zu sein. Was hinter den Bildern von *Bridget Jones* und ihren mit Prosecco johlenden Kolleginnen steckt, hinter den Attacken auf kinderlose Frauen wie Angela Merkel oder Claudia Roth. Es ist persönlich gemeint. Das müssen wir uns klarmachen. Das Persönliche ist politisch und das Politische persönlich. Und wenn sie es einer anderen Frau antun, tun sie es auch euch an.

Nehmt es also persönlich, nehmt es euch zu Herzen. Seid darüber traurig und wütend, und lasst euch niemals, wirklich niemals, von irgendwem sagen, das sei aber zu emotional. Es geht uns schließlich an! Und lasst euch nicht ködern mit falschen Versprechen von faden Männern. Wir haben die Freiheit, nein zu sagen. Nein, danke. Auch, wenn es nicht immer einfach ist. Auch nicht einfach ist: die Freiheit, ja zu sagen.

«Was werdet ihr tun? Alles, ist meine Vermutung. Es wird etwas chaotisch, aber begrüßt das Chaos mit offenen Armen. Es wird kompliziert, aber erfreut euch an den Komplikationen. Es wird überhaupt nicht so, wie ihr denkt, dass es wird, aber Überraschungen tun euch gut. Habt keine Angst: Ihr könnt euch immer umentscheiden. Ich weiß das: Ich hatte vier Berufe und drei Ehemänner», sagt Nora Ephron.

Macht alles. Sucht die Liebe, lasst es bleiben, lasst es auf euch zukommen. Wenn ihr sie findet, liebt euch hart. Investiert in eure Beziehungen. In Freunde, in Familie. Und zieht eure Investitionen aus der Jagd nach dem perfekten Märchenprinzen ab. Kein Suchen mehr, kein Pokern, nichts mehr von dem ganzen Quatsch. Lasst nicht alles mit euch machen. Lasst überhaupt nichts mit euch machen, was ihr nicht wollt. Worauf ihr nicht wirklich so richtig Bock habt. Nur damit irgendwer da ist. Das ist es alles nicht wert. Findet heraus, worauf ihr wirklich Lust habt. Entdeckt eure Lust, geht ihr nach, lebt die Lust und macht das Lustprinzip zu eurem Leben. Und wenn da ganz viele Männer oder gar keine Männer mit dabei sind: Schön! Entzieht euch den Erwartungen und den Rollen, die mit euren Interessen nichts zu tun haben. Singlesein kann eine Befreiung sein. Es ist kein notwendiges Übel.

Und ja, es kann auch hart sein. Aber wir sind nicht alleine. Wir haben uns, eine Gemeinschaft; und Solidarität unter Frauen ist das erhebendste Gefühl, das ich kenne. Wir haben uns selbst. Wir haben unsere Freunde, wir haben Katzen und Hunde und Familie und Kino und Bücher und Vibratoren und Sex und Kinder und Baumwipfel und unsere Arbeit und hoffentlich eine Zukunft, und das alles ist so viel besser, als alles zu tun, nur um in einer Zweierbeziehung zu sein. Es gibt keinen Grund, sich zu schämen. Keinen Grund, sich zu verstecken. Wir wollen das Beste. Lasst es uns radikal fordern. Lasst euch nie sagen, dass ihr nicht genug seid, dass eurem Leben etwas abgeht. Ihr seid genug.

Das heißt aber auch, dass wir neu denken müssen, alles neu denken. Beziehungen, Liebe, Männer, Frauen, Familie. Alles neu. Denn die Zeiten ändern sich. Aber die alten Zeiten sind noch da. Singlefrauen können zeigen, was sich ändern kann. Wir können es vormachen. Das freie Leben. Das Leben, das Familie und Beziehungen und Sex anders denkt. Wir können das zusammen. Dann scheitern wir, aber nur vielleicht, und dann machen wir es noch mal, aber besser.

Es gibt viel zu tun. Und genau hier höre ich auf, hier, wo alles wieder anfängt.

Vorher erzähle ich allerdings noch eine letzte Geschichte. In der finalen Szene aus *Sex and the City* schaut Carrie auf ihr Handy, Mr. Big ruft an, er hat jetzt einen Namen, und er ist ihr fester Freund. Endlich. Sechs Staffeln Hin und Her, aber jetzt hat sie ihn. Es ist das Happy End, das die Tragik ihres Lebens mit den immer falschen Männern gerade noch mal abwendet. Aber es ist eine Lüge gewissermaßen. Denn in dem Buch von Candace Bushnell, das die Vorlage für die Serie war, lautet der letzte Satz wie folgt: «Mr. Big ist glücklich verheiratet. Carrie ist glücklicher Single.»

Nicht umsonst hat die Produktionsfirma der Serie, HBO, das Ende umgeschrieben. Sie haben es so umgeschrieben, damit Zuschauer bekommen, was sie hören wollen. Die meisten wollen hören, dass Liebe sicher ist und sicher macht. Dass er schon noch kommt. Dass es passiert, wenn man nur lang genug wartet.

Sie wollen genau solche Geschichten hören: «Und als ich schon nicht mehr dran geglaubt habe, da traf ich ...» Das sind in der Tat beruhigende Geschichten. Ob sie nun ein wahrscheinliches Szenario darstellen oder nicht. Ich erzähle keine solche Geschichte. Kein solches Ende. Hier wird kein Mann vorkommen, keine Wendung. Weil sie nicht vorkommen muss. Weil ein Leben nicht erst erzählbar wird, wenn eine Zweierbeziehung dabei entsteht. Ich erzähle kein solches Ende, denn es ist nicht das einzig mögliche Ende. Es gibt Märchen, und es gibt das Leben, und das Letztere hat nicht immer ein Ende, wie es in alten Büchern steht. Wer weiß, was alles noch passiert. Wer weiß, was alles Großartiges noch passiert. Das Leben geht weiter, bis es nicht mehr weitergeht. Wie Nora in Ibsens Drama sagt: «Aber was die Welt sagt und was in den Büchern steht, das kann nicht länger maßgebend für mich sein. Ich muß selbst nachdenken, um in den Dingen Klarheit zu erlangen.» Noch mal die andere Nora, Nora Ephron: «Habe ich gesagt, dass es hart ist? Ja, aber lasst es mich noch mal sagen, sodass keiner von euch sagen kann, dass euch niemand gewarnt hat. Aber es ist eben auch irrsinnig interessant. Ihr könnt euch so glücklich schätzen, diese Möglichkeit zu haben.»

Wir haben diese Möglichkeit. Und wir können uns wirklich glücklich schätzen.

Literatur

Dolly Alderton: Everything I Know About Love, London 2018.

Ulrich Beck und Elisabeth Beck-Gernsheim: Das ganz normale Chaos der Liebe, Frankfurt / M. 1990.

Elisabeth Beck-Gernsheim: Mutterwerden – der Sprung in ein anderes Leben, Berlin 1989.

Elisabeth Beck-Gernsheim: Die Kinderfrage heute – Über Frauenleben, Kinderwunsch und Geburtenrückgang, München 2006.

Daniel Bergner: What do women want? Adventures in the Science of Female Desire, Edinburgh 2013.

Stephanie Bethmann: Liebe – Eine soziologische Kritik der Zweisamkeit, Weinheim 2013.

Kate Bolick: Spinster – Making a Life of One's Own, New York 2016.

Pierre Bourdieu: Die männliche Herrschaft, Frankfurt / M. 2012.

Holly Bourne: How Do You Like Me Now? London 2018.

Günter Burkart: Soziologie der Paarbeziehung – Eine Einführung, Wiesbaden 2018.

Candace Bushnell: Sex and the City, New York 1996.

Sasha Cagen: Quirkyalone – A Manifesto for Uncompromising Romantics, New York 2004.

Colette: The Vagabond, New York 2010.

Stephanie Coontz: Marriage, A History – From Obedience to Intimacy, or How Love Conquered Marriage, New York 2005.

Bella DePaulo: Singled Out – How Singles Are Stereotyped, Stigmatized, and Ignored, and Still Live Happily Ever After, New York 2006.

Sarah Diehl: Die Uhr, die nicht tickt – Kinderlos glücklich. Eine Streitschrift, Zürich/Hamburg 2014.

Susan Faludi: Backlash – The Undeclared War Against American Women, New York 1991.

Helen Fielding: Bridget Jones's Diary, London 1996.

Jill Filipovic: The H-Spot – The Feminist Pursuit of Happiness, New York 2017.

Shulamith Firestone: The Dialectic of Sex – The Case for a Feminist Revolution, London/New York 1970.

George Gissing: The Odd Women, Oxford 2000.

Katja Grach: MILF-Mädchenrechnung – Wie sich Frauen heute zwischen Fuckability-Zwang und Kinderstress aufreiben, Berlin 2018.

Gabriela Häfner und Bärbel Kerber: Das innere Korsett – Wie Frauen dazu erzogen werden, sich ausbremsen zu lassen, München 2015.

Martin Hähnel, Annika Schlitte und René Torkler (Hrsg.): Was ist Liebe? Philosophische Texte von der Antike bis zur Gegenwart, Stuttgart 2015.

Jack Holland: Misogynie – Die Geschichte des Frauenhasses, Frankfurt/M. 2007.

Henrik Ibsen: Nora (Ein Puppenheim), Husum/Nordsee 2015.

Eva Illouz: Why Love Hurts – A Sociological Explanation, Cambridge 2012.

Eva Jaeggi: Ich sag' mir selber Guten Morgen – Single – eine moderne Lebensform, München 1994.

Jean-Claude Kaufmann: Singlefrau und Märchenprinz – Über die Einsamkeit moderner Frauen, Konstanz 2002.

Jochen König: Mama, Papa, Kind? Von Singles, Co-Eltern und anderen Familien, Berlin 2015.

Sandra Konrad: Das beherrschte Geschlecht – Warum sie will, was er will, München 2018.

Cornelia Koppetsch und Günter Burkart: Die Illusion der Emanzipation – Zur Wirksamkeit latenter Geschlechternormen im Milieuvergleich, Konstanz 1999.

Barbara Kuchler und Stefan Beher (Hrsg.): Soziologie der Liebe – Romantische Beziehungen in theoretischer Perspektive, Frankfurt / M. 2014.

Karl Lenz: Soziologie der Zweierbeziehung – Eine Einführung, Wiesbaden 2009.

Glynnis MacNicol: No One Tells you This – A Memoir, New York 2018.

Bascha Mika: Mutprobe – Frauen und das höllische Spiel mit dem Älterwerden, München 2015.

Caitlin Moran: How To Be A Woman, London 2011.

Christina Mundlos: Dann mache ich es halt allein – Wenn Singlefrauen sich für ein Kind entscheiden und so ihr Glück selbst in die Hand nehmen, München 2017.

Alexander Nehamas: On Friendship, New York 2016.

Ursula Nuber: Wer bin ich ohne Dich? Warum Frauen depressiv werden und wie sie zu sich selbst finden, Berlin 2014.

Susie Orbach: Bodies – Schlachtfelder der Schönheit, Zürich / Hamburg 2010.

Laurie Penny: Unsagbare Dinge – Sex, Lügen und Revolution, Hamburg 2014.

Richard David Precht: Liebe – Ein unordentliches Gefühl, München 2010.

Caroline Rosales: Single Mom – Was es wirklich heißt, alleinerziehend zu sein, Reinbek b. Hamburg 2018.

Christiane Rösinger: Liebe wird oft überbewertet – Ein Sachbuch, Berlin 2012.

Kayleen Schaefer: Text Me When You Get Home – The Evolution and Triumph of Modern Female Friendship, New York 2018.

Margarete Stokowski: Untenrum Frei, Reinbek b. Hamburg 2016.

Rebecca Traister: All the Single Ladies – Unmarried Women and the Rise of an Independent Nation, New York 2016.

Moira Weigel: Labor of Love – The Invention of Dating, New York 2016.

Emily Witt: Future Sex – A New Kind of Free Love, New York 2016.

Hanya Yanagihara: A Little Life, New York 2015.

Dank

Danke. An alle, die die Arbeit an diesem Buch unterstützt haben. Mein Agent Markus Michalek, der mich so klug und kritisch begleitet, und meine fabelhafte Lektorin Julia Suchorski.

Danke an Isabel Prophet, die mir eine große, schlaue Hilfe war. Danke für die vielen, schönen Unterhaltungen und Ideen: Sarah Diehl, Paulita Pappel, Jochen König, Katja Grach und Carolin Rosales.

Danke Anne Hünseler, wie wunderbar, dass es dich gibt. Marc Petersdorff, für dich gilt das genauso, du toller Mann. Danke an all die anderen famosen Frauen und Männer in meinem Leben, danke mit dickem Ausrufezeichen: Astrid, Ali, Sophie, Evi, Sandy, Paul, Andi, Luca, Jacqui, Katrin, Jochen, Nati, Laura, Bettina, Joana, Simone, Helga, Thomas und Bine.

Und danke auch euch, Orte: New York, Berlin und Köln-Ehrenfeld.

Danke an meine so lieben Eltern, danke, auch dafür, dass ihr noch nie gefragt habt, wo denn irgendetwas bleibt.

Danke an all die Frauen, die sich mir für dieses Buch anvertraut haben. Ihr wisst, wer ihr seid. Dieses Buch ist für euch.

Für uns.

Anmerkungen

Einleitung

1 Anna Clauß, Ann-Kathrin Nezik, Miriam Olbrisch: «Die Sehnsuchenden», *Der Spiegel*, 43/2016.

2 Jan Eckhard: «Der sozialstrukturelle Kontext der zunehmenden Partnerlosigkeit in Deutschland», in: Zeitschrift für Soziologie, Jg. 43/5 (Oktober 2014), «Abnehmende Bindungsquoten in Deutschland. Ausmaß und Bedeutung eines historischen Trends,» in: Kölner Zeitschrift für Soziologie und Sozialpsychologie, Jg. 67 (2015), S. 27–55 und Marc Hasse: «Singlehochburg: Jeder dritte Hamburger lebt allein», abendblatt.de, 8. August 2016.

3 Statistisches Bundesamt: «Geburtentrends und Familiensituation in Deutschland» 2012. «Der Anteil der kinderlosen Frauen an allen Frauen des Geburtsjahrgangs nimmt in Deutschland kontinuierlich zu. Die Kinderlosenquote der 40- bis 44-jährigen Frauen (Jahrgänge 1968 bis 1972) war im Jahr 2012 mit 22 % beinahe doppelt so hoch wie um 1990.»

4 Statistisches Bundesamt: «Alleinerziehende in Deutschland» 2018.

5 Ralf Neukirch und Britta Stuff: «Das ist unterirdisch», *Der Spiegel*, 16/2017.

6 «Fehlt ihr der Mann zur Macht?», bild.de, 14. April 2017.

Von der Liebe

1 Felicitas von Lovenberg: *Verliebe dich oft, verlobe dich selten, heirate nie – Die Sehnsucht nach der romantischen Liebe*, München 2005, S. 226.

2 Wenn ich von «Frauen» spreche, spreche ich in erster Linie von Menschen, die dem weiblichen Geschlecht von Geburt an zugeordnet wurden und

sich auch als solche identifizieren, da es hier vor allem um Geschichten der Heteronormativität geht. Was allerdings nicht heißt, dass «Frau» eine stabile Identität ist.

3 Wenn ich von Geschlechterdifferenzen wie hier spreche, bedeutet das natürlich nicht, dass es allen Frauen immer so geht. Aber es bedeutet, dass es wahrscheinlicher ist, dass es so ist. Siehe hierzu Karl Lenz: *Frauen und Männer – Zur Geschlechtstypik persönlicher Beziehungen*, Weinheim / München 2003.

4 «Ursache für Frauenmangel in MINT-Berufen? Mädchen unterschätzen ihre Fähigkeiten im Schulfach Mathematik», Pressemitteilung diw.de, 8. November 2017.

5 Lin Bian, Sarah-Jane Leslie und Andrei Cimpian: «Gender stereotypes about intellectual ability emerge early and influence children's interests», in: *Science*, Vol. 355 (2017), Issue 6323.

6 Sarah-Jane Leslie, Andrei Cimpian, Meredith Meyer, Edward Freeland: «Expectations of brilliance underlie gender distributions across academic disciplines», in: *Science*, Vol. 347 (2016), Issue 6219.

7 «Stereotypes about ‹Brilliance› Affect Girls' Interests as Early as Age 6, New Study Finds», Pressemitteilung nyu.edu, 26. Januar 2017.

8 Andrei Cimpian und Sarah-Jane Leslie: «Why Young Girls Don't Think They Are Smart Enough», nytimes.com, 16. Januar 2017.

9 Siehe Judith Butler: *Körper von Gewicht: Die diskursiven Grenzen des Geschlechts*, Frankfurt / M. 1997, S. 137 f.

10 Siehe Pierre Bourdieu: *Die männliche Herrschaft*, Frankfurt / M. 2012, S. 178.

11 Helen Fielding: *Bridget Jones's Diary*, London 1997, S. 30.

12 Abe Hawken, dailymail.co.uk, 21. März 2018.

13 Janine Hertel, Astrid Schütz, Bella DePaulo, Wendy Morris, Tanja S. Stucke: «She's single, so what? How are singles perceived compared with people who are married?», *Zeitschrift für Familienforschung*, 19. Jahrgang (2007), Heft 2.

14 Stephanie Coontz: *Marriage, a History – From Obedience to Intimacy, or How Love Conquered Marriage*, New York 2005, S. 7.

15 Pierre Abaelard: *Briefwechsel zwischen Abaelard und Heloise mit der Leidensgeschichte Abaelards*, Leipzig 1894, S. 37.

16 Siehe dazu auch Günter Burkart: *Soziologie der Paarbeziehung – Eine Einführung*, Wiesbaden 2018, S. 19 ff.

17 Reinhard Sieder: *Sozialgeschichte der Familie*, Frankfurt / M. 1987, S. 312.

18 *Brockhaus Konversations-Lexikon*, Mannheim 1892, 14. Auflage.

19 Zitiert nach Sieder 1987, S. 135.

20 Das gilt für die westliche Kultur, und vielleicht lohnt in dem Zusammen-hang auch der Hinweis, dass das, was wir an anderen Kulturen manchmal erschreckend finden, bei uns vor nicht allzu langer Zeit sehr ähnlich war.

21 Ulrich Beck und Elisabeth Beck-Gernsheim: *Das ganz normale Chaos der Liebe*, Frankfurt/M. 1990, S. 36.

22 Allgemeines Landrecht für die Preußischen Staaten von 1794, § 2.

23 Ebd. § 184.

24 Karl Lenz: *Soziologie der Zweierbeziehung – Eine Einführung*, Wiesbaden 2009, S. 35.

25 Simone de Beauvoir: *The Second Sex*, New York 2009, S. 502.

26 Shulamith Firestone: *The Dialectic of Sex – The Case for Feminist Revolution*, London 1970, S. 113.

27 Siehe Eva Illouz: *Why Love Hurts – A Sociological Explanation*, Cambridge 2012, S. 13.

28 Dieses Zitat ist Teil einer improvisierten Passage aus Akt II.

29 Lana Del Rey: «This is what makes us girls», 2012.

30 William Shakespeare: *Ein Sommernachtstraum*, II.i.

31 Und die Tatsache, dass in bayerischen Behörden nun wieder Kreuze hän-gen, ist nur ein weiterer Beweis dafür, *wie* porös Religion in einer säkula-risierten Gesellschaft geworden ist.

32 Ulrich Beck: «Das Zeitalter des ‹eigenen Lebens›», bpb.de, 26. Februar 2002.

33 Siehe hierzu Ulrich Beck: *Reflexive Modernisierung – Eine Kontroverse*, Frank-furt/M. 1996, sowie Alain Ehrenberg, *Das erschöpfte Selbst – Depression und Gesellschaft in der Gegenwart*, Frankfurt/M. 2004.

34 Ehrenberg 2004, S. 8.

35 Siehe auch Stephanie Bethmann, die die Liebe als «Folge und Motor von Individualisierungsprozessen» beschreibt, in: Bethmann: *Liebe – Eine so-ziologische Kritik der Zweisamkeit*, Weinheim und Basel 2013, S. 18.

36 Ulrich Beck und Elisabeth Beck-Gernsheim: *Das ganz normale Chaos der Liebe*, Frankfurt/M. 1990, S. 21.

37 Beck und Beck-Gernsheim 1990, S. 21.

38 Nina Pauer: «Garantiert glutenfrei», *Die Zeit*, 06/2014.

39 Im Prinzip alles gesagt zum Thema «Liebe wird oft überbewertet» haben die Lassie Singers auf ihrem Album *Die Lassie Singers helfen Dir* von 1991.

40 LeAnn Rimes: «I need you», 1998.

41 *Sex and the City*, Staffel 3, Folge 1.

42 Illouz 2012, S. 9.

43 Illouz 2012, S. 9 f.

44 Siehe Sven Hillenkamp: *Das Ende der Liebe – Gefühle im Zeitalter unendlicher Freiheit*, München 2009.

45 Guy Raz: «Are we asking too much of our spouses?», npr.org, 25. April 2014.

46 Niklas Luhmann: *Liebe als Passion – Zur Codierung von Intimität*, Frankfurt/M. 1982, S. 208.

47 Fielding 1996, S. 26.

48 Brigitte Berger und Peter L. Berger: *In Verteidigung der bürgerlichen Familie*, Frankfurt/M. 1983, S. 200 ff.

49 Aretha Franklin: «A Natural Woman», 1967.

50 François de la Rochefoucauld: *Maximen, Sentenzen und Reflexionen*, Nürnberg 1984, S. 89.

51 Beck und Beck-Gernsheim 1990, S. 11.

52 Bethmann 2013, S. 109.

53 Platon: *Das Gastmahl*, Berlin 2016, S. 27. Platons eigene Sicht der Liebe ist anders, aber an dieser Stelle nicht relevant.

54 Dieses Bild wird in Friedrich Schlegels im Jahr 1799 erschienenen Roman *Lucinde* heteronormativ festgeklopft.

55 Wer die Dystopie der halben Kugeln weiterdenken will, der wird übrigens im Film *The Lobster* (R: Yorgos Lanthimos, 2015) fündig. Dort wird Singles zur Strafe und zur Einsicht eine Hand auf den Rücken gebunden, damit sie merken, wie es ist, so ganz ohne Partner.

56 Siehe Günter Saße: *Die Ordnung der Gefühle: Das Drama der Liebesheirat im 18. Jahrhundert*, Darmstadt 1996. Wichtig ist, dass es eine bürgerliche Geschichte ist. Es ist ein Erbe des Bürgertums, das sich naturalisiert hat.

57 Spannend am Verhältnis Bürgertum und romantische Liebe ist, dass es eigentlich ein Spiel mit dem Feuer ist. Idealerweise fällt sie auf den Richtigen, wenn sie aber auf den Falschen fällt, kann sie tiefes Unglück bedeuten.

58 Siehe Illouz 2012, S. 8.

59 Illouz 2012, S. 240 f.

60 Illouz 2012, S. 243.

Über die Frauen

1   Max Weber: *Die protestantische Ethik und der Geist des Kapitalismus*, München 2013.

2   So hat es auch Moira Weigel beschrieben: *Labor of Love – The Invention of Dating*, New York 2016.

3   Illouz 2012, S. 57.

4   Siehe Illouz 2012, S. 57.

5   «Nutzen Sie Online-Dating-Dienste?», statista.de, Februar 2018.

6   «Anzahl der Mitgliedschaften bei Online-Dating-Börsen in Deutschland in den Jahren 2003 bis 2017», statista.de, 2018.

7   «Anzahl der aktiven Nutzer von Online-Dating-Börsen in den Jahren 2003 bis 2017», statista.de, 2018.

8   Singlebörsen-Vergleich, Erhebungszeitraum 2003–2017, Statista-Dossier zu «Online Dating» 2017.

9   «Der deutsche Online-Dating-Markt 2017–2018», singleboersen-vergleich.de.

10 Bei einer Umfrage der Partnerbörse «Parship» waren die meistgenannten Antworten auf die Frage, was heutzutage der beste Weg sei, einen Partner/eine Partnerin zu finden: per Zufall (47 Prozent), über Bekannte oder Freunde (38 Prozent) und über Hobbys oder Vereine (29 Prozent), «Im Internet» wurde nur von 26 Prozent der Befragten genannt. Statista Dossier zu «Online Dating», S. 27.

11 Zur Bedeutung von Rationalisierungsprozessen siehe Kai Dröge und Olivier Voirol: «Online Dating – The Tensions Between Romantic Love and Economic Rationalization», *Zeitschrift für Familienforschung*, 23. 3. 2011.

12 «Alle 11 Minuten? Studie zur tatsächlichen Vermittlungsquote von kostenpflichtigen Online-Dating-Portalen», singleboersen-vergleich.de, Januar 2018.

13 Siehe Günter Burkart: *Soziologie der Paarbeziehung – Eine Einführung*, Wiesbaden 2018, S. 352.

14 Jan Skopek hat gezeigt, dass Frauen ihre Erfolgschancen beim Online-Dating durch körperliche Attraktivität, Vorliegen eines Profilbildes und Sichtbarkeit der Figur, und Männer durch Alter, Bildung und körperliche Attraktivität verbessern können. Jan Skopek: *Partnerwahl im Internet – Eine quantitative Analyse von Strukturen und Prozessen der Online-Partnersuche*, Wiesbaden 2012, S. 38.

15 Weigel 2016, S. 9.

16 Zur Rolle des Körpers beim Verlieben siehe auch Jean-Pierre Kaufmann: *Singlefrau und Märchenprinz – Über die Einsamkeit moderner Frauen*, Konstanz 2002.

17 In Deutschland werden im Jahr durchschnittlich ca. 400 000 Ehen geschlossen, eine Hochzeit kostet im Schnitt ca. 6500 Euro. «Anzahl der Eheschließungen in Deutschland von 1950 bis 2017», statista.de 2018, und «Sparsam vorm Altar: So viel kostet eine Hochzeit in Deutschland», stern.de, 13. 4. 2016.

18 Fielding 1996, S. 27.

19 Illouz 2012, S. 4.

20 Fielding 1996, S. 2.

21 *The Rules* zitiert nach Illouz 2012, S. 151.

22 Siehe z. B. Christina Mundlos: *Dann mache ich es halt alleine – Wenn Singlefrauen sich für ihr Glück entscheiden und so ihr Glück selbst in die Hand nehmen*, München 2017, und Michael Nast: *Generation Beziehungsunfähig*, Hamburg 2016.

23 Bethmann 2013, S. 51.

24 Kaufmann 2002, S. 104.

25 Illouz 2012, S. 153.

26 *Laviva*, *InStyle*, *Cosmopolitan*, *Glamour* und *Brigitte Woman*, alles Monatszeitschriften, zweites Quartal 2018. «Ranking der monatlichen Frauenzeitschriften mit den höchsten verkauften Auflagen in Deutschland im 2. Quartal 2018», statista.de 2018.

27 *Men's Health*, *Playboy* und *GQ*, «Ranking der 20 auflagenstärksten Lifestylemagazine in Deutschland im 2. Quartal 2018», statista.de 2018.

28 Siehe Susie Orbach: *Bodies – Schlachtfelder der Schönheit*, Zürich / Hamburg 2010.

29 «Nur 2 Prozent der deutschen Frauen würden sich als ‹schön› bezeichnen. Dove ermutigt Frauen in neuer Kampagne, ihre eigene Schönheit zu erkennen», presseportal.de, 24. Februar 2012.

30 «Die Maskulinisierung des männlichen und die Feminisierung des weiblichen Körpers sind gewaltige und in einem bestimmten Sinn unendliche Aufgaben, die, heute wohl mehr denn je, einen beträchtlichen Aufwand an Zeit und Anstrengung erfordern und eine Somatisierung des Herrschaftsverhältnisses zur Folge haben, das auf diese Weise naturalisiert wird.» Burkart 2018, S. 99.

31 Ulf Poschhardt: *Einsamkeit: Die Entdeckung eines Lebensgefühls*, München 2006, S. 49.

32 Poschhardt 2006, S. 55.

33 Kleine Regieanweisung: Hier kann auch gerne gelacht werden.

34 Hierzu auch Pierre Bourdieu: «Der Eklat kann nur als grundloser oder hysterischer Ausbruch erscheinen, und die Koketterie ist, insofern sie auf einer Form der Anerkennung der Herrschaft beruht, bestens dazu geeignet, das bestehende symbolische Herrschaftsverhältnis zu stärken.» Bourdieu 2012, S. 105.

35 Illouz 2012, S. 153.

36 Simone de Beauvoir: *Das andere Geschlecht – Sitte und Sexus der Frau*, Reinbek b. Hamburg 1992, S. 799.

37 *Sex and the City*, Staffel 3, Folge 12.

38 Sheryl Sandberg: *Lean In – Women, Work, and the Will to Lead*, New York 2013, S. 40.

39 LE Park, AF Young, PW Eastwick: «(Psychological) Distance Makes the Heart Grow Fonder: Effects of Psychological Distance and Relative Intelligence on Men's Attraction to Women», *Personality & Social Psychology Bulletin* 2015, 41 (11).

40 *Kölner Treff* vom 9. Oktober 2009. https://www.imdb.com/title/tt1672390/

41 Barbara Dribbusch: «‹Frauen müssten nach unten heiraten›, sagt Hans-Peter Blossfeld», *die tageszeitung*, 26. Januar 2005.

42 Clinton wurde bei einer Podiumsveranstaltung im April 2018 auf diese Beschreibung hingewiesen, sie sagte daraufhin, sie würde überlegen, ihre Biographie zu ändern. Das hat sie auch getan: Mittlerweile stehen «Ehefrau, Mutter und Großmutter» nicht mehr an erster Stelle. Bill Clintons Biographie hat sich nicht geändert.

43 Suzanne H. Lease: «Assertive Behavior: a double-edged sword for women at work?» *Clinical Psychology*, Vol. 25 (1), 2018.

44 Bourdieu 2012, S. 61.

45 Bethmann 2013, S. 23, siehe auch Cornelia Koppetsch und Günter Burkart: *Die Illusion der Emanzipation – Zur Wirksamkeit latenter Geschlechternormen im Milieuvergleich*, Konstanz 1999.

46 Poschhardt 2006, S. 56.

47 Jessie Stephens: «There are only two sides to Jennifer Aniston. And both are awfully sad», *mamamia.co.au*, 22. Februar 2018.

48 Gertrud Nunner-Winkler: «Weibliche Moral: Geschlechterdifferenzen im

Moralverständnis?», in: Ruth Becker und Beate Kortendiek (Hrsg.): *Handbuch Frauen- und Geschlechterforschung. Theorie, Methoden, Empirie*, Wiesbaden 2010, S. 83 f.

49 Sarah Diehl hat das in Kapitel 2 («Der Mutterinstinkt und seine Instrumentalisierung») ihres Buches *Die Uhr, die nicht tickt* sehr eindrücklich aufgeschlüsselt.

50 Siehe dazu: Annegret Stopczyk: *Muse, Mutter, Megäre – Was Philosophen über Frauen denken*, Berlin 1997.

51 Jean-Jacques Rousseau, *Émile oder Über die Erziehung*, Köln 2010, S. 725.

52 Rousseau 2010, S. 809 f.

53 Sarah Diehl: *Die Uhr, die nicht tickt – Kinderlos glücklich. Eine Streitschrift*, Zürich / Hamburg 2014.

54 Harvard Men's Health Watch: «Marriage and men's health», Juli 2010.

55 George B. Ploubidis, Richard J. Silverwood, Bianca DeStavola und Emily Grundy: «Life-Course Partnership Status and Biomarkers in Midlife: Evidence From the 1958 British Birth Cohort», *American Journal of Public Health*, August 2015, 105(8).

56 Zitiert nach Susan Faludi: *Backlash – The Undeclared War Against American Women*, New York 1991, S. 33.

57 «Erster Gleichstellungsbericht: Neue Wege – Gleiche Chancen», *Bundesministerium für Familie, Senioren, Frauen und Jugend*, BMFSFJ.de 2013.

58 «Warum Verheiratete mehr Geld verdienen», spiegel.de, 28. Juli 2011.

59 Bethmann 2013, S. 22.

60 «Deshalb verdienen Frauen weniger», faz.net, 13. Juni 2016.

61 Koppetsch und Burkart 1999, S. 203.

62 Beck und Beck-Gernsheim 1990, S. 185.

63 Dorothea Wagner: «Ich will kein Bratkartoffel-Verhältnis», SZ Magazin, 4. Juni 2018.

64 Eva Jaeggi: *Ich sag' mir selber Guten Morgen: Single – eine moderne Lebensform*, München 1992, S. 19.

65 «Piers Morgan Tonight», transcripts.cnn.com, 19. Januar 2011, siehe dazu auch Bella DePaulo: «Piers Morgan Really Wants to Know Why Condi Rice Isn't Married», psychologytoday.com, 21. Januar 2011.

66 *Sex and the City*, Staffel 5, Folge 3.

67 Bella DePaulo: *Singled Out – How Singles are Stereotyped, Stigmatized, and Ignored, and Still Live Happily Ever After*, New York 2006, S. 2.

68 Wendy L. Morris, Stacey Sinclair, Bella DePaulo: «No shelter for singles:

The perceived legitimacy of marital status discrimination.» *Group Processes & Intergroup Relations*, 2007, 10 (4).

69 Singles bis 49 Jahre, «Singles in Deutschland nach Schulbildung im Vergleich mit der Bevölkerung im Jahr 2017», statista.de 2018.

70 Siehe Interview mit Rebecca Jordan-Young in: Jürgen Schönstein: «Die Suche nach dem kleinen Unterschied», *Focus Magazin*, 19/2010.

71 Außerdem wirken sie schlimmer, das zeigt die Forschung, je subtiler sie sind. Hierzu: Hannah-Hanh Nguyen und Anne Marie Ryan: «Does stereotype threat affect test performance of minorities and women?», *Journal of applied psychology*, Ausgabe 6, 2008.

72 Carolin Emcke: *Wie wir begehren*, Frankfurt/M. 2013, S. 178.

73 Kate Bolick: *Spinster – Making a Life of One's Own*, New York 2015, S. 15.

74 Peter Lauster: *Die Liebe – Psychologie eines Phänomens*, Reinbek b. Hamburg 2006, S. 53.

75 Kaufmann 2002, S. 123.

76 Poschhardt 2006, S. 23.

77 Fielding 1996, S. 50.

78 «Singles in Deutschland nach Geschlecht im Vergleich mit der Bevölkerung im Jahr 2017», statista.de.

79 Sali Hughes: «The ‹Poor Jen› narrative fails every woman, everywhere», the-pool.com, 21. Februar 2018.

80 Caitlin Moran: «Caitlin Moran's Celebrity Watch: Jennifer Aniston's meaty divorce», thetimes.co.uk, 23. Februar 2018.

81 Zitiert nach DePaulo 2006, S. 99.

82 Kaufmann 2002, S. 15 f.

83 Erving Goffman: *Stigma: Über Techniken der Bewältigung beschädigter Identität*, Frankfurt/M. 1974, S. 159.

84 Eine Ausnahme ist Meike Dinklages Buch *Der Zeugungsstreik – Warum die Kinderfrage Männersache ist*, München 2005.

85 *Der Spiegel* 10/2006.

86 Julia Niemann: «Die verlassenen Macchiato-Mütter», *taz am Wochenende*, 17. Juli 2010.

87 Gabriela Häfner und Bärbel Kerber: *Das innere Korsett – Wie Frauen dazu erzogen werden, sich ausbremsen zu lassen*, München 2015, S. 29.

88 An seine Verlobte Wilhelmine von Zenke. Zitiert nach Elisabeth Beck-Gernsheim: *Die Kinderfrage heute*, München 2006, S. 45.

89 Zitiert nach Elisabeth Beck-Gernsheim 2006, S. 46.

90 Ingrid Ahrendt-Schulte: *Weise Frauen, böse Weiber: Die Geschichte der Hexen in der frühen Neuzeit*, Freiburg 1994, S. 19.

91 Faludi 1991, S. 136.

92 Caitlin Moran: *How to be a woman*, London 2011, S. 245.

93 Glynnis MacNicol: *No One Tells you This – A Memoir*, New York 2018, S. 127.

94 Diehl 2014, S. 15.

95 Jean M. Twenge: «How Long Can You Wait to Have a Baby?», theatlantic. com, Juli / August 2013.

96 «Zahl der Eingriffe zum Einfrieren von Eizellen nach Beweggründen in den Jahren von 2012 bis 2014», statista.de.

97 Jochen König: *Mama, Papa, Kind? Von Singles, Co-Eltern und anderen Familien*, Berlin 2015.

98 Christina Mundlos hat die rechtlichen Bedingungen für Singlefrauen mit Kinderwunsch in einem Kapitel ihres Buches ausführlich erläutert, 2017, S. 143–150.

99 Katja Grach: *Die MILF-Mädchenrechnung – Wie sich Frauen heute zwischen Fuckability-Zwang und Kinderstress aufreiben*, Berlin 2018.

100 Grach 2018, S. 8.

101 «Alleinerziehende in Deutschland – Lebenssituationen und Lebenswirklichkeiten von Müttern und Kindern», *Bundesministerium für Familie, Senioren, Frauen und Jugend*, 2012.

102 «Wie stark ist Ihre Sehnsucht nach einem neuen Partner / einer neuen Partnerin?», statista.de 2015.

103 Caroline Rosales: *Single Mom – Was es wirklich heißt, alleinerziehend zu sein*, Reinbek b. Hamburg 2018, S. 9.

104 Antonia Baum: *Stillleben*, München 2018, S. 26.

105 Tina Hildebrandt und Britta Stuff: «Weil es unendlich verletzt», *Die Zeit*, 22/2018.

106 Holly Bourne: *How Do You Like Me Now?*, London 2018, S. 35.

107 Daisy Buchanan: «Can you grow out of one-night-stands?», the-pool. com, 31. März 2016.

108 Laurie Penny, *Unspeakable Things – Sex, Lies and Revolution*, London 2014, S. 90.

109 Siehe dazu Gerhard Kaiser: «Sympathy for the Evil?», in: Anke Detken und Anja Schonlau (Hrsg.): *Rollenfach und Drama*, Tübingen 2014, und Winfried Menninghaus: *Ekel – Theorie und Geschichte einer starken Empfindung*, Frankfurt / M. 1999.

110 Siehe dazu auch Dorothee Elm, Thorsten Fitzon, Kathrin Liess und Sandra Linden (Hrsg.): *Alterstopoi – Das Wissen von den Lebensaltern in Literatur, Kunst und Theologie*, Berlin 2009.

111 Caitlin Moran: «12 Things About Being A Woman That Women Won't Tell You», theesquire.com, 8. März 2017.

112 Bascha Mika: *Mutprobe – Frauen und das höllische Spiel mit dem Älterwerden*, München 2015, S. 91.

113 Mika 2015, S. 174.

114 Mika 2015, S. 17.

115 Im Übrigen war auch das historisch ganz anders: Elisabeth schminkte sich, nicht, weil sie sich verstecken wollte, sondern weil sie recht eitel war und auch in älteren Jahren noch ein ebenmäßiges Antlitz zeigen wollte.

116 Mika 2015, S. 16.

117 Janine Hertel, Astrid Schütz, Bella DePaulo, Wendy Morris und Tanja Stucke: «She's single, so what? How are singles perceived compared with people who are married?», *Zeitschrift für Familienforschung*, 19. Jahrgang 2007, Heft 2.

118 Siehe «Pfusch an der Frau», swr.de, 7. April 2011.

119 «Sinkender Hormonspiegel selten für Beschwerden in den Wechseljahren verantwortlich», uniklinikum-dresden.de, 27. März 2015.

Hin zur Freiheit

1 *The Marrying Kind*, R: George Cukor 1952.

2 Rundfunkgespräch mit Horst Krüger: «Etwas fehlt ... über die Widersprüche der utopischen Sehnsucht», 1964.

3 Lena Dunham, *Not That Kind of Girl*, New York 2014, S. 75.

4 Dunham 2014, S. 74.

5 Ursula Nuber: *Wer bin ich ohne Dich? Warum Frauen depressiv werden und wie sie zu sich selbst finden*, Hamburg 2014, S. 118.

6 Mika 2014, S. 181.

7 Sarah Ratchford: «Why I'm Giving Up Dating Men and Just Staying Home», flare.com, 27. Dezember 2017.

8 Layal Liverpool: «A bad marriage can seriously damage your health, say scientists», theguardian.com, 16. Juli 2018.

9 DePaulo 2006.

10   DePaulo 2006, S. 49 f.

11   «Loneliness ‹increases risk of premature death›», nhs.uk, 13. März 2015.

12   The health benefits of strong relationships, Harvard Women's Health Watch, Dezember 2010.

13   Emma Seppala: «Connectedness & Health: The Science of Social Connection», stanford.edu, 8. Mai 2014.

14   Sasha Cagen: *Quirkyalone – A Manifesto for Uncompromising Romantics*, New York 2004, S. 108.

15   Jill Filipovic: *The H-Spot: The Feminist Pursuit of Happiness*, New York 2017, S. 41.

16   Dolly Alderton: *Everything I know about love*, London 2018, S. 301.

17   Rebecca Traister: *All the Single Ladies – Unmarried Women and the Rise of an Independent Nation*, New York 2016, S. 110.

18   Kayleen Schaefer: *Text Me When You Get Home – The Evolution and Triumph of Modern Female Friendship*, New York 2018.

19   Schaefer 2018, S. 83.

20   Schaefer 2018, S. 85.

21   Traister 2016, S. 96.

22   Alexander Nehamas: *On Friendship*, New York 2016, S. 108.

23   Shakespeare, *Ein Sommernachtstraum*, III.ii.

24   Hanya Yanagihara: *A Little Life*, New York 2015, S. 225.

25   Traister 2016, S. 108.

26   Schaefer 2018, S. 6.

27   Caroline Donofrio: «The Love Story I Never Thought to Tell», cupofjo.com, 10. Mai 2018.

28   Emily Witt: *Future Sex – A New Kind of Free Love*, New York 2016, S. 32.

29   Daniel Bergner: *What do Women Want? Adventures in the Science of Female Desire*, New York 2013, S. 8.

30   Jared Wadley: «Women like casual sex just as much as men do», umich. edu, 24. Oktober 2011.

31   Ich habe im Oktober 2018 gemeinsam mit Mithu Sanyal eine in den Medien vielbeachtete Petition zur Aufnahme des Wortes «Vulvalippen» in den *Duden* gestartet. Dort gibt es derzeit keine Alternative zum Begriff «Schamlippen», und das würden wir gerne ändern. Ab jetzt also bitte einfach «Vulvalippen» verwenden. Danke!

32   Sandra Konrad: *Das beherrschte Geschlecht*, München 2017, S. 22.

33   Sigmund Freud: «Neue Folge der Vorlesung zur Einführung in die Psy-

choanalyse», 1933, S. 71: «Immerhin, die Zusammenstellung ‹weibliche Libido› läßt jede Rechtfertigung vermissen. Es ist dann unser Eindruck, daß der Libido mehr Zwang angetan wurde, wenn sie in den Dienst der weiblichen Funktion gepreßt ist, und daß – um teleologisch zu reden – die Natur ihren Ansprüchen weniger sorgfältig Rechnung trägt als im Falle der Männlichkeit.»

34 Siehe Interview mit der Diplom-Psychologin Anja Lehmann «Orgasmus-Studie: Wie Frauen kommen»; brigitte.de (kein Datum), sowie eine Studie der University of Kansas. Charlene Muehlenhard und Tetjana Shippee: «Men's and women's reports of pretending orgasm», *Journal of Sex Research*, Nov. 2010, 47.

35 So zeigt sich auch in einigen Studien, dass Frauen in Beziehungen oftmals mehr Orgasmen haben, weil sie sich dann verstärkt trauen, die eigenen sexuellen Bedürfnisse zu kommunizieren.

36 Dazu ausführlich der erste Teil von Sandra Konrads Buch.

37 Siehe hierzu auch das Projekt «cliteracy» der *Huffington Post* USA: http://projects.huffingtonpost.com/projects/cliteracy/anatomy

38 Siehe Gunda Windmüller: «Vagina, Vulva, Hauptsache Italien? Frauen, lernt endlich die Namen eurer Geschlechtsteile», watson.de, 8. August 2018.

39 Margarete Stokowski: *Untenrum frei*, Reinbek b. Hamburg 2016, S. 9.

40 Grach 2018, S. 132.

41 Jack Holland: *Misogynie – Die Geschichte des Frauenhasses*, Frankfurt / M. 2007, S. 256.

42 Penny 2014, S. 215.

43 Didier Eribon: *Rückkehr nach Reims*, Berlin 2016, S. 98.

44 Traister 2016, S. 38.

45 Traister 2016, S. 134.

46 Elisa Doucette: «Is There Anything More Pathetic Than A Table For One?», forbes.com, 25. April 2012.

47 Sylvia Plath: *The Bell Jar*, New York 1962, S. 67.

48 «Nora Ephron '62 addressed the graduates in 1996.», wellesleyedu.com 1996.

Margarete Stokowski
Untenrum frei

In «Untenrum frei» erzählt die Autorin und Spiegel-Online-Kolumnistin Margarete Stokowski, wie es ist, als Mädchen in Deutschland aufzuwachsen. Sie schreibt von unzulänglichem Aufklärungsunterricht, von Gewalterlebnissen, von Sex und von Liebe und zeigt: Noch immer besteht mit Blick auf die Geschlechtergerechtigkeit eine kollektive Schieflage. Für Veränderung im Großen, so Stokowskis These, bedarf es des Blickes auf die Details. Ein persönliches, provokantes und befreiendes Buch.

256 Seiten

«Margarete Stokowskis Texte sind bitterböse und lustig, persönlich und polemisch. Sie beweist: Feminismus und Humor schließen sich nicht aus.»

Süddeutsche Zeitung

Ro 556/1

Weitere Informationen finden Sie unter www.rowohlt.de